现代职业教育汽车专业"十三五"创新教材

# 彩色图解

## 汽车构造与原理

主 编 谢伟钢 陈伟来
副主编 廖新锋 毛芬花 李 卫

机械工业出版社

为了让初学汽车的读者能快速、轻松地了解汽车，本书甄选了大量精美的高清图剖析汽车的内部结构，用轻松通俗的语言描述汽车的结构和工作原理，并介绍了有关的实用知识和"小贴士""知识拓展""特别提示"等。本书除了介绍传统汽车的几大系统，还特别介绍了纯电动汽车、混合动力汽车及氢能源汽车等新能源汽车。

本书可作为中高职学校汽车相关专业教材，同时也可供车迷朋友初学汽车时参考。

本书配备教学课件、电子教案，选用本书作为教材的教师可在机械工业出版社教育服务网（www.cmpedu.com）注册后免费下载；或添加客服人员微信获取（微信号码：13070116286）。

**图书在版编目（CIP）数据**

彩色图解汽车构造与原理 / 谢伟钢，陈伟来主编 . —北京：机械工业出版社，2017.6（2024.9 重印）
现代职业教育汽车专业 "十三五" 创新教材
ISBN 978-7-111-57159-9

Ⅰ . ①彩… Ⅱ . ①谢… ②陈… Ⅲ . ①汽车 – 构造 – 职业教育 – 教材 Ⅳ . ① U463

中国版本图书馆 CIP 数据核字 (2017) 第 145082 号

机械工业出版社（北京市百万庄大街 22 号　邮政编码 100037）
策划编辑：齐福江　责任编辑：齐福江
责任校对：王　欣　封面设计：陈　沛
责任印制：李　昂
北京中科印刷有限公司印刷
2024 年 9 月第 1 版第 12 次印刷
184mm × 260mm · 10.25 印张 · 253 千字
标准书号：ISBN 978-7-111-57159-9
定价：49.00 元

电话服务　　　　　　　　网络服务
客服电话：010-88361066　机 工 官 网：www.cmpbook.com
　　　　　010-88379833　机 工 官 博：weibo.com/cmp1952
　　　　　010-68326294　金 书 网：www.golden-book.com
**封底无防伪标均为盗版**　机工教育服务网：www.cmpedu.com

# FOREWORD

小时候，最开心的是去外婆家，站在马路边上看车。远远地盯着马路，当汽车经过时，我会手舞足蹈，对着汽车大声地呼喊。汽车风驰电掣是那么的神奇莫测，"他"让我激动不已，梦想有一天我也能驾驭"他"。很多年过去了，我虽没有当初站在马路边看车时的狂热，但还是时常迷恋其澎湃的动力和完美的线条。

从事汽车专业教学十余年，面对很多一样喜爱汽车的孩子和爱好者，他们也被发动机激昂的轰鸣声所吸引，也被上万个零件的精密装配所震撼。看着他们充满期待的眼睛，我想用一本浅显易懂的书带领他们进入汽车世界，用精美的彩图来介绍汽车的结构，用精炼通俗的言语叙说汽车的工作原理，用"小贴士"及"特别提示"来标示汽车的使用及注意事项，用新能源知识来展望汽车的未来发展。让喜爱汽车的人们，轻松获得系统化的汽车知识，同时也越来越喜欢学习汽车，借此进入丰富的汽车世界。

本书由谢伟钢、陈伟来主编，廖新锋、毛芬花、李卫任副主编，主审张宏伟、顾小冬、巩航军，参编人员有彭世亮、邱炜聪、孟婕、马瑞、付仁山、苗永丰、张永忠、国树文、吴慧媛、严飞、彭国平、易小彪、曾艳、李辉文等。编写此书时参考了大量的资料、网站、书籍和期刊，在此对广大同仁致以敬意。有的图片找不到确切的出处，欢迎原图作者联系，以便支付稿酬。

本书是机械工业出版社现代职业教育汽车专业"十三五"创新教材，不足之处，欢迎读者指正。

特别鸣谢北京博乐汇智汽车技术研究院、广州合赢教学设备有限公司、天津一和一传媒技术有限公司对本书编写的大力支持。

编　者

# CONTENT 目 录

# 第一章
# 汽车概述

## 一、汽车的分类和编号

### 1. 汽车有哪些类型?

汽车是由动力驱动、具有四个或四个以上车轮的非轨道承载车辆。现代汽车的"家族成员"较多,目前国家标准中将汽车分为乘用车和商用车两类。

#### ▶乘用车

乘用车主要用于载运乘客及其随身行李,其座位少于9座(含驾驶人位)。乘用车

包括普通乘用车、活顶乘用车、高级乘用车、小型乘用车、敞篷车、仓背乘用车、旅行车、多用途乘用车等,前六者也可称为轿车。

不同车型的车身、车门、车顶等有不同要求。例如,小型乘用车要求车身为封闭式,通常后部空间较小;车顶为固定式,硬顶,有的顶盖一部分可以开启;有2个或2个以上座位,至少为一排;有2个侧车门,也可以有一个后开启门;有2个或2个以上侧车窗。

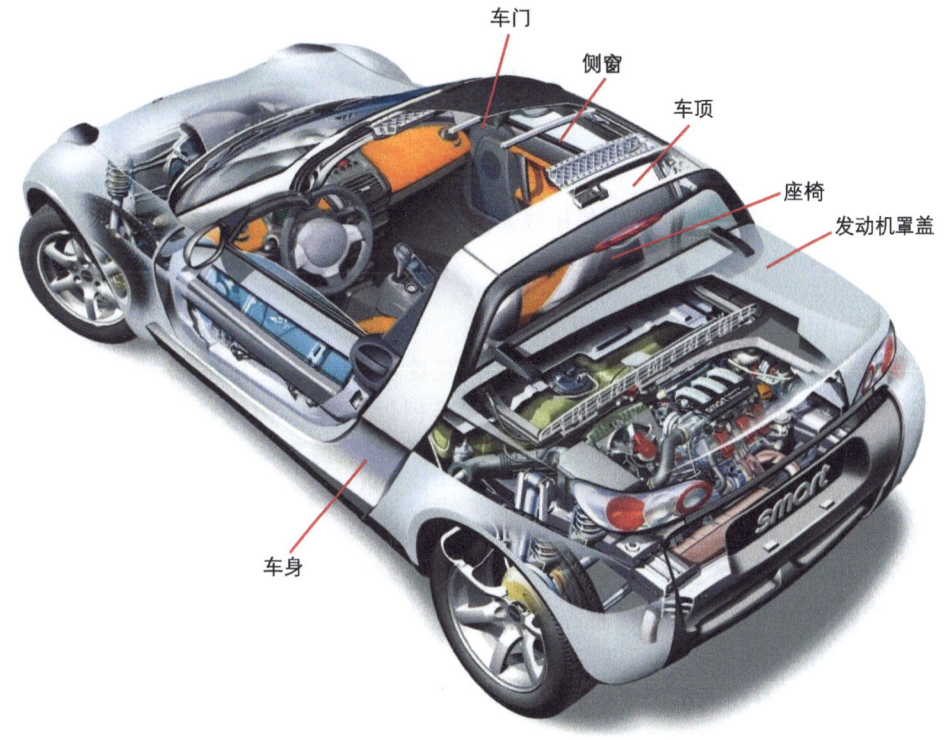

车门
侧窗
车顶
座椅
发动机罩盖
车身

乘用车

1

常见的多用途乘用车包括 SUV（运动型多用途汽车）和 MPV（多用途汽车）。SUV 是个体格庞大的"威猛硬汉"，它是运动型多功能车，一般称为城市越野车。这种车既有轿车的舒适性，又具有越野车通过性。SUV 驾驶室和行李箱连通在一起，乘坐空间较大，SUV 一般都有行李架，便于携带自行车等物品。

SUV 车身底板离地间隙高，驾驶坐姿比较高；接近角和离去角较大，使得通过性好。但 SUV 体型较大，所以风阻大。SUV 选用的轮胎阻力也大于普通轮胎，所以 SUV 油耗通常都高于普通轿车。例如，2016 款哈弗 H6 1.5T 自动版 SUV，工信部综合油耗（L/100km）为 8.3L，而同排量的比亚迪 G6 自动版轿车，工信部综合油耗（L/100km）为 6.9L。

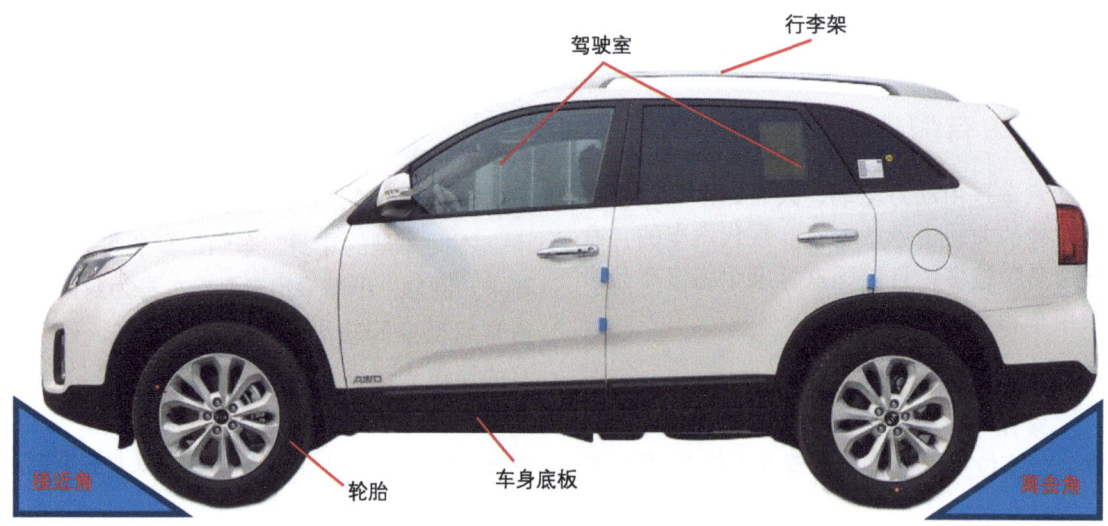

**运动型多用途汽车——SUV**

【小贴士】：

汽车行李架是固定在汽车车顶的搭载架，它既能起装饰作用，又能搭载货物。

MPV 是多用途汽车，一般为两厢车的结构，包括驾驶室和发动机舱。MPV 是从旅行车逐渐演变而来，它集旅行车宽大的乘员空间、轿车的舒适性和厢式货车功能于一身。例如，别克 GL8 2017 款 2.8T 车身长度、宽度和高度分别为 5203mm、1878mm 和 1809mm，第二排座椅更配备了豪华的贵宾级豪华座椅，具有前后两向手动等 10 向调节功能，该座椅还配备了加热、通风、按摩等功能，电动滑移门可以遥控开启，方便第二排乘客出入。

MPV 一般直接采用轿车的底盘（包括变速器和悬架等）、发动机，因而具有和轿车相近的外形和同样的驾驶感、乘坐舒适感。MPV 拥有一个完整宽大的乘员空间，座椅可以多种组合。它在内部结构上具有很大的灵活性，使车辆既可载人又可载货，这也是 MPV 最具吸引力的地方。MPV 的造型设计很受重视，设计者往往在车身装饰条、前后车灯，轮胎、车门把手等处展现车身美观亮点。

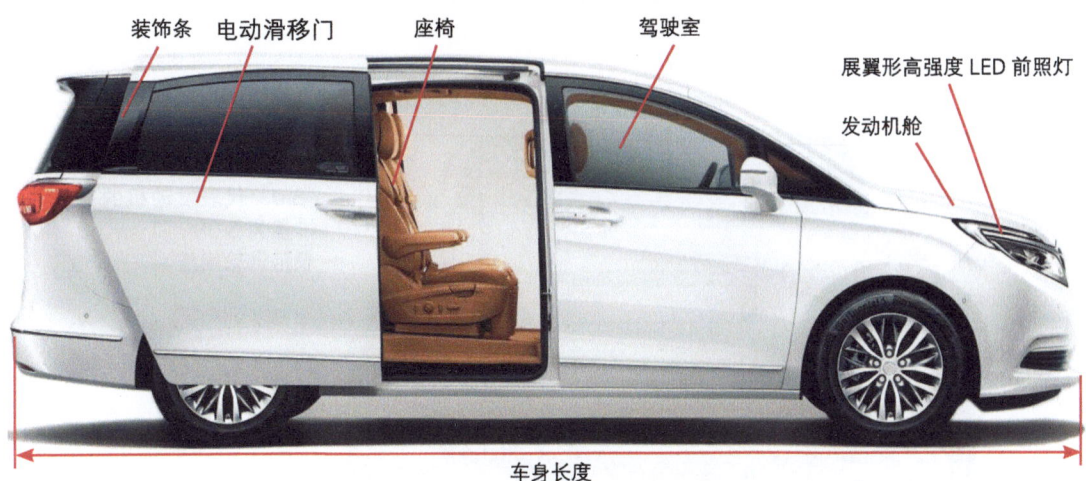

装饰条　电动滑移门　座椅　驾驶室　展翼形高强度 LED 前照灯　发动机舱

车身长度

多用途汽车 GL8——MPV

### ▶商用车

商用车在设计和技术特征上是用于运送人员和货物的汽车，包括驾驶人座位在内超过 9 个座位的客车和货车、半挂车等。客车可以分为小型客车、城市客车、长途客车、旅游客车等。货车可以分为普通货车、多用途货车、专用货车等。

人们习惯将多用途货车称为皮卡或轿卡。多用途货车用于载运货物，同时又能运送 3 个以上乘客。多用途货车车身离地间隙高，为了上下车方便，采用了外置的门槛。多用途货车常采用四轮驱动来改善车辆的通过性能。相比于轿车，多用途货车有承载性强和通过性好的优点；相比于轻、微型卡车，多用途货车有安全性高和驾乘舒适性好的优点。

驾驶室　货箱　4×4—四轮驱动

门槛

多用途货车

### ▶轿车按发动机排量分类

轿车体型各异，形态万千。我国轿车根据发动机排量，其类型可分为：微型轿车，其排量为 1L（升）以下；普通级轿车，其排量为 1.0~1.6L；中级轿车，其排量为 1.6~2.5L；中高级轿车，其排量为 2.5~4.0L；高级轿车，其排量为 4L 以上。

车型标识　　　　　　　　　　　　　　排量标识

"3.0"代表发动机的
排量为3.0L；"T"代
表带涡轮增压

排气管

**汽车排量标识**

▶**轿车按轴距分类**

很多轿车采用断开式前轴和后轴，汽车前轴中心到后轴中心的距离称为轴距。轴距是汽车的"身高"，它决定汽车是"伟岸"还是"秀气"。轴距是影响乘坐空间最重要的因素。轴距的长短影响乘坐舒适性的脚部空间，同时，对轿车操纵稳定性的影响也很大。

前后排乘坐空间　　　　后副车架　　　　上摆臂

轴距

**轴距**

一般而言，轿车级别越高轴距越长（见表 1-1）。例如，2016 款捷豹 XJL 轴距为 3157mm。德国是汽车大国，他们根据汽车轴距、发动机排量等参数分级，分为 A、B、C、D 四个等级，A 级车包括 A0、A00 级，各车型分别称为微型车、小型车、紧凑型车等。

**表 1-1　按轴距分类轿车类型**

| 轴距 | <2400mm | 2400~2550mm | 2550~2700mm | 2700~2850mm | 2850~3000mm | >3000mm |
|------|---------|-------------|-------------|-------------|-------------|---------|
| 车型 | 微型车 | 小型车 | 紧凑型车 | 中型车 | 中大型车 | 豪华车 |
| 德国分类 | A00 级 | A0 级 | A 级 | B 级 | C 级 | D 级 |
| 排量 | <1L | 1~1.5L | 1.6~2.0L | 1.8~2.4L | 2.4~3.0L | > 3.0L |

### ▶轿车按车厢数量分类

普通轿车可分为三厢车和两厢车。三厢车有独立的发动机舱、乘员室和行李箱，相比两厢车行李空间比较大。三厢式轿车中间高两头低，从侧面看前后对称，造型美观大方。

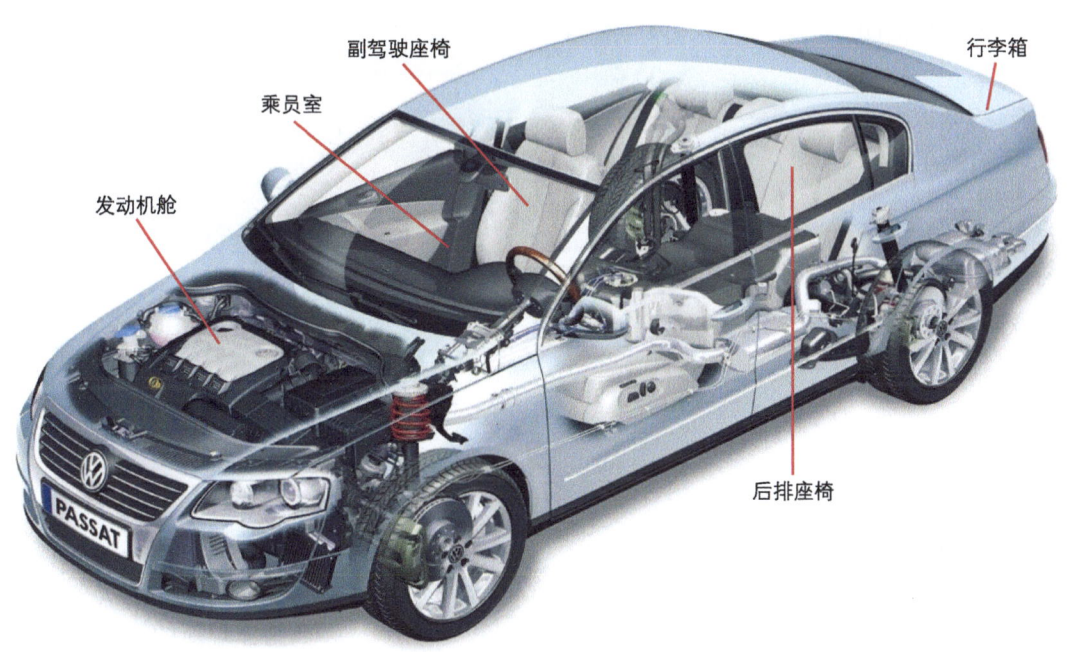

发动机舱　乘员室　副驾驶座椅　行李箱　后排座椅

**三厢车**

两厢车用仪表板及内部的隔板将车身分为发动机舱和乘员室，而其行李箱与乘员室做成同一个厢体。两厢车外形时尚，看上去是浑然一体，停车方便。两厢车尾部有宽敞的后车门，使这种汽车具备了使用灵活和用途广泛的特点，将后排座椅放平，就可以获得比三厢车大得多的载物空间，可用来运送许多大型家电和家庭用品。

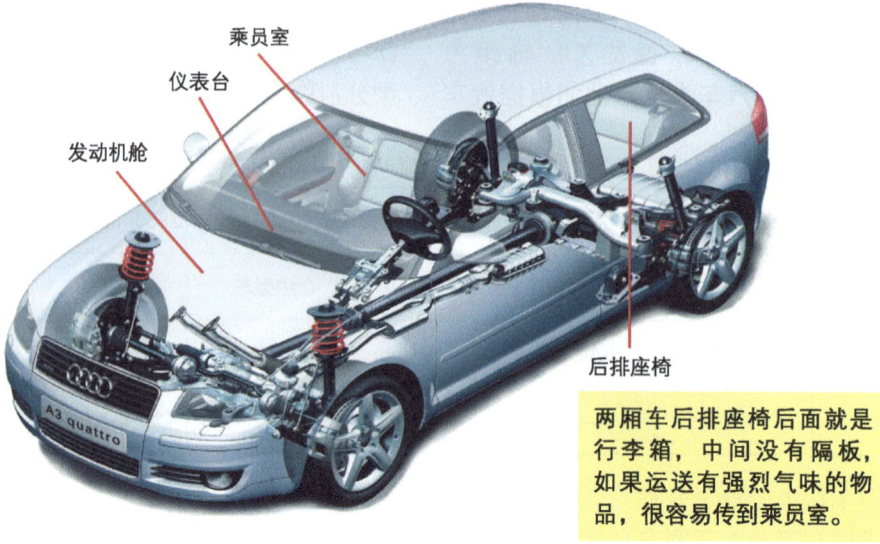

乘员室

仪表台

发动机舱

后排座椅

两厢车后排座椅后面就是行李箱，中间没有隔板，如果运送有强烈气味的物品，很容易传到乘员室。

**两厢车**

【小贴士】：

老爷车也叫古典车，一般指出厂20年以上或更老的汽车。老爷车是人们怀旧的产物，是人们过去使用的，现在仍可以工作的汽车。

**老爷车**

**林肯概念车**

【小贴士】：

概念车是汽车企业为体现新的设计概念而设计的车，具有超前、新奇、探索的特点。

概念车虽然不直接用于生产，但对汽车新产品的开发却具有很大作用，推动了汽车新技术的发展。

# 2. 汽车如何编号?

### ▶国产汽车编号规则

国产汽车产品型号包括首部、中部和尾部三部分。首部是企业名称代号，用代表企业名称的两个或三个汉语拼音字母表示。

中部由 4 位阿拉伯数字组成。第一位数字代表该车的类型，1 代表货车，2 代表越野车，6 代表客车，7 代表轿车；第二、三位代表汽车的主要特征参数，载货汽车表示汽车总质量，客车表示汽车总长度，轿车表示汽车排量；末尾数字为企业自定序号。

尾部由拼音字母或加上数字组成，可以表示专用汽车或变型车和基本型的区别，如 X 代表厢式汽车。

EC718
中部第 2、3 位数字，主要参数代号，排量为 1.8L
中部第 1 位数字，车辆类别代号，7 代表轿车
首部，企业名称代号，EC 代表吉利帝豪

**国产汽车编号**

### ▶奥迪汽车编号规则

奥迪汽车给人以"厚重典雅"的感觉，其型号通常是用公司英文 (Audi) 的第一个字母"A"开头，如奥迪 A1、A2、A3、A4、A5、A6、A7、A8 系列等。后面的数字越大表示等级越高，A1、A2、A3 系列是小型轿车；A4 系列是中级轿车；A5 系列是高档双门轿跑车；A6 系列是高级轿车；A7 系列是四门豪华轿跑车；A8 系列是豪华轿车。奥迪 S 系列多是高性能车型；TT 系列则全部是跑车。

奥迪汽车标志

柴油发动机

前保险杠

TDI—柴油涡轮增压发动机

**奥迪 A2 轿车**

### ▶奔驰汽车编号规则

奔驰汽车型号前面的字母表示类型和级别：A级是小型单厢车，B级是运动休闲车，C级为小型轿车，E级为中级轿车，S级为高级轿车，M级为SUV，G级为越野车，R级为豪华旅行车，CLK级为紧凑型轻型越野车。

**奔驰高级轿车**

翼子板　天窗　奔驰车型标注位置　奔驰标志　图解汽车

### ▶宝马汽车编号规则

宝马汽车公司主要有轿车、跑车、越野车三大车种。轿车有3、5、7和8等系列，X代表SUV，i代表电动车，Z系主要是跑车，M系是高性能运动型轿车。轿车型号的第一个数字即为系列号，第2和第3个数字表示排量，最后的字母i表示燃油喷射，A表示自动档，C表示双座位，S表示超级豪华。

例如，宝马528i，5代表系列，28表示发动机排量为2.8L（升），i表示发动机采用燃油喷射方式。宝马5系车型为中型轿车，外观时尚，所以很受年轻的成功者的青睐。

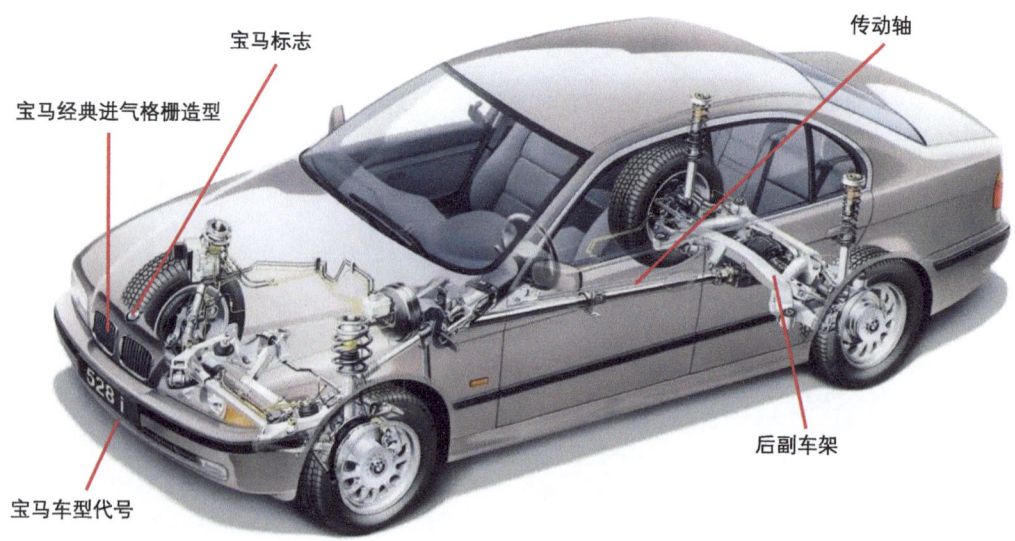

**宝马5系轿车**

宝马标志　传动轴　宝马经典进气格栅造型　后副车架　宝马车型代号　528i

### ▶车身尾部标识

很多汽车尾部字母的含义在改变，发动机排量"一统天下"的格局在悄然发生变化。奥迪汽车、大众汽车、通用汽车等都在采用新的汽车尾部标识。例如，奥迪Q5后部"40"不代表汽车排量为4.0L，它采用的排量2.0L带涡轮增压的发动机。

车型标识

40表示加速能力是0.4G。数字越大表示加速能力越强

TFSI—涡轮增压缸内直喷发动机

**奥迪汽车尾部标识**

别克英朗汽车尾部标识"15N"："1"是指排量介于1.0~2.0L之间；"5"是功率级别，是别克同一排量等级发动机性能的排序，数字越大表示发动机功率越大；"N"表示自然吸气发动机。

大众凌渡汽车尾部的标识"330TSi"："TSi"表示双增压分层喷射发动机；"双增压"是指发动机同时采用机械增压器和废气涡轮增压两种方式增压；"330"表示发动机转矩等级为330N·m。

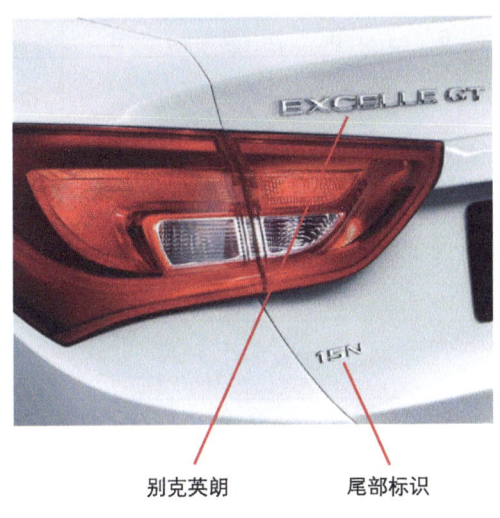

别克英朗　　　　尾部标识

**别克英朗汽车尾部标识**

尾部标识　　　　大众凌渡

**大众凌渡汽车尾部标识**

## *3.* 汽车 VIN 码的含义是什么?

汽车的"身份证"就是车辆识别代码即 VIN 码,也称为 17 位识别代码,俗称车架号。

VIN 码具有车辆的唯一识别性,通常轿车在风窗玻璃和车辆铭牌上都有车辆的识别代码。VIN 码包含了车辆的生产厂家、年代、车型、车身型式及代码、发动机代码及组装地点等信息。

正确解读 VIN 码,对于正确地识别车型,进而正确地完成故障诊断和维修是十分重要的。

**车辆识别代码——VIN 码位置**

VIN 代码由三部分组成:
WMI—世界汽车制造厂识别代号
VDS—车辆说明部分
VIS—车辆指示部分
丰田汽车识别代码 LFMAP22CXA0000001 含义见表 1-2。

福建戴姆勒汽车工业有限公司

☆ LB1WA5884A8■ ☆

| 品牌: | 梅赛德斯—奔驰 | 整车型号: | FA6500 |
| 发动机型号: | 272924 | 发动机排量: | 2496 ml |
| 发动机额定功率: | 140 kW | 乘坐人数: | 7 |
| 最大设计总质量: | 2940 kg | 制造国: | 中国 |
| 生产序号: | 008781 | 制造年月: | 2010年10月 |

**汽车铭牌**

### 表 1-2　VIN 代码含义

| 组成部分 | WMI | | | VDS | | | | | |
|---|---|---|---|---|---|---|---|---|---|
| 位数 | 1 | 2 | 3 | 4 | 5 | 6 | 7 | 8 | 9 |
| 含义 | 地理区域 | 汽车制造商代号 | | 车辆特征代码 | | | | | 检验位 |
| 示例 | L | FM | | A | P | 2 | 2 | C | X |
| 具体含义 | 中国 | 中国天津一汽丰田 | | 车身类型 | 发动机类型 | 车型系列 | 约束系统类型 | 车辆名称 | 检验位 |
| 组成部分 | VIS | | | | | | | | |
| 位数 | 10 | 11 | | 12 | 13 | 14 | 15 | 16 | 17 |
| 含义 | 车型年款代码 | 装配厂 | | 生产顺序号 | | | | | |
| 示例 | A | 0 | | 0 | 0 | 0 | 0 | 0 | 1 |
| 具体含义 | 2010 年 | 天津一汽丰田有限公司 | | 生产顺序号为 000001 | | | | | |

VIN 代码第一位代表生产国家或地区代码,例如,L—中国,1—美国,W—德国,J—日本,K—韩国。WIN 第十位是车型年款代码,例如,A—2010 年,B—2011 年,C—2012 年。

# 二、汽车的组成和驱动方式

## 1. 汽车由哪些部分组成？

不管汽车是"高大威猛"，还是"短小精悍"，都是由发动机、底盘、电气设备和车身组成的，电动汽车采用电动机代替发动机。发动机是汽车的"心脏"，为汽车提供动力；底盘是汽车的"手脚"，使汽车能自由奔跑；车身是汽车"身体骨架"，让汽车"仪表堂堂"；电气设备是汽车的"神经"，用于汽车处理、传递信息和实现各种控制。

车身

发动机

电气设备

底盘

汽车的组成

### ▶发动机

汽车为什么会"跑"？

汽车"奔跑"的动力来自于发动机，在密封的发动机气缸内，火花塞适时点燃混合气，混合气燃烧就会产生一个巨大的爆发力，迫使活塞向下运动，活塞通过连杆推动曲轴，再通过一系列机构把动力传到驱动轮上，最终推动汽车，让汽车能够"跑"起来。

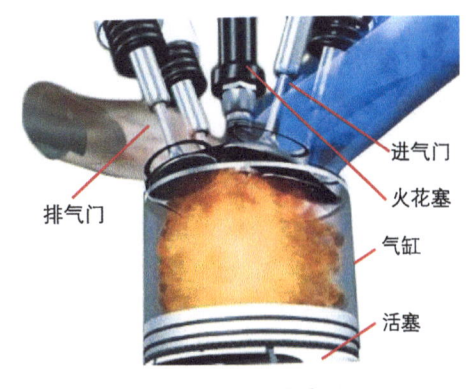

排气门

进气门

火花塞

气缸

活塞

发动机动力的产生

### ▶底盘

汽车底盘由传动系、行驶系、转向系和制动系四部分组成。底盘的作用是支承、安装汽车发动机及其各部件、总成，成形汽车的整体造型，并接受发动机的动力，使汽车产生运动，保证正常行驶。

发动机动力产生后，需经过底盘传动系统的变速器、传动轴、驱动桥等多个机构才能推动汽车行驶。手动变速器车辆还有便于换档操纵的离合器；四轮驱动汽车还有分动器，以便将动力分配到前桥和后桥。动力在传动系统传递过程中，会被改变转速、力矩和方向，最后才能传到车轮。

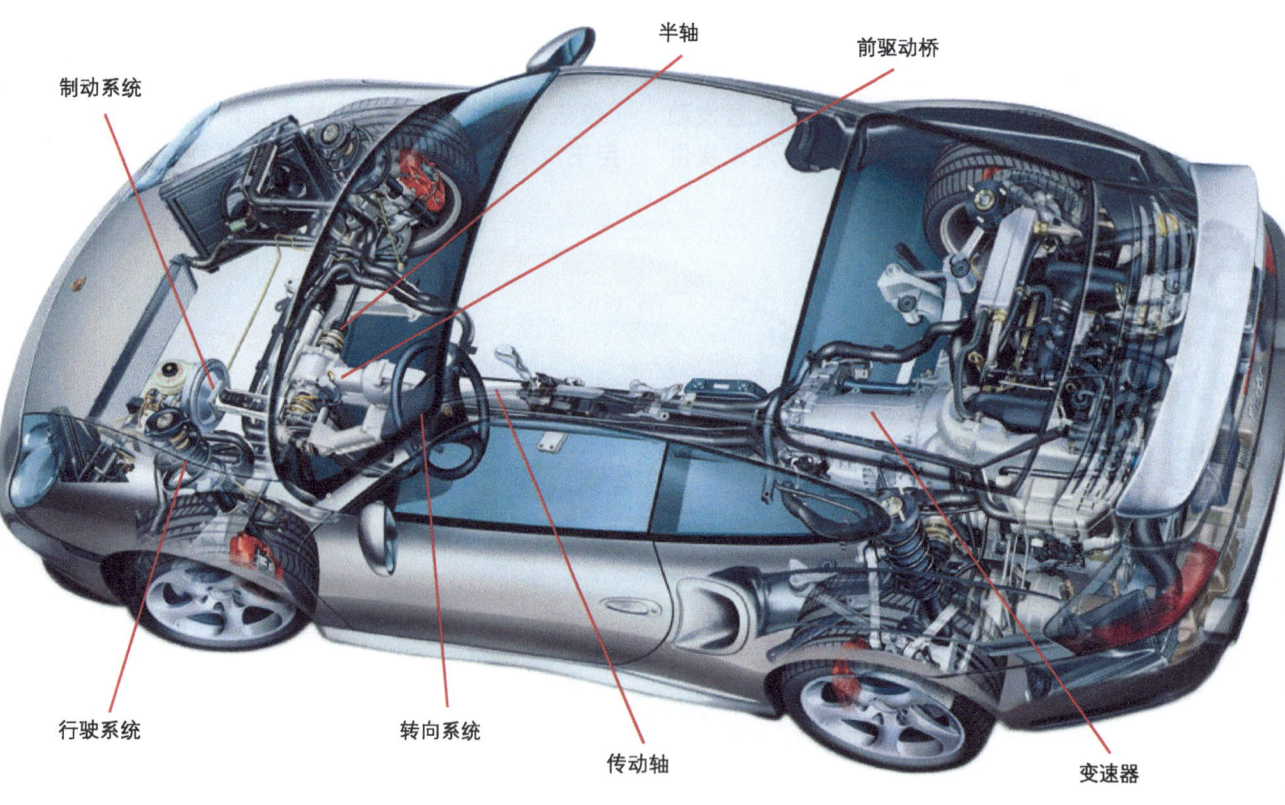

制动系统　半轴　前驱动桥

行驶系统　转向系统　传动轴　变速器

**汽车底盘**

### ▶电气设备

电气设备是汽车的"神经系统"，保证车辆在行驶过程中的可靠性、安全性和舒适性。它主要包括电源系统、配电装置和用电设备。电气设备又可以分为起动系统、点火系统、照明系统仪表系统、信号系统、辅助电器系统和电子控制系统。电源系统包括蓄电池和发电机。

起动系统（起动机）

点火系统（火花塞）

照明系统（前照灯）

信号系统（喇叭）

汽车
电气设备

仪表系统（仪表）

辅助用电设备（刮水器）

电控系统（电脑）

电源系统（发电机）

**汽车电气设备**

**汽车线束**

汽车电气有低压、直流、单线制、负极搭铁、用电设备并联等特点。

一般汽油车采用12V电源系统。汽车需要蓄电池作为发动机电力起动的电源，所以必须用直流电源。

汽车线束遍布汽车内部，为节约导线，使线路简化便于维修，汽车上从电源到用电设备使用一根导线连接，即单线制。单线制时，蓄电池的负极接到车身上，称为搭铁。为避免用电设备互补干扰，用电设备采用并联方式连接。

## 2. 汽车发动机舱内有什么？

汽车的外观不仅关系到风阻系数和安全性能，更需要符合人们的审美要求。轿车的两组前组合灯，一条保险杠，一个进气格栅和发动机罩就组成了汽车的"前脸"。

发动机罩是汽车"前脸"的重要组成部分，一般要求发动机罩隔热隔声效果好，自身重量轻，且刚度强。

发动机罩
前组合灯
前雾灯
进气格栅
前保险杠

**汽车前脸**

驾驶室内有发动机罩开关，它通过拉索连接发动机罩锁，拉动此开关可以打开发动机罩。打开发动机罩以后，需要采用支撑杆或液压支撑杆来支撑，并对支撑情况进行确认，以免砸伤人员。盖紧发动机罩时，要用手掰动检查发动机罩是否锁止牢固，以防止车辆行驶时，发动机罩突然自己打开，造成安全事故。

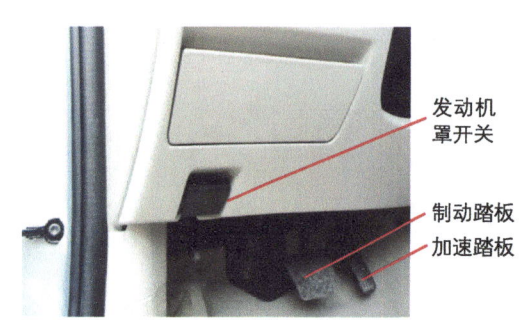

发动机罩开关
制动踏板
加速踏板

**发动机罩开关**

支起发动机罩后，就可以看到发动机舱，发动机舱内包括发动机、ABS泵、冷却液储液罐、空气滤清器等。发现冷却液或动力转向器油不足时，不可盲目进行添加，还应该找到油液不足的原因。日常维护发动机时，不要在起动发动机后或熄火不久去触摸水管、排气管，以免烫伤。

ABS泵
冷却液
动力转向器油
发动机
玻璃清洗液
空气滤清器

**宝马汽车发动机舱**

## 3. 汽车用哪种驱动方式更好？

汽车驱动方式对整车使用性能、外形尺寸、质量、制造成本等影响很大。到底哪种驱动方式好呢？

### ▶发动机前置前驱（FF）

发动机前置、前轮驱动 (FF) 的驱动方式被中级及以下轿车上普遍采用。这种驱动方式前车轮很"辛苦"，它既是转向轮又是驱动轮；后轮比较轻松，作为从动轮，只需要"跟着"前轮转动就可以了。这种布置形式结构简单，但容易出现转向不足。

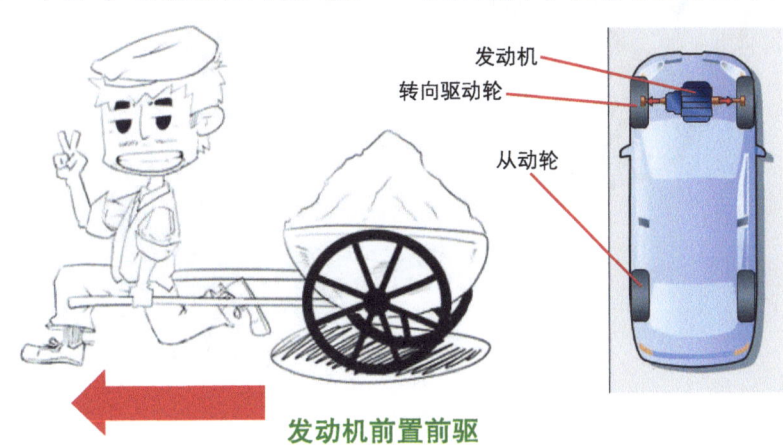

发动机前置前驱

### ▶发动机前置后驱（FR）

前置后驱车型（FR）布置形式是将发动机纵置布置在前面，前后轮"分工公平"，前轮负责转向，后轮负责驱动。发动机前置后驱方式操控性好，起步加速好，舒适度高，主要用于中高级轿车。但这种驱动方式需要一根贯穿前后的传动轴，将动力从前面传递到后轮，传动距离长使得传递效率较低，同时也会影响车内空间。

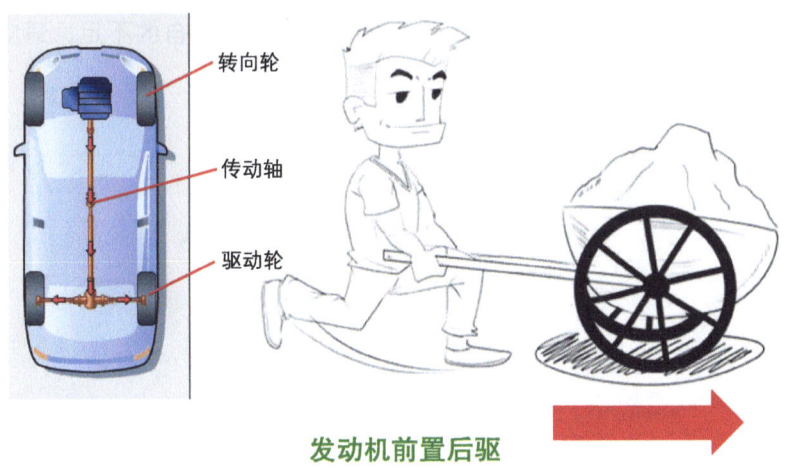

发动机前置后驱

【知识拓展】：
前驱车比后驱车更"听话"，前驱车比较容易操控，这是前驱车前轮上的负载更大，转向反应相对慢一些。后驱车玩漂移最有"乐趣"，后轮驱动是汽车驱动形式的鼻祖，目前很多豪华车、高性能车均选择后轮驱动。

### ▶四轮驱动（4WD）

四轮驱动方式（4WD）汽车具有分动器，能将动力分配给前、后驱动桥，因此，汽车的四个车轮都能得到驱动力，充分利用了所有车轮与地面之间的附着力，以获得尽可能大的牵引力，它的通过性与两驱车相比具有很大的优势，所以很适合SUV和越野汽车。

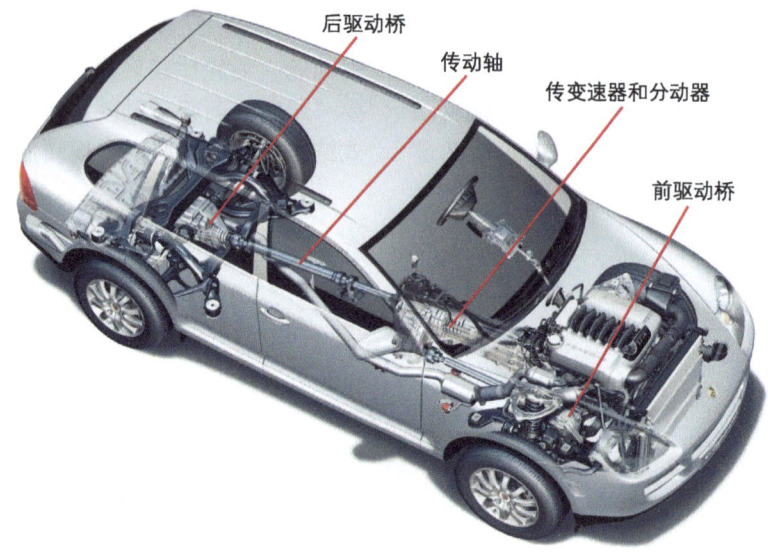

后驱动桥
传动轴
传变速器和分动器
前驱动桥

四轮驱动

### ▶发动机中置后驱（MR）

除了以上三种常用的驱动方式以外，还有发动机后置后轮驱动（RR），发动机中置后轮驱动（MR）方式。发动机中置后轮驱动MR型基本上用于赛车和超级跑车，因为MR车的车体重量分布接近理想平衡，这是使MR车获得最佳运动性能的最主要保证。

目前使用发动机后置的车型并不多，保时捷911是使用发动机后置，适合驾驶技术精湛追求转向非常灵活的车手。

不同的驱动方式都各具特色，有各自的优点，也有各自的不足，适应不同的车型要求。

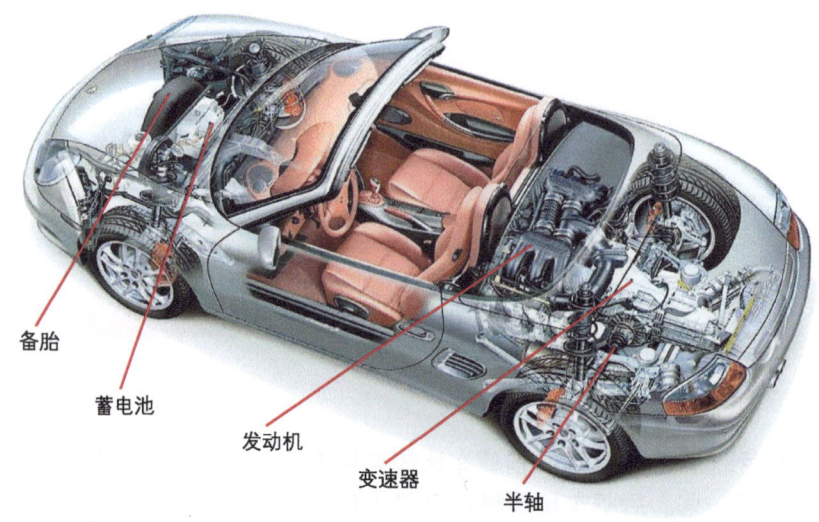

备胎
蓄电池
发动机
变速器
半轴

发动机中置后驱

# 三、发动机的基本原理

## 1. 发动机的作用有哪些？

发动机是汽车的"心脏"，它是车辆的动力源，它"吃"的是空气中的氧气和汽油之类的燃料，产生旋转作用力，通过发动机后面的飞轮把力传给底盘变速器等机构，最终驱动车辆。

发动机还用传动带将动力传给以下装置：传给发电机，给蓄电池充电和电器供电，例如，用于晚间汽车行驶的照明；传给空调压缩机，以调节车内温度和湿度，提高车辆的舒适性能；传给转向助力泵，让驾驶人轻松就能掌控汽车转向盘，减轻驾驶疲劳。

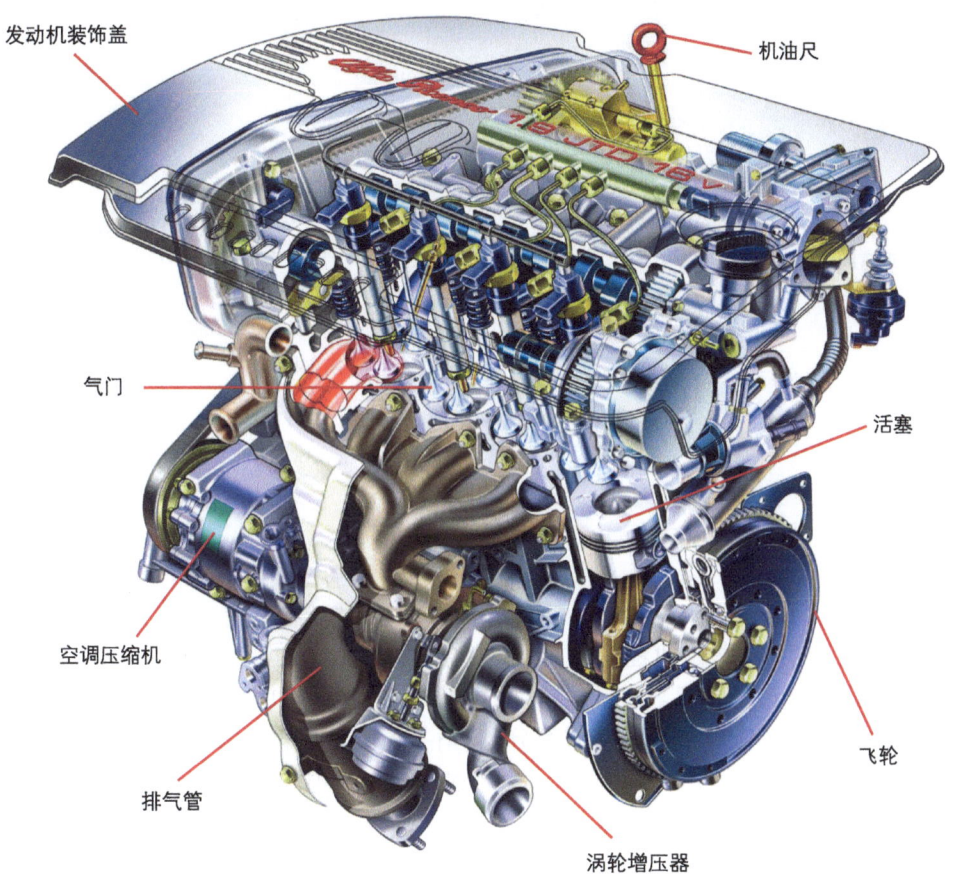

发动机装饰盖　机油尺　气门　活塞　空调压缩机　飞轮　排气管　涡轮增压器

**发动机后端面**

【知识拓展】：

发动机不工作时，发电机和空调压缩机也不能正常工作，使用前照灯或音响等大功率电器会快速地消耗电能，电能消耗过多，发动机会因缺电而无法起动了。

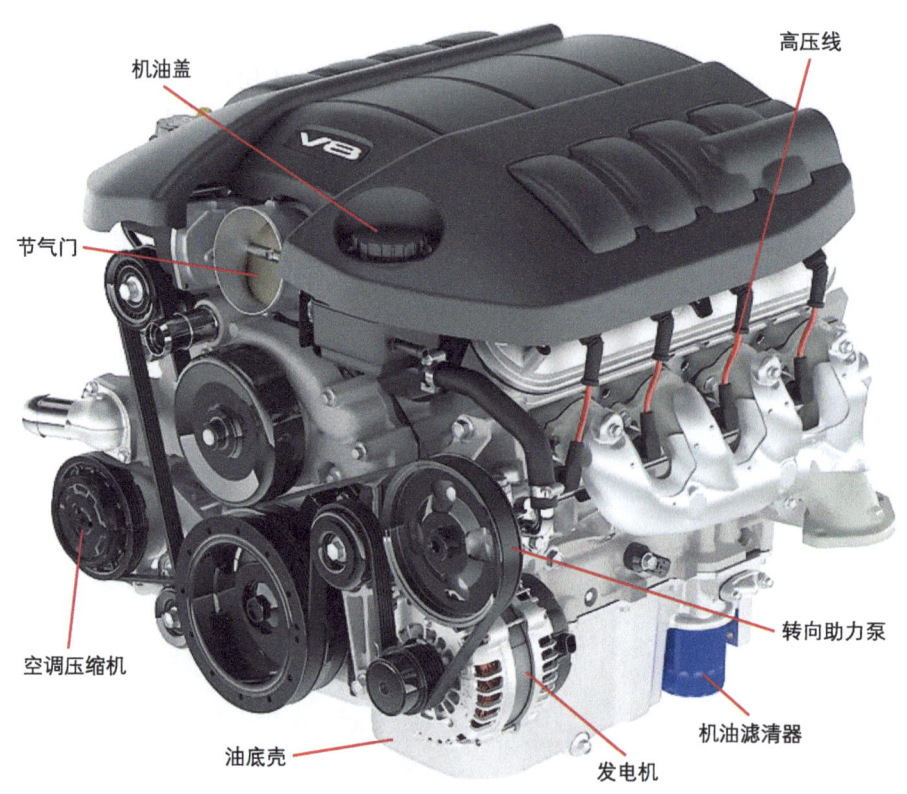

机油盖 　高压线

节气门

空调压缩机 　转向助力泵

油底壳 　机油滤清器

发电机

**汽车发动机的前面**

## 2. 发动机有哪些类型？

目前汽车上常用的是四冲程往复活塞式、水冷、直列或Ｖ型发动机。发动机按使用燃料、汽油喷射位置、气缸排列方式等分为不同的形式。

▶**根据使用燃料分类**

发动机按使用燃料可以分为汽油发动机、柴油发动机、液化石油气发动机等。汽油发动机是目前小型车的主流，汽油发动机像个短小精悍的小伙子，其特征是体积小、质量小、转速高。

柴油发动机在轿车上应用较少，广泛应用于大中客车和货车上，大众汽车奥迪、宝来少数车型应用了柴油发动机。柴油发动机有一个专用的高压油泵，能够将柴油建立起很高的压力，然后压入气缸中，柴油与空气混合后被压燃。

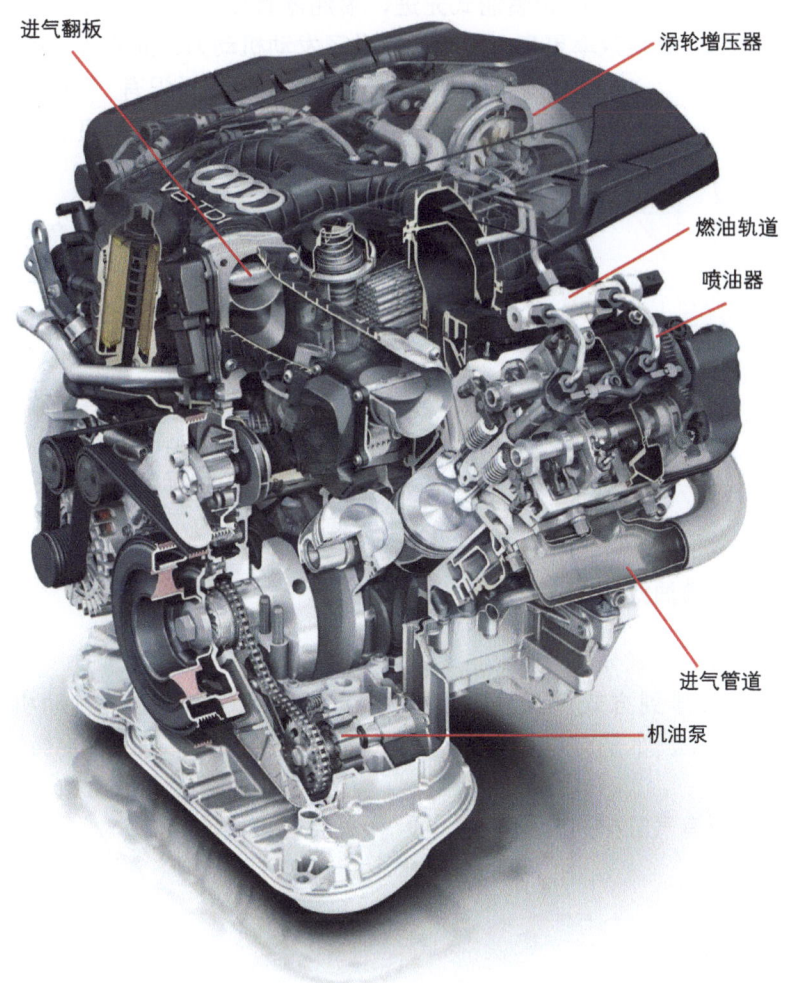

进气翻板

涡轮增压器

燃油轨道

喷油器

进气管道

机油泵

**柴油 V6 TDI 发动机**

【知识拓展】：

　　TDI 是 Turbo Direct Injection 的缩写，是指直喷式涡轮增压柴油发动机，直喷式即缸内喷射。柴油发动机没有点火系统，柴油只能直接喷入气缸，依靠高压缩比压燃。

### ▶根据汽油喷射位置分类

　　依据汽油进入气缸的位置不同，汽油发动机又可以分为进气歧管喷油式和缸内直接喷油式。进气歧管喷油式是将汽油喷在气缸外的进气歧管内。

　　目前普遍使用的进气歧管喷油式是在每个气缸设置一个喷油器，各个喷油器分别向各气缸进气道（进气管前方）喷油。

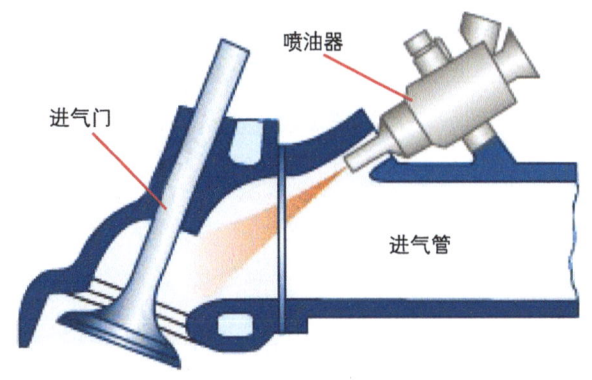

喷油器

进气门

进气管

**进气歧管喷油式**

缸内直接喷油式比进气歧管喷油式先进，喷油器直接将汽油喷入气缸，这种喷射方式有利于汽油的雾化，燃烧效率更高，因此，提升了发动机动力、油耗等性能。

很多汽车尾部标识有"FSI"、"TSI"、"TFSI"等字样，都表示采用了缸内喷射发动机。

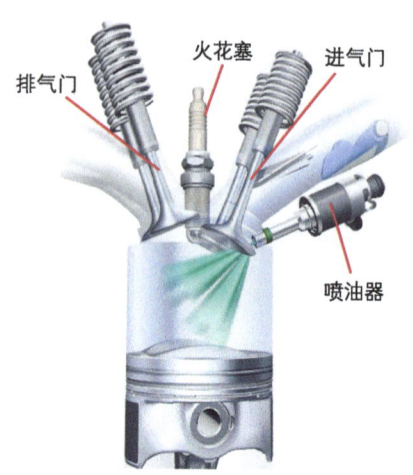

**缸内喷油式**

【小贴士】：

FSI 为燃油分层喷射，F 意为燃料，S 意为分层；I 指喷射。FSI 是大众汽车直喷发动机的标志代码。TSI 是双涡轮增压分层喷射发动机，T 指双增压（涡轮增压器 + 机械增压器）。TSI 比 FSI 更先进，属于大功率、低转速大转矩的发动机。TFSI 是带涡轮增压（T）的 FSI 发动机，用于奥迪系列车型标志，大众系列直喷且带增压的发动机简称为 TSI。

#### ▶根据气缸排列方式分类

发动机按气缸排列方式可以分为直列（L 型）、V 型、W 型、水平对置（H 型）发动机等。

直列发动机所有气缸排列成一排，一般为 4 缸或 6 缸。这种发动机性能稳定，成本低，结构简单，运转平衡性好，而且体积小。但当排气量和气缸数增加时，发动机的长度将大大增加。

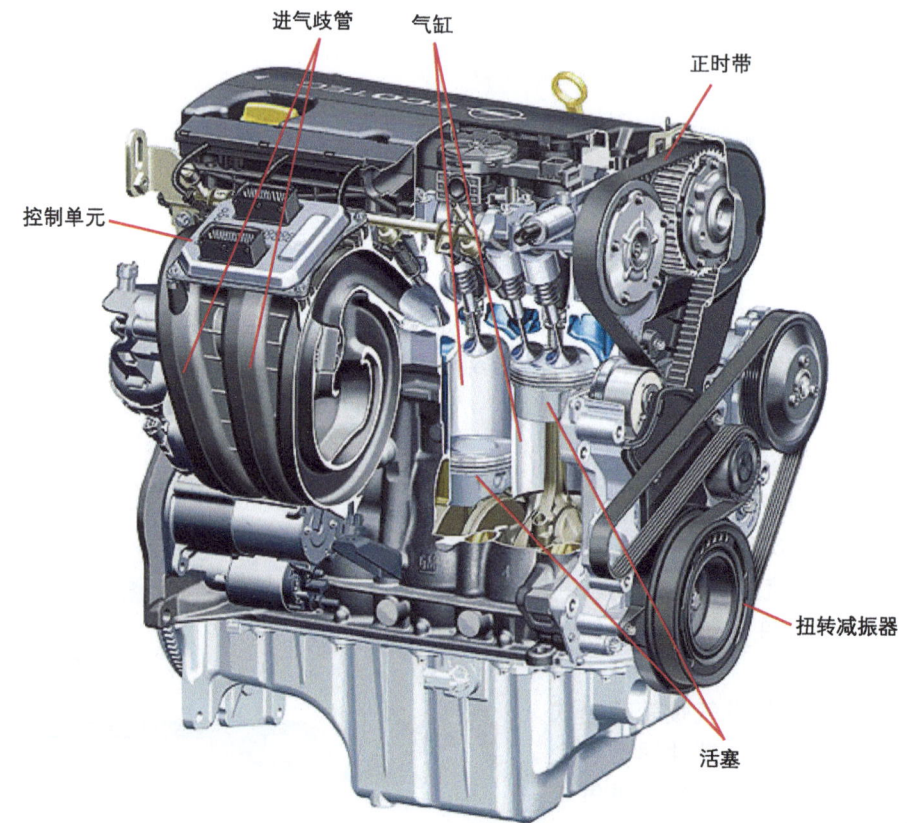

**直列 L4 发动机**

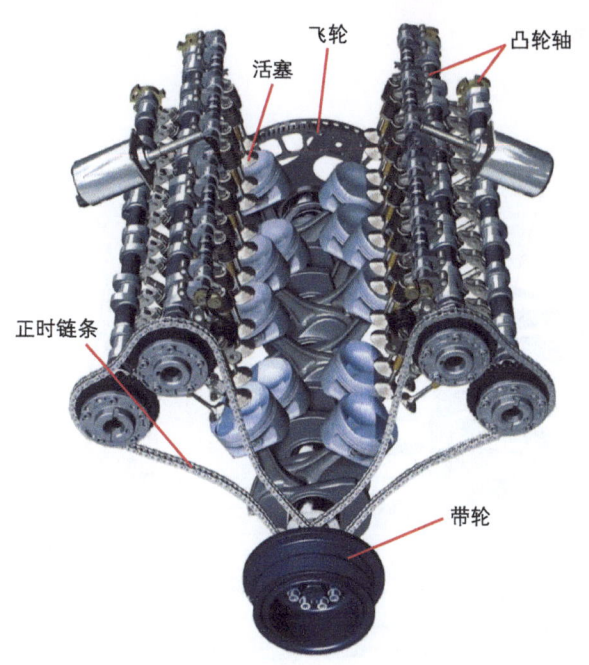

V 型发动机像个"双头连体婴"，从侧面看像 V 字型，两列气缸夹角一般为 90°。

V 型发动机高度和长度尺寸都较小，这样可以使得发动机盖更低一些，以满足空气动力学的要求。

V 型发动机的气缸成一个角度对向布置，这样可以抵消一部分振动，但必须要使用两个气缸盖，结构相对复杂，一般用于中高档车型，比如大众 CC、迈腾、皇冠等。

**V 型发动机**

W 型发动机相对于 V 型发动机，曲轴可以更短一些，重量也可轻化些，但是宽度增大，发动机舱也会被塞得更满。

W 型发动机缺点是结构更为复杂，在运转时会产生很大的振动，所以只有在少数的车上应用。

大众辉腾、大众途锐、奥迪 A8、宾利欧陆 GT 等车采用 W12 发动机。

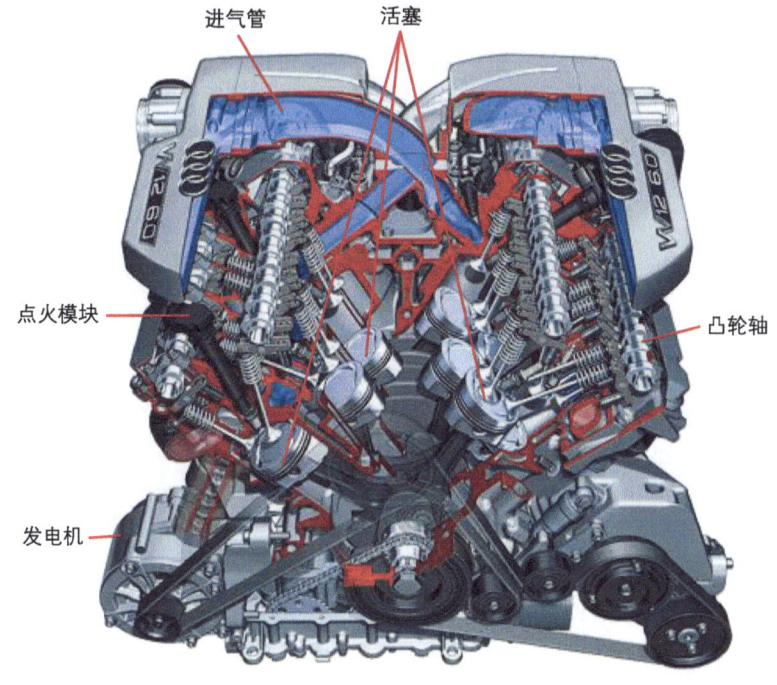

**W12 发动机**

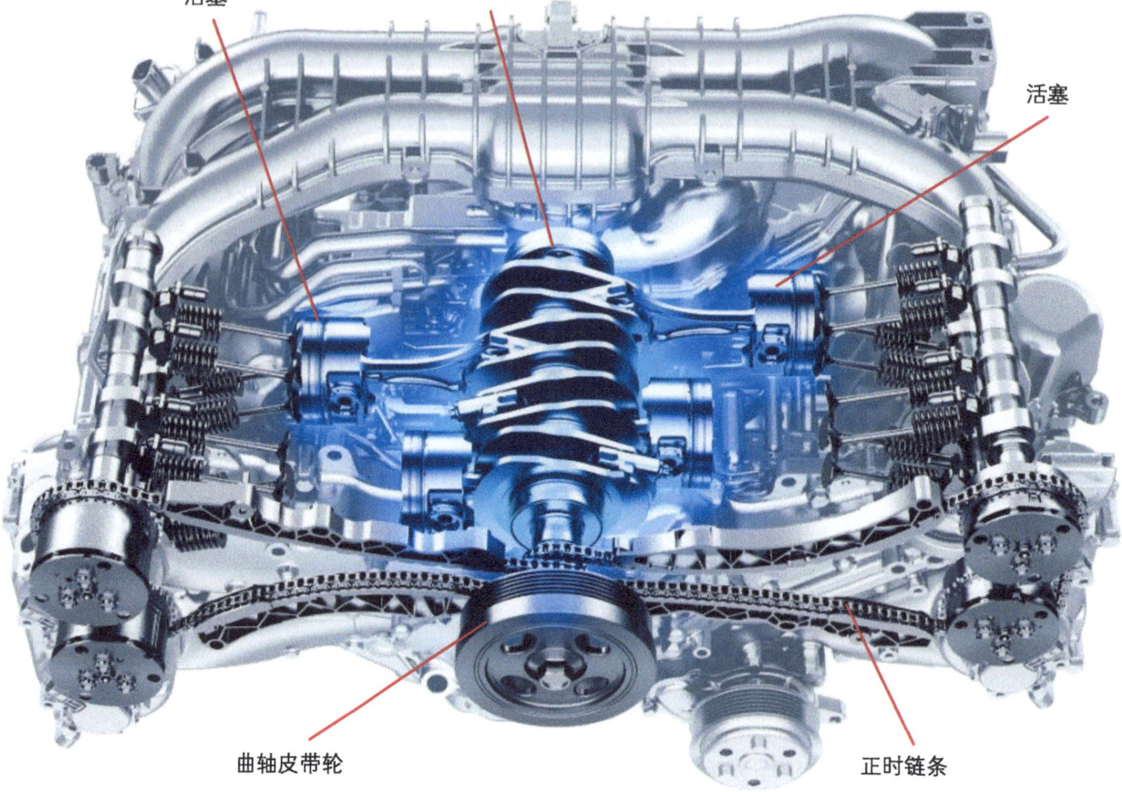

活塞　　　　　曲轴　　　　　　　　活塞

曲轴皮带轮　　　　　　　　　　正时链条

**水平对置发动机**

将Ｖ型发动机两侧的气缸再进行小角度的错开，就是水平对置（Ｈ型）发动机了。水平对置发动机将气缸平均分布在曲轴两侧，在水平方向上左右运动，这种发动机结构紧凑，重心低，体积小，可以给车辆带来异乎寻常的平衡与稳定，但结构复杂，目前在普通轿车上使用较少。

## 3. 发动机的基本术语有哪些?

曲轴在发动机中作旋转运动，曲轴主轴颈被支承在发动机缸体上，曲轴连杆轴颈与活塞和连杆连接，活塞和连杆在气缸内做上下往复运动。

通常曲轴是顺时针旋转，四缸发动机的1缸和4缸、2缸和3缸活塞运动方向相同，即活塞同时向上或向下。

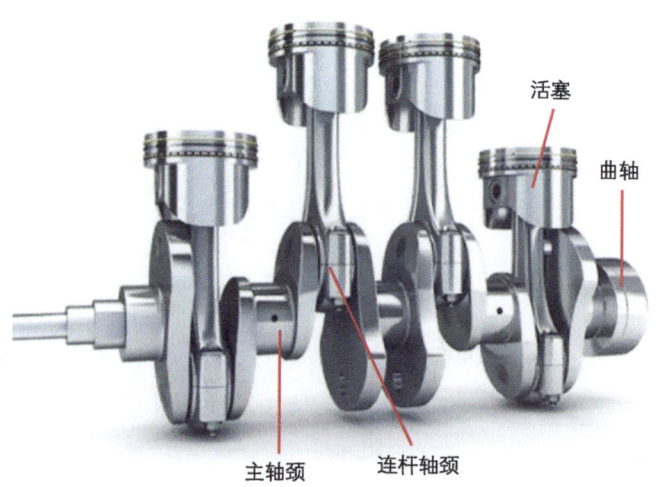

活塞

曲轴

主轴颈　　　连杆轴颈

**曲轴和活塞**

### ►上止点、下止点、活塞行程

　　活塞顶到达远离曲轴回转中心最远处，即上止点。通常直列发动机上止点就是活塞运行的最高处。

　　下止点是指活塞顶离曲轴回转中心最近处。通常直列发动机下止点就是活塞运行的最低处。

　　冲程是活塞移动的过程，活塞行程是上、下止点间的距离，曲轴回转一周，活塞移动两个行程。

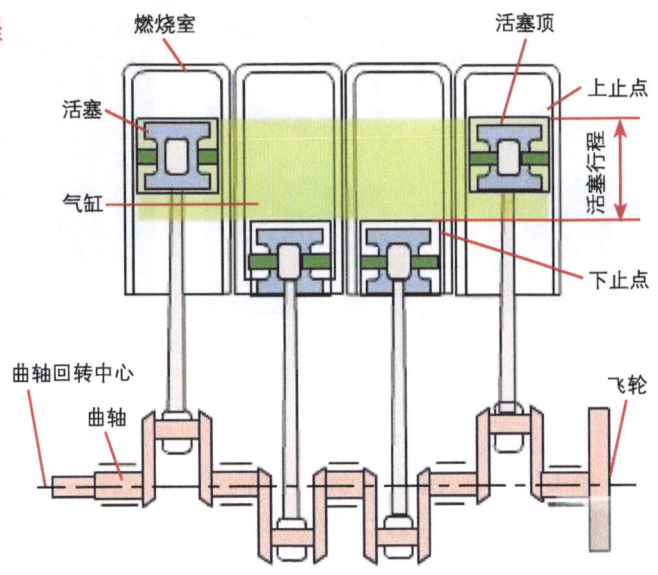

上止点、下止点、活塞行程

### ►发动机排量、压缩比

　　气缸内可以分成"一室一厅"。上止点上部的活塞顶面和气缸盖底面以下所形成的空间称为燃烧室。

　　为了满足混合气雾化和燃烧的要求，燃烧室通常做成浴盆形、楔形、多球形等。

　　在上、下止点间的气缸容积所形成的"厅"，就是气缸工作容积。所有气缸工作容积的总和称为发动机排量。

　　排量就像发动机的"肺活量"，同样条件下，"肺活量"大的发动机动力强劲。

　　气缸工作容积与燃烧室容积之和为气缸总容积，气缸总容积与燃烧室容积之比称为压缩比。通常压缩比越大的发动机，其动力性和经济性越好，当然其所需求的汽油标号也越高。汽车的经济性主要体现于燃油消耗率，通常在汽车的仪表上有显示。

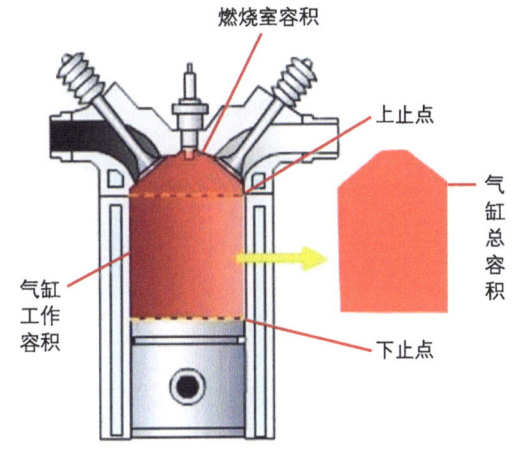

气缸工作容积

　　例如 3.9L/100km，表示该车行驶 100km 消耗 3.9L 燃油。

【小贴士】：

　　有些顾客购车时担心发动机排量大会耗油，但是，发动机排量小了，会出现"小马拉大车"的情况，发动机容易损坏。确实，排量大的发动机"胃口"大，发动机在起动、等待、低速时，相比排量小的发动机耗油，在高速时，排量大的发动机其耗油量可能小于排量小的发动机。排量只是汽车油耗的一个因素，汽车的油耗还受车身重量、传动效率、发动机技术等因素的影响。

燃烧室

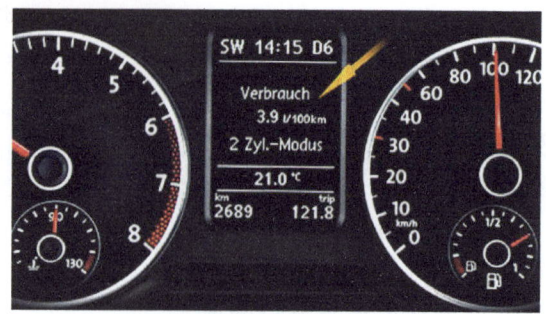

汽车仪表油耗显示

### ▶变排量发动机

排量大的发动机动力强劲，排量小的发动机节能减排，可变排量发动机可以兼得两者优点。

变排量技术也被称为主动气缸管理，其实质为切断某些气缸的燃油和空气供给。

例如，保时捷的 4.0T V8 发动机在部分负荷运转时，控制系统可自动调整为 4 缸模式，让另外 4 个气缸停止工作。

电脑停止控制喷油器，便可轻松实现断油控制。电脑通过电磁阀控制特制的凸轮，让气门保持关闭状态，停止进气。四缸发动机主动气缸管理系统一般是控制 2 缸和 3 缸停止工作。

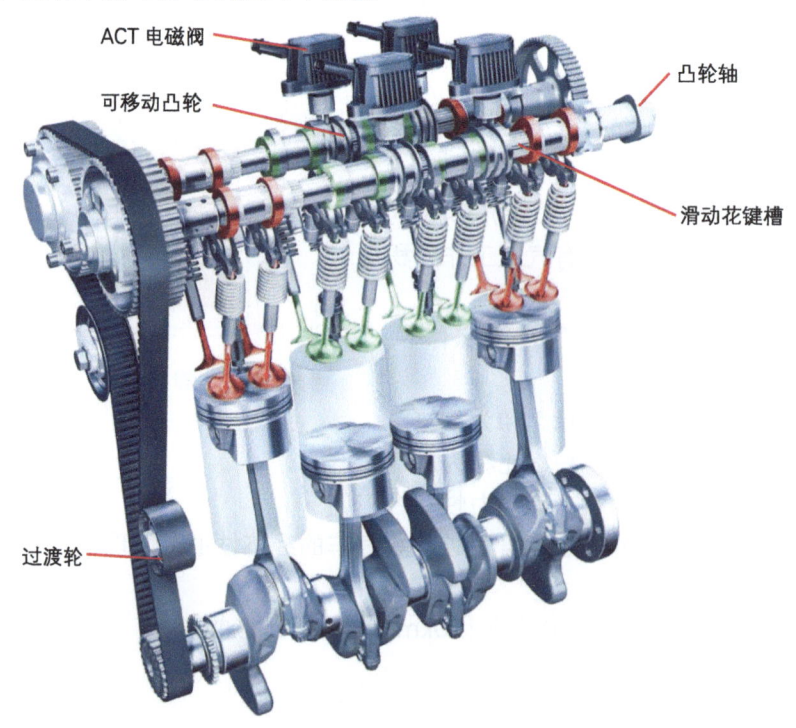

ACT 电磁阀
可移动凸轮
凸轮轴
滑动花键槽
过渡轮

变排量发动机

## 4. 发动机的工作原理是怎样的?

汽车发动机普遍采用四冲程，由曲轴转动带动活塞上下往复运动，完成进气、压缩、做功和排气四个冲程。四冲程汽油缸外喷射发动机工作原理如下。

### ▶进气冲程

进气冲程时，排气门关闭，进气门打开，活塞由曲轴带动从上止点移动到下止点。此时又好比注射器吸液，随着容积变大，产生真空，吸进混合气。空气和汽油的混合物（即混合气）被吸入气缸，并在气缸内进一步混合形成可燃混合气。

### ▶压缩冲程

压缩冲程时，进、排气门都关闭，活塞由曲轴带动从下止点移动到上止点。随着活塞向上移动，空间变小，压力与温度都在升高。因为气体在压缩后有温度上升的特性，温度越高越利于燃烧。

### ▶做功冲程

做功冲程就像鞭炮被点燃后发生爆炸，会产生很大的威力。做功冲程时，进、排气门关闭形成封闭空间，火花塞适时发出高压电火花，将温度很高的混合气点燃，火焰迅速传播，混合气燃烧后爆发出巨大压力，推动活塞移动使曲轴旋转，产生能驱动车轮的动力。

### ▶排气冲程

排气行程开始，排气门开启，进气门关闭，活塞上行，推动废气通过排气门排出。汽车排气管排出的废气是汽车主要污染源，在汽车维修或汽车年检时使用废气分析仪检测的气体就是排气管排出的废气。

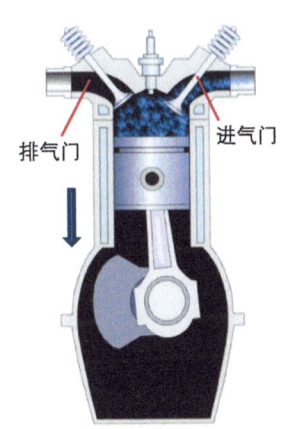
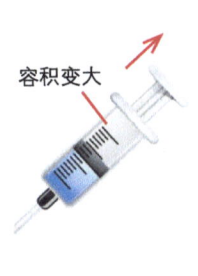

容积变大

进气冲程

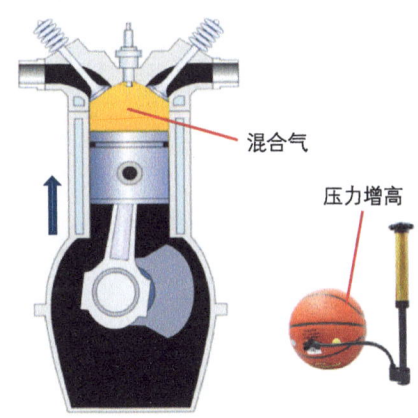

混合气

压力增高

压缩冲程

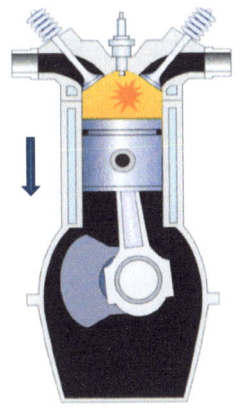

做功冲程

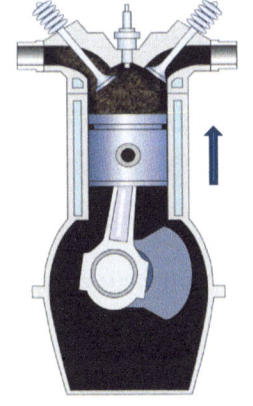
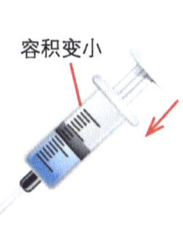

容积变小

排气冲程

## 5. 发动机由哪些部分组成?

目前轿车常用的是四冲程、往复活塞式、水冷汽油发动机，发动机常用直列或V型布置方式。发动机是汽车上最复杂的部分，包括两大机构和五大系统，两大机构是曲柄连杆机构和配气机构，五大系统包括点火、供给、冷却、润滑和起动系统。曲柄连杆机构包括机体组、活塞连杆组、曲轴飞轮组。配气机构包括气门组和气门传动组。

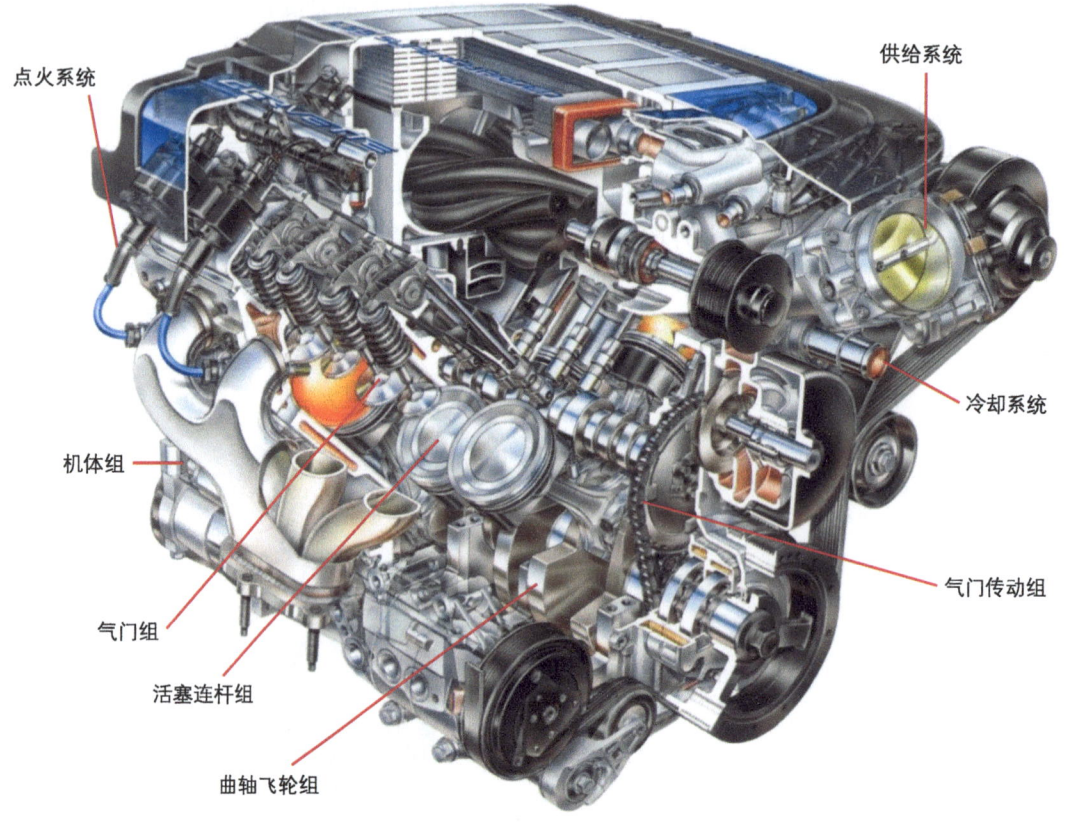

点火系统

供给系统

机体组

冷却系统

气门组

气门传动组

活塞连杆组

曲轴飞轮组

**发动机的组成**

曲柄连杆机构是发动机的"躯体"，它是实现工作循环和完成能量转换的主要部分。配气机构是发动机的"肺"，定时开启和关闭进、排气门，实现换气过程。燃料供给系统是发动机的"消化系统"，它将混合气供入气缸，将废气排出车外。润滑系统是发动机"心血管系统"，它向发动机运动零件表面输送润滑油……

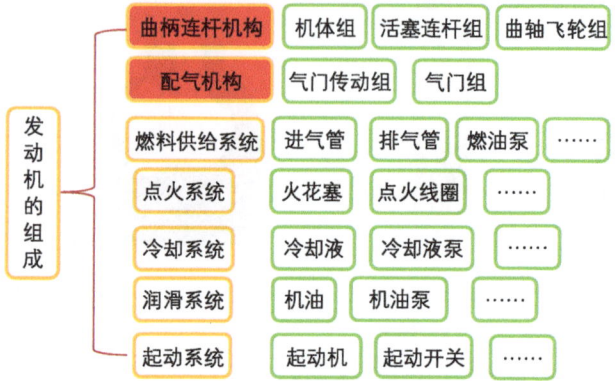

| 发动机的组成 | 曲柄连杆机构 | 机体组 | 活塞连杆组 | 曲轴飞轮组 | |
|---|---|---|---|---|---|
| | 配气机构 | 气门传动组 | 气门组 | | |
| | 燃料供给系统 | 进气管 | 排气管 | 燃油泵 | …… |
| | 点火系统 | 火花塞 | 点火线圈 | …… | |
| | 冷却系统 | 冷却液 | 冷却液泵 | …… | |
| | 润滑系统 | 机油 | 机油泵 | …… | |
| | 起动系统 | 起动机 | 起动开关 | …… | |

## 6. 发动机是怎么支撑的?

随着底盘、发动机技术的日臻完善,车辆的振动、噪声的控制转而成为各整车厂研发的重点。发动机通过发动机悬置与车身连接,发动机悬置能有效的吸收振动,避免将发动机振动传到车身上,同时可以提高舒适性能和降低其他零部件因为振动产生疲劳破坏。

> 发动机悬置俗称发动机脚垫,通常发动机采用三处或四处脚垫支撑在车身的前纵梁或副车架(发动机元宝梁)上。

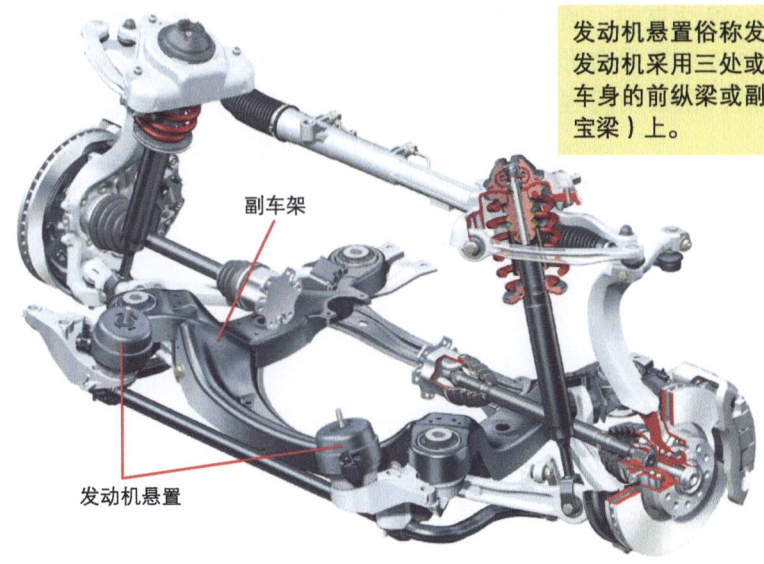

**发动机悬置位置**

> 通常发动机副车架刚性较高,在主车架与发动机副车架中间增加一层橡胶垫,可阻隔振动和噪声。

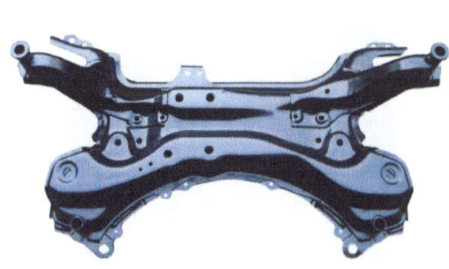

**发动机副车架**

**橡胶悬置**

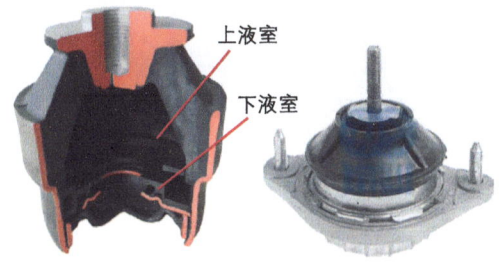

**发动机液压脚垫**

发动机悬置有橡胶悬置、空气悬置和液压悬置等种类,常用的是橡胶悬置。发动机液压脚垫能隔离发动机的振动和噪声向车厢内的传递,明显提高整车车内的舒适性。

高档轿车为了追求最佳的隔振效果采用主动悬置,主动悬置理论上可以使振动响应达到零。

## 7. 柴油发动机有何特点？

柴油发动机是内燃机的一种，其工作原理和汽油发动机类似。柴油发动机没有点火系统，它的混合气是被压燃的。在压缩行程，气缸内压力和温度都提高，为燃烧提供条件。在压缩行程结束前，喷油器将柴油喷入气缸，柴油与空气混合形成可燃混合气并被压缩自燃，在做功行程产生动力。

柴油发动机与汽油发动机相比的优缺点如下：

（1）经济性较好。由于柴油比汽油热效率高30%，因此，柴油发动机能节省燃料，降低燃料成本。

（2）可靠性比较高。柴油发动机无须点火系统，供油系统也比较简单，所以柴油发动机的可靠性要比汽油发动机好。

（3）压缩比高。柴油工作压力大，要求各有关零件具有较高的结构强度和刚度，所以柴油机比较笨重，体积较大。

（4）柴油机工作粗暴，振动噪声大。柴油不易蒸发，冬季冷车时起动困难。

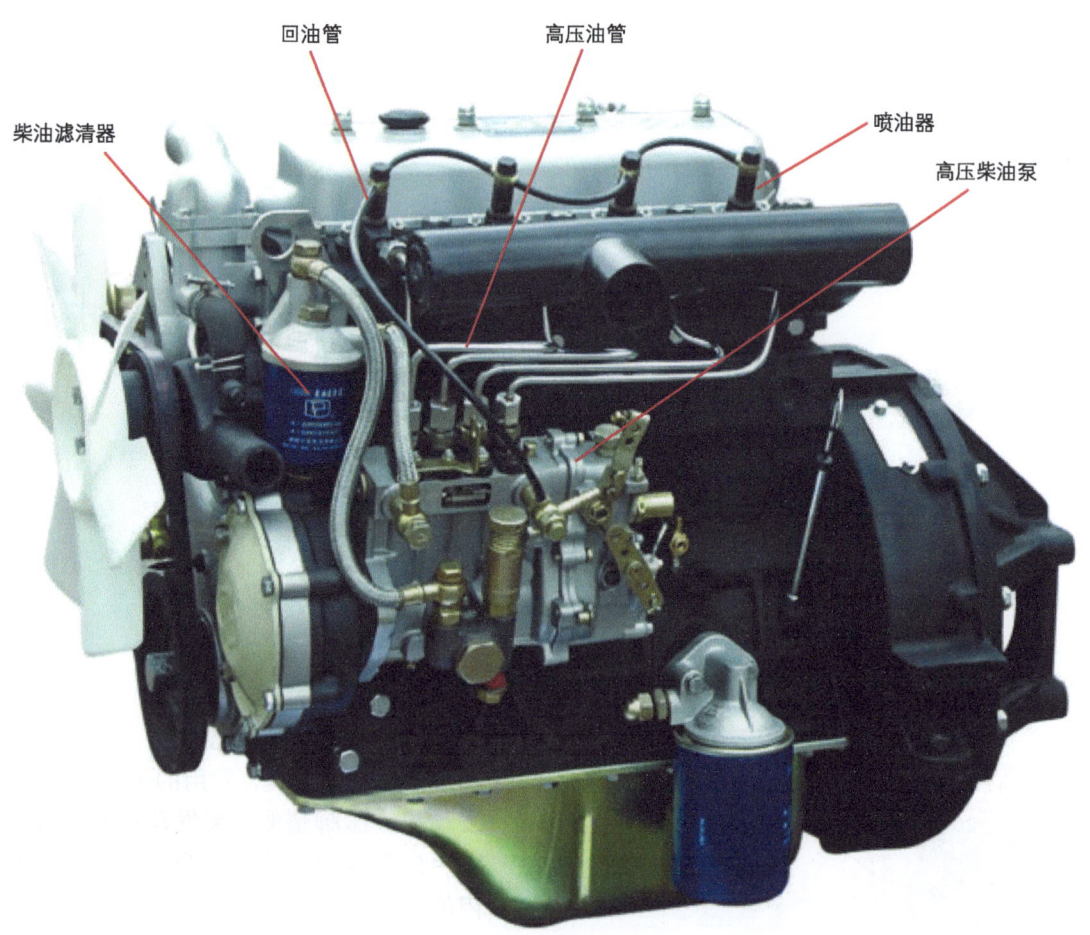

六缸柴油发动机

　　传统柴油发动机喷油的压力随着发动机转速与喷油量的增加而增加，无法精确地控制喷油量，导致废气排量大，这种柴油系统已经无法满足日益严格的排放法规和降低油耗的愿望。

　　目前电控柴油发动机普遍采用共轨系统。共轨系统是将燃油在高压下储存在高压的油轨中，可根据发动机不同的工况灵活控制喷射压力和油量，从而实现低转速高喷射压力，达到低速高转矩、低排放及优化燃油经济性的目的。

　　电控单元根据油门踏板位置传感器、曲轴转速传感器等信号，计算出理想的喷油量和喷油时间，并控制带有电磁阀的喷油器精确喷油，从而实现更好的排放、更低的燃油消耗。

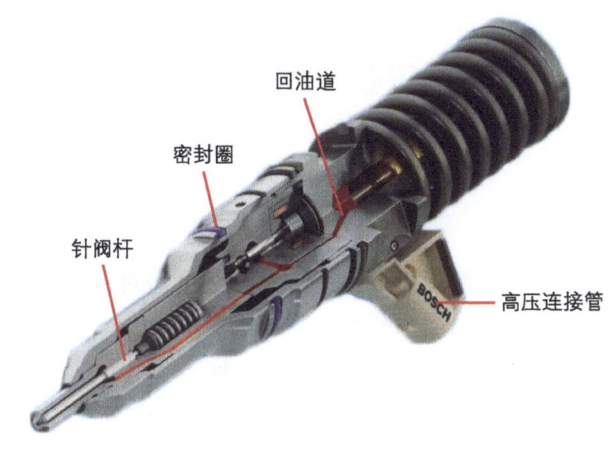

回油道

密封圈

针阀杆

高压连接管

**柴油发动机喷油器**

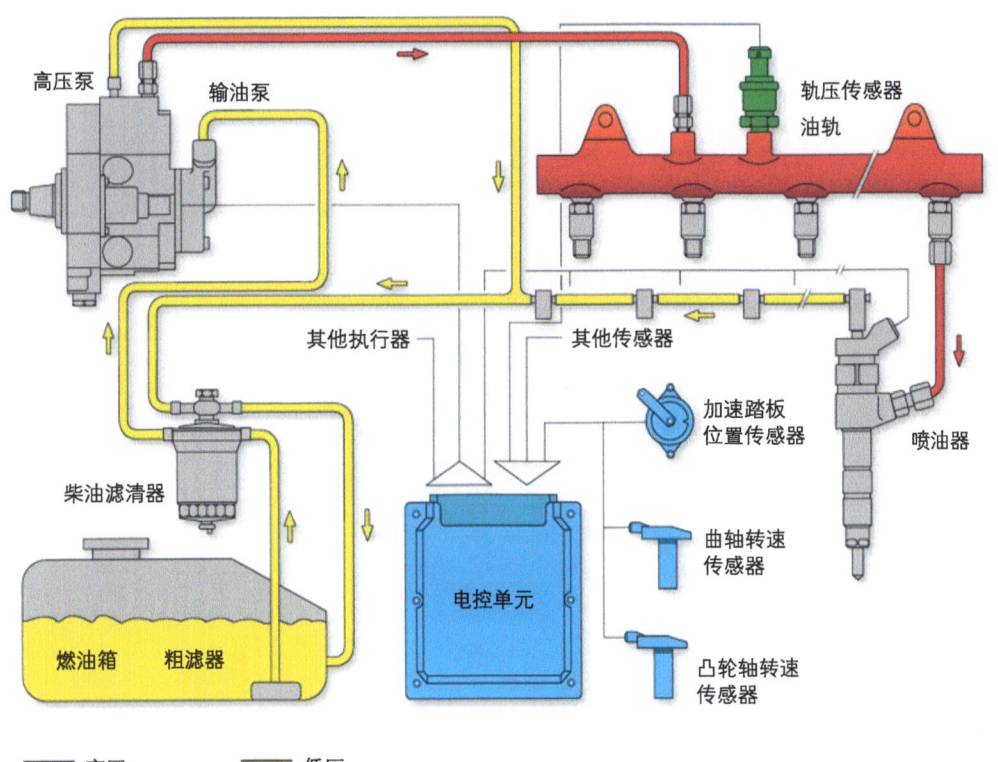

高压泵　　输油泵

轨压传感器

油轨

其他执行器　　其他传感器

加速踏板位置传感器

喷油器

柴油滤清器

曲轴转速传感器

电控单元

凸轮轴转速传感器

燃油箱　　粗滤器

■ 高压　　■ 低压

**电控柴油发动机燃油喷射控制系统**

# 第二章
# 发动机曲柄连杆机构和配气机构

## 一、发动机曲柄连杆机构

### 1. 机体组包括什么？

机体组是发动机的基础，是组成燃烧室的主要零部件，是曲柄连杆机构、配气机构和各系统主要零部件的装配基体。

曲柄连杆机构是发动机的主要运动机构，其功用是将活塞的往复运动转变为曲轴的旋转运动，同时将作用于活塞上的力转变为曲轴对外输出的转矩，以驱动车轮转动。

曲柄连杆机构由机体组、活塞连杆组、曲轴飞轮组三部分组成。发动机机体组主要包括气门室盖、气缸盖、气缸体和油底壳及以上元件结合面的密封垫片。

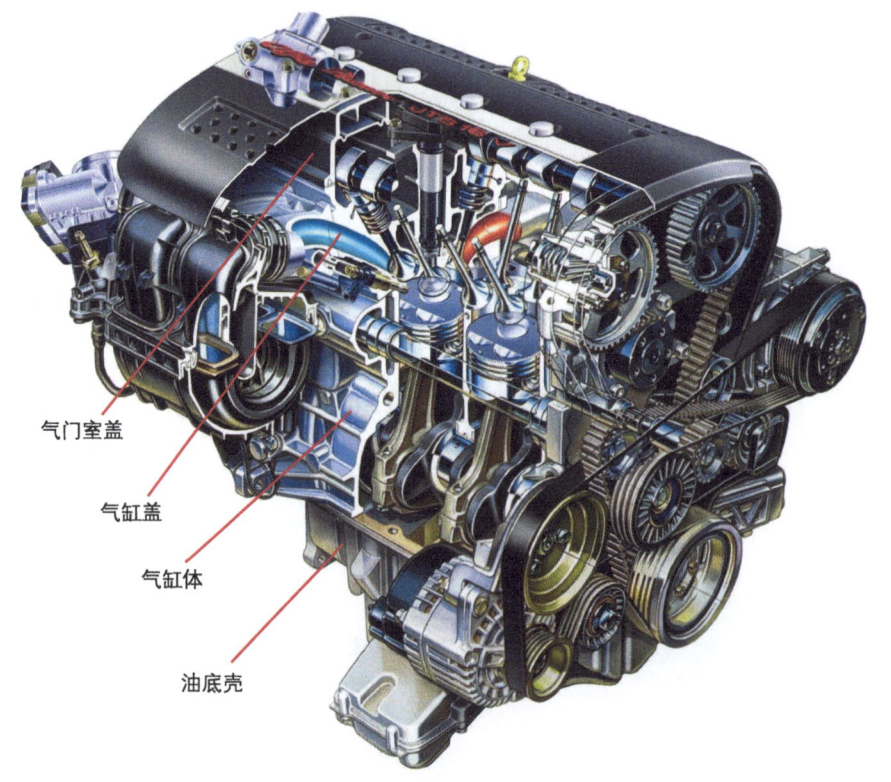

气门室盖
气缸盖
气缸体
油底壳

**发动机机体组**

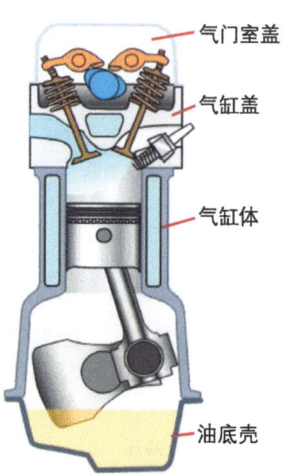

气门室盖
气缸盖
气缸体
油底壳

**机体组示意图**

### ▶气门室盖

气门室盖也叫气缸盖罩，它安装在气缸盖上面。气门室盖上通常有火花塞安装承孔和加机油口。气门室盖衬垫起到密封作用，防止机油渗漏。有些车型采用塑料制成的气门室盖，以减轻汽车重量。

气门室盖上还有机油盖，方便添加发动机机油。机油盖必须盖严，否则会漏油和引起发动机其他故障。

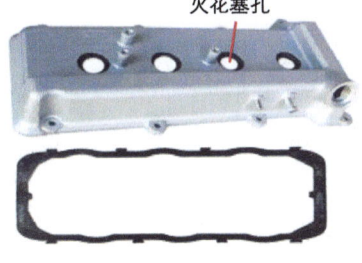
火花塞孔

**气门室盖和衬垫**

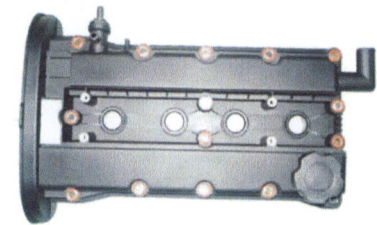

**塑料气门室盖**

**机油盖**

【小贴士】:

为了发动机室美观，通常在发动机气门室盖上再安装发动机装饰罩。

发动机装饰盖一般采用塑料制成，利用卡扣固定在发动机上。发动机装饰盖上印有车辆品牌、发动机布置型式等信息。

### ▶气缸盖

气缸盖位于发动机上部，直列发动机只有一个气缸盖，而Ｖ型发动机有两个气缸盖。

气缸盖还用于安装凸轮轴、进气门、排气门、气门挺柱等零部件。

气缸盖上端面安装了气门室盖，气门室盖也称为气缸盖罩。气缸盖下端安装气缸体。

发动机气缸会产生非常高的压力，而气缸盖就像高压锅的盖子，其下端面要非常平整，用来封闭气缸上部。

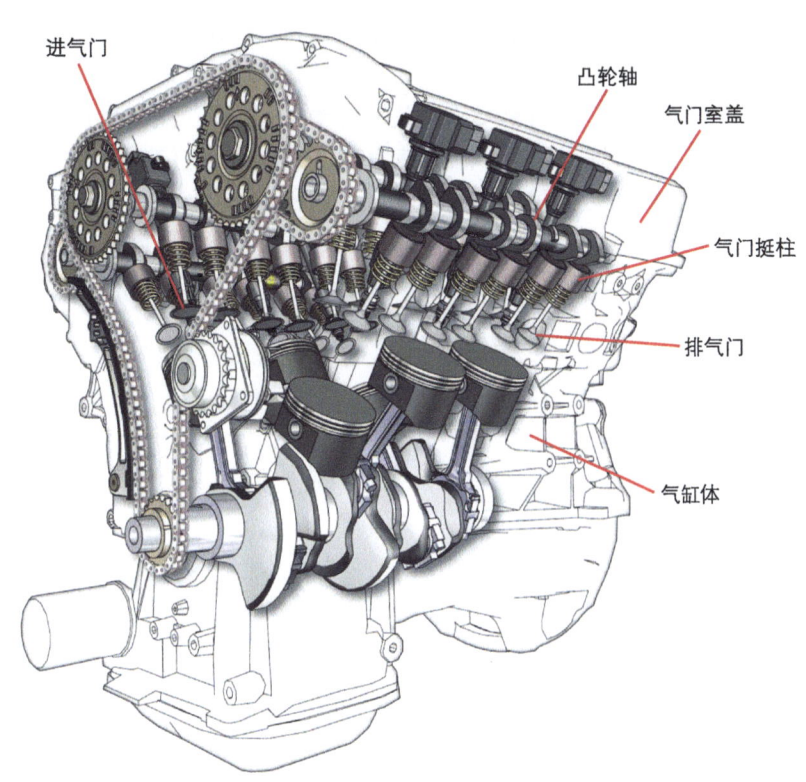

进气门　　凸轮轴　　气门室盖　　气门挺柱　　排气门　　气缸体

**气缸盖的位置**

轿车用的汽油发动机多采用整体式铝合金铸造气缸盖。

气缸盖内部有冷却水道，用于冷却其高温部分。气缸盖上还有机油进、回油道，进气、排气管道，气门导管承孔，火花塞座孔等。

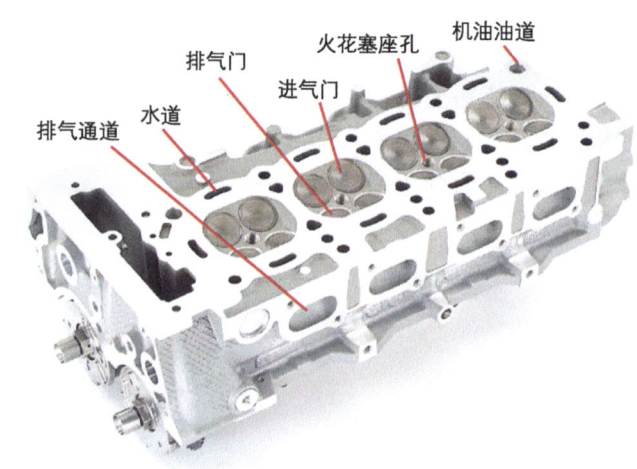

**气缸盖**

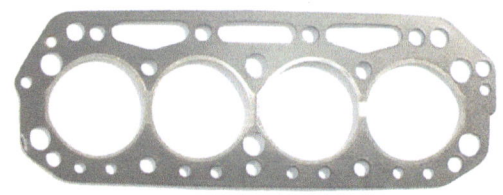

**气缸垫**

气缸垫装在气缸盖和气缸体之间，其功用是保证气缸盖与气缸体接触面的密封，防止漏气、漏水和漏油。

气缸垫的材料要有一定的弹性，同时要有好的耐热性和耐压性，在高温高压下不烧损、不变形。

### ▶燃烧室

汽油机气缸盖还用来构成燃烧室，燃烧室的形状对发动机的工作影响很大。半球形燃烧室使用广泛，结构紧凑，火花塞布置在燃烧室中央，火焰行程短，燃烧速率高。

楔形燃烧室结构简单、紧凑，散热面积小，热损失也小，能保证混合气在压缩行程中形成良好的涡流运动，有利于提高混合气的混合质量，进气阻力小，充气效率高。

盆形燃烧室工艺性好，制造成本低，但因气门直径易受限制，进、排气效果要比半球形燃烧室差。捷达、奥迪轿车发动机均采用盆形燃烧室。

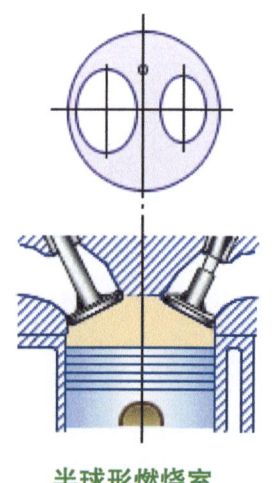

**半球形燃烧室**

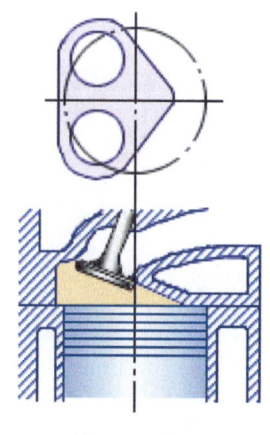

**楔形燃烧室**

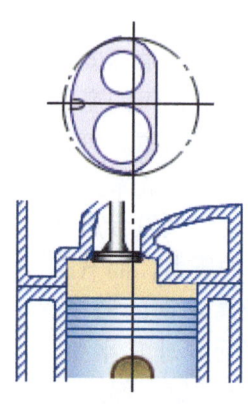

**盆形燃烧室**

### ▶气缸体

气缸体是发动机的主体，它将各个气缸和曲轴箱连成一体，是安装活塞、曲轴以及其他零件和附件的支承骨架。其上部安装气缸盖，下部安装油底壳。

气缸体要经受高温高压，且活塞在其中往复运动，摩擦较大，燃料与废气又具有腐蚀性，所以气缸体必须能耐高温、耐腐蚀、耐磨损等。

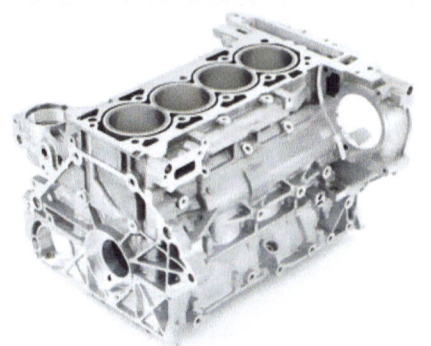

直列发动机气缸体

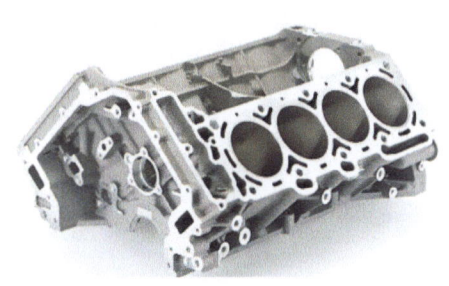

V型发动机气缸体

### ▶气缸套

活塞在气缸中以极快的速度往复运动，所以气缸体耐磨性要很好。通常在气缸中镶入镀耐磨金属的气缸套，磨损后可以更换或维修气缸套。汽油机采用厚度较小的干式气

缸套，它不与冷却液直接接触。柴油机采用厚度大的湿式气缸套，它直接与冷却液接触。

干式气缸套

湿式气缸套

### ▶油底壳

油底壳采用铝合金铸造而成，或采用薄钢板冲压而成。气缸体的下方是油底壳，油底壳用于容纳机油，油底壳内部有挡板以防

止机油的晃动。油底壳放油螺栓用于排放机油，很多放油螺栓带有磁性，可以吸附磨损的金属粉末。

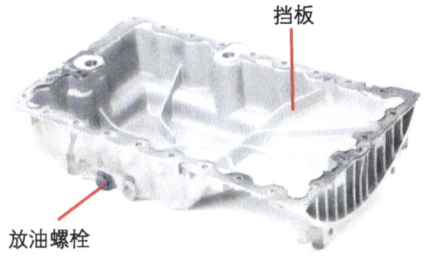

挡板

放油螺栓

铝合金油底壳

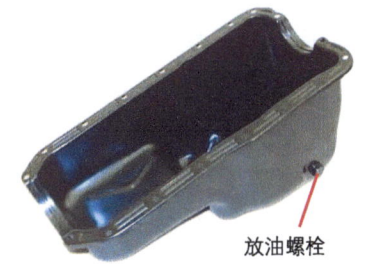

放油螺栓

钢板油底壳

## *2.* 活塞连杆组的组成及作用是什么?

### ▶活塞连杆组

活塞连杆组处于发动机最中心的位置,是发动机的动力源泉。活塞连杆组包括活塞、活塞环、活塞销、连杆和连杆轴承。活塞连杆组的主要作用是将活塞的上下往复运动转变为曲轴的旋转运动。

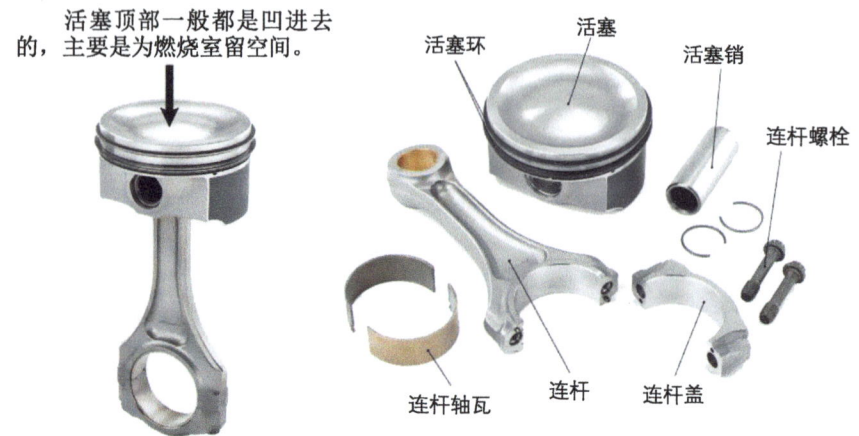

活塞顶部一般都是凹进去的,主要是为燃烧室留空间。

活塞环　活塞　活塞销　连杆螺栓　连杆轴瓦　连杆　连杆盖

**活塞连杆组的组成**

活塞连杆组是最"累"的!只要发动机起动,活塞的"头上"就要顶着高温高压,还不停地做高速上下往复运动。

连杆小头通过活塞销连接活塞,连杆大头通过连杆轴瓦连接曲轴,发动机工作后,连杆一刻也不能停歇。

### ▶活塞

活塞主要由顶部、头部、裙部构成。活塞顶部也是构成燃烧室的一部分,其凹坑大小可以用来调节发动机的压缩比,活塞头部是活塞环槽以上的部分。活塞环安装在活塞环槽内,起到密封作用,包括气环和油环,通常汽油机活塞最下一

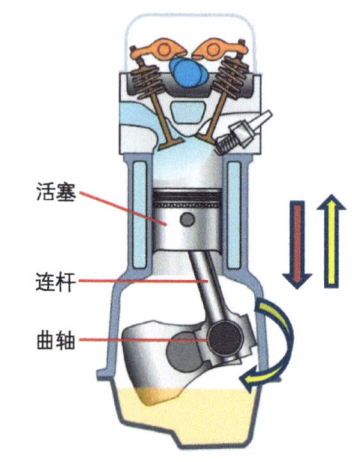

活塞　连杆　曲轴

**活塞和连杆的运行**

道活塞环槽安装油环,其他 1~2 道环槽安装气环。油环从气缸壁上刮下来多余的机油经过小孔流回油底壳。活塞裙部用于导向和承受侧压力。

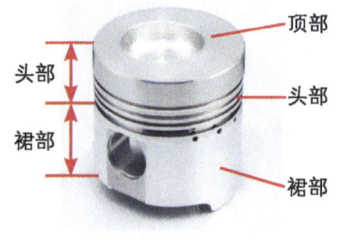

顶部　头部　裙部　裙部

**活塞**

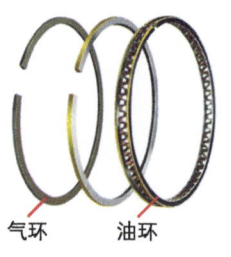

气环　油环

**活塞环**

▶连杆

连杆由连杆小头、杆身和连杆大头构成。连杆小头孔内压入耐磨青铜衬套。连杆大头安装轴瓦，连杆轴瓦也叫连杆轴承。连杆通常采用碳钢等材料锻造成形。为了减轻质量及不易变形，连杆断面均制成"工"字形。

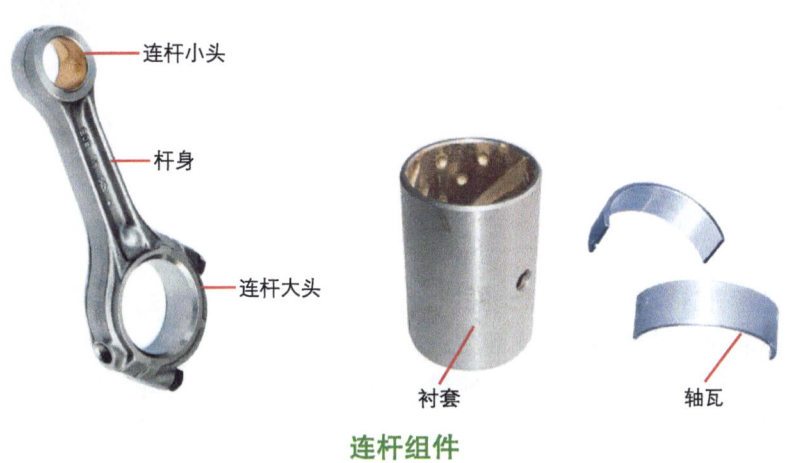

连杆小头
杆身
连杆大头
衬套
轴瓦

**连杆组件**

## *3.* 曲轴飞轮组的组成及作用是什么?

▶曲轴飞轮组

曲轴飞轮组包括曲轴、飞轮和扭转减振器（集成于带轮中）。曲轴飞轮组的主要作用是将活塞连杆组传来的力转变成旋转力矩，并将力矩输出。曲轴前端将力矩通过带轮传递给发电机、压缩机等装置。

前端　连杆轴颈　平衡块　曲柄
润滑油孔　主轴颈　输出端

**曲轴**

▶曲轴轴承

曲轴主轴径支承在气缸体上，在主轴径和气缸体之间，安装两片曲轴轴承，用于限制曲轴的径向跳动。止推片用来限制曲轴轴向窜动。止推片有整体式和分离式两种型式。

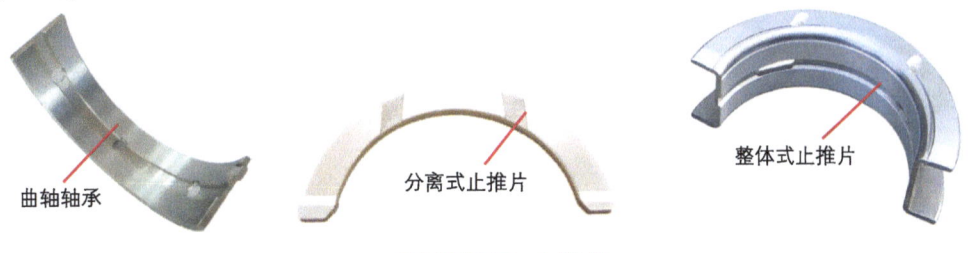

曲轴轴承
分离式止推片
整体式止推片

**曲轴轴承和止推片**

### ▶扭转减振器

曲轴前端安装有带轮，带轮内部"隐藏"了扭转减振器，扭转减振器能衰减曲轴扭转振动，从而减少整车的振动。

带轮

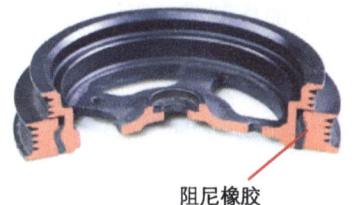
阻尼橡胶

**带扭转减振器的带轮**

### ▶飞轮

飞轮通过螺栓孔连接曲轴。发动机起动时，飞轮齿圈被起动机带动旋转，从而带动曲轴转动。飞轮具备一定的重量（储存能量作用），其运动惯性能使曲轴旋转均匀。

双质量飞轮可隔离曲轴的扭振，提高驾驶舒适性和经济性。双质量飞轮是将原来的一个飞轮分成两个部分，一部分保留在原来发动机侧，称为主动飞轮，用于起动和传递发动机的转矩；另一部分放置在传动系变速器侧，称为从动飞轮，用于提高变速器的转动惯量。两部分飞轮之间有一个环型腔，在腔内装有弹簧减振器，由弹簧减振器将两部分飞轮连接为一个整体。

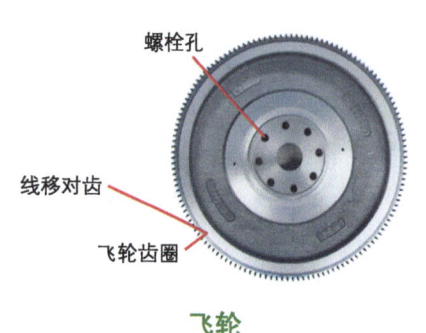
螺栓孔
线移对齿
飞轮齿圈

**飞轮**

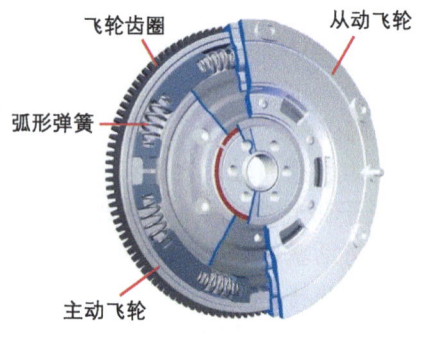
飞轮齿圈
从动飞轮
弧形弹簧
主动飞轮

**双质量飞轮**

### ▶平衡轴

为了解决发动机平顺性的问题，有的发动机上安装了平衡轴。发动机曲轴通过齿轮或带轮带动平衡轴运转。平衡轴采用铸钢材料，利用其上的平衡块来产生力矩以平衡发动机的振动。

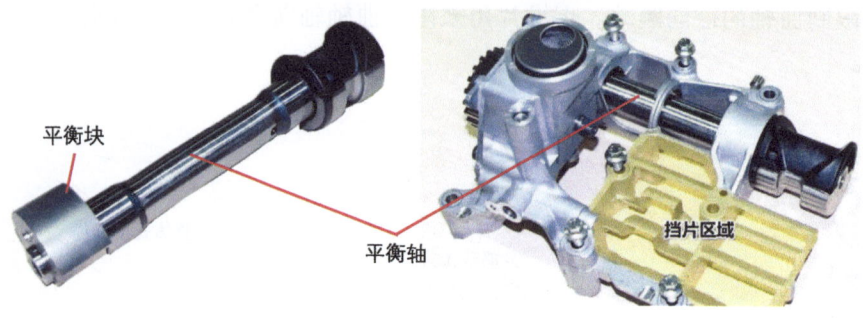
平衡块
平衡轴
挡片区域

**平衡轴及安装位置**

# 二、发动机配气机构

## *1.* 配气机构如何控制进排气？

### ▶配气机构

发动机运转速度并不是一成不变的，而是像人跑步一样，时而急促，时而平缓，调节好进排气"呼吸节奏"尤其重要。那么，发动机是如何进行"呼吸"的呢？

配气机构是为发动机进气和排气服务的，它就像控制"呼吸"一样控制进气和排气，它的功用是按照发动机的工作顺序，定时地开启和关闭进、排气门。

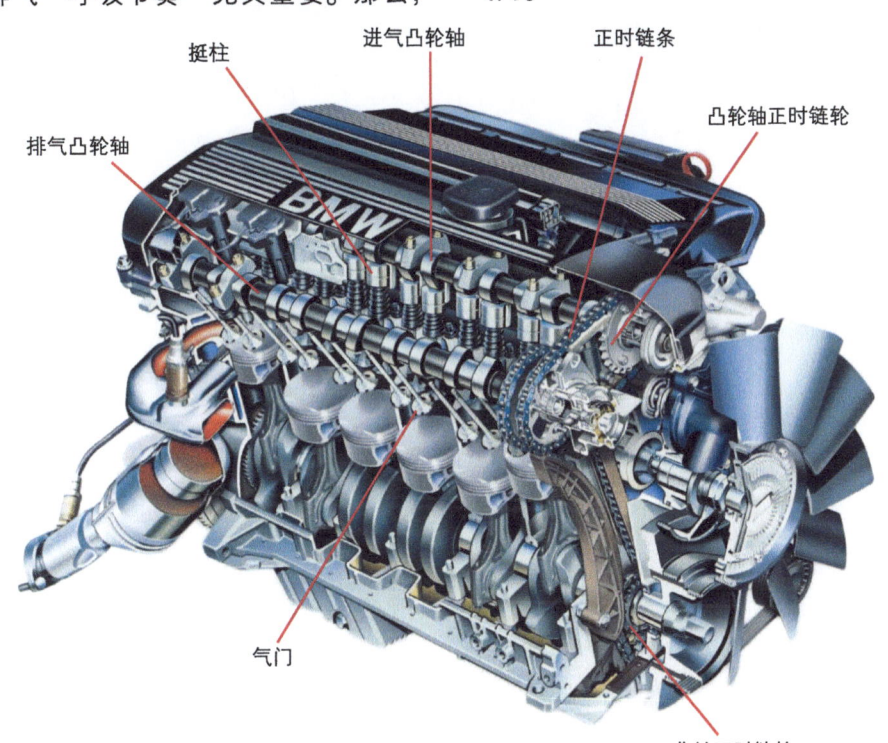

挺柱　进气凸轮轴　正时链条　凸轮轴正时链轮　排气凸轮轴　气门　曲轴正时链轮

**发动机配气机构**

配气机构包括气门组和气门传动组。气门组的功用是维持气门的关闭，气门传动组的功用是定时驱动气门开闭，并保证气门有足够的开度。

配气机构按凸轮轴位置分类，可以分为凸轮轴上置式、中置式和下置式。轿车发动机凸轮轴通常位于发动机缸盖上，属于凸轮轴上置式。

配气机构按传动方式分类，可以分为链传动式、带传动式和齿轮传动式，轿车一般采用链传动式或带传动式。气门传动组主要包括凸轮轴、挺柱、正时链轮（或正时带轮）、正时链条（或正时带）、链条张紧装置等。

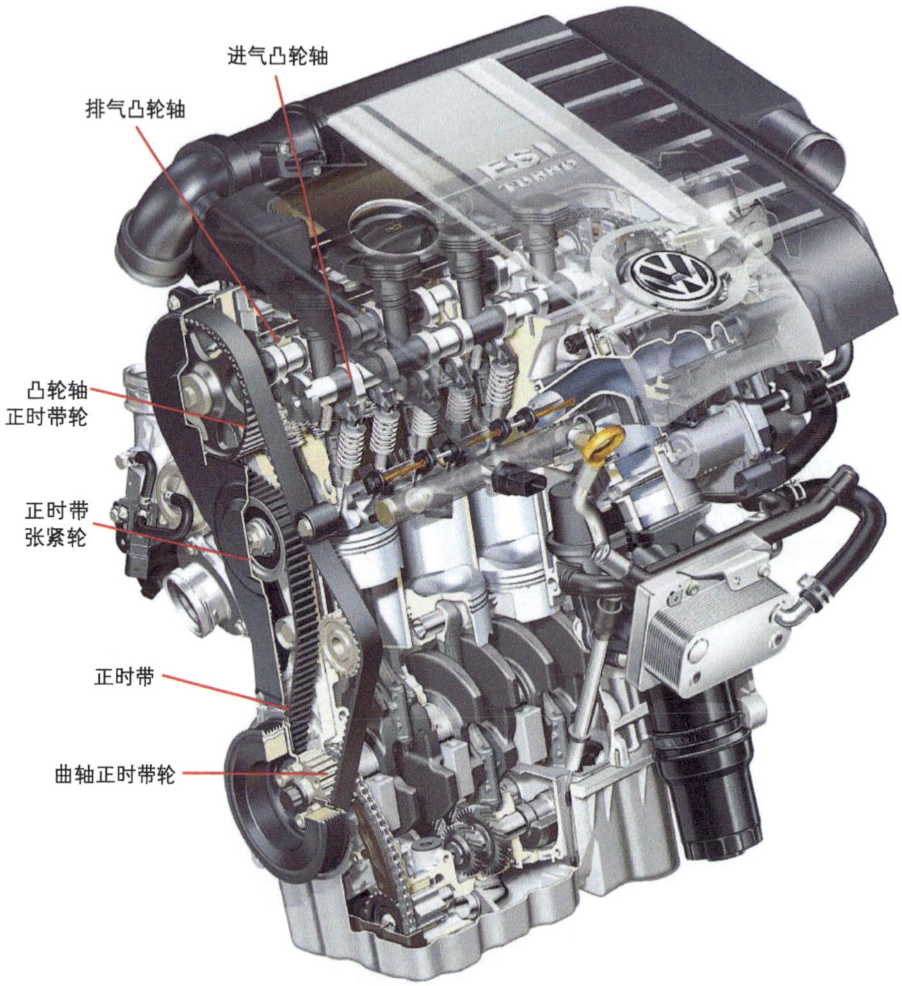

进气凸轮轴

排气凸轮轴

凸轮轴
正时带轮

正时带
张紧轮

正时带

曲轴正时带轮

**正时带传动式配气机构**

▶**气门传动组**

气门传动组将曲轴的动力通过曲轴正时带轮、正时带、凸轮轴正时带轮，传给凸轮轴。凸轮轴上的凸轮有特殊的轮廓，它的转动控制着气门的开关，也就是控制发动机的"呼吸"。气缸顶部如果有两根凸轮轴分别负责进、排气门的开关，则称为双顶置凸轮轴（DOHC）。

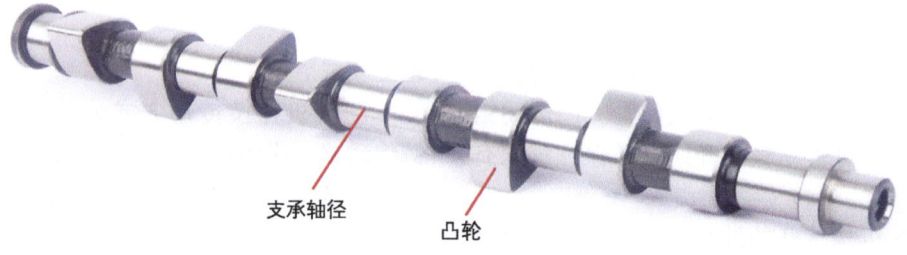

支承轴径

凸轮

**凸轮轴**

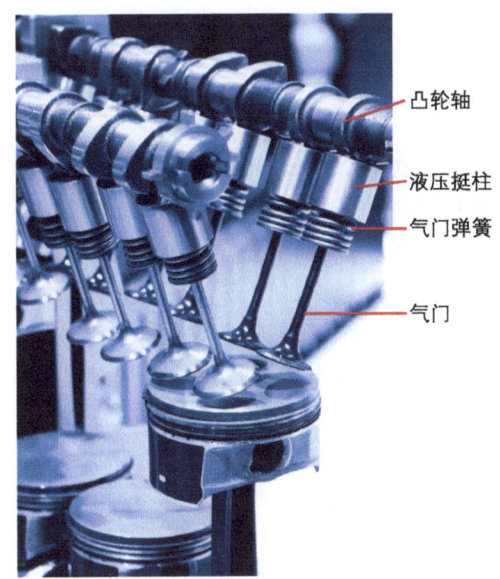

凸轮轴

液压挺柱

气门弹簧

气门

**液压挺柱位置**

**液压挺柱**

发动机工作时，温度变化大。由于热胀冷缩的原因，在发动机冷态时，需要在气门杆尾端留有间隙，以补偿气门受热后的膨胀量。为此，采用液压挺柱或气门间隙调节器来调节此间隙。

## *2.* 气门是什么样的"门"？

### ▶气门组

发动机持续正常工作的前提是，必须持续输入新的燃料和及时排出废气，进排气门在这过程中就扮演了重要角色。进排气门是由凸轮轴上的凸轮控制的，适时的执行"开门"和"关门"这两个动作，以实现进气和排气。

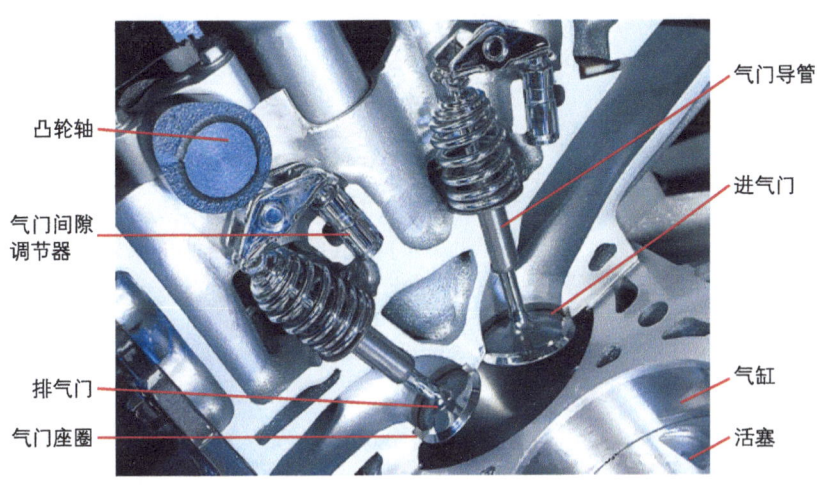

凸轮轴

气门间隙
调节器

排气门

气门座圈

气门导管

进气门

气缸

活塞

**气门组的工作情况**

气门组主要由进气门、排气门、气门弹簧、气门弹簧座、气门锁片、气门导管、气门油封等组成。气门处于关闭状态时，必须有一定的预紧力，否则容易漏气。气门密封时的预紧力和回位，都是依靠气门弹簧实现的。

气门锁片

气门

气门弹簧

弹簧座

气门锁片

**气门组的组成**

【小贴士】:

　　车子开久了，发动机油耗会增大，甚至在怠速时抖动，很有可能是进气管路或气门积炭太多，需要清理。发动机长期怠速运行，例如，过久的热车，更容易积累积炭。正确的"热车"方式是只需要起动发动机一分钟，待发动机润滑系统基本工作正常，车辆就可以起步了。

▶**气门**

　　气门包括头部和杆部两部分。气门头部的锥面用来密封，通常采用45°。气门杆部制成中空，可减轻重量。为了增加进气量，进气门通常都会比排气门大一些。因为一般进气是靠真空吸进去的，排气是利用活塞挤压将废气推出，所以排气相对比进气容易。这也是为了获得更多的新鲜空气参与燃烧，因而进气门"头部"会大些。常见的发动机每个气缸有2个进气门和2个排气门。

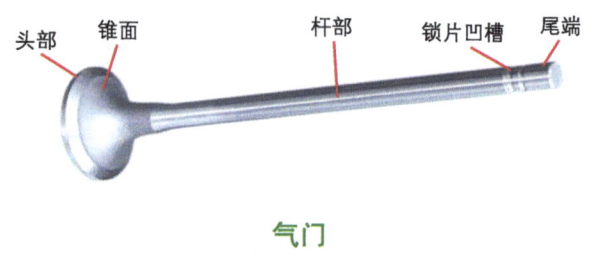

头部　锥面　　　　杆部　　锁片凹槽　尾端

**气门**

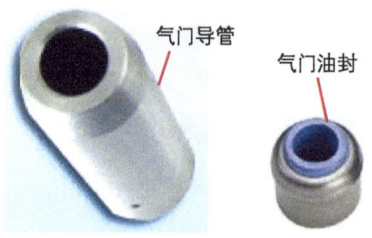

气门导管

气门油封

**气门导管和气门油封**

▶**气门导管和气门油封**

　　气门导管对气门的运动导向，以便保持气门正确的直线运动。为了防止机油通过气门与气门导管之间间隙渗入气缸，在气门导管上安装有气门油封。

▶**气门座圈**

　　气门座圈镶嵌在气缸盖上，在气门关闭后，气门锥面和气门座圈要配合密封，不能留下一丝"门缝"，否则会漏气。

气门座圈

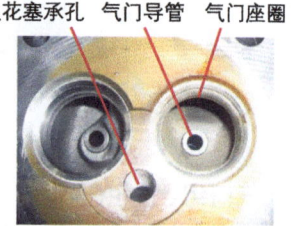

火花塞承孔　气门导管　气门座圈

**气门座圈**

### *3.* 什么是可变气门正时？

发动机进气和排气时间太短，为了能延长进、排气时间，气门打开和关闭都不在上、下止点处，需要将气门提前开启和迟后关闭。所谓配气正时，可以简单理解为气门开启和关闭的时刻。为了安装的方便，在曲轴带轮和凸轮轴带轮等处设置有正时记号。

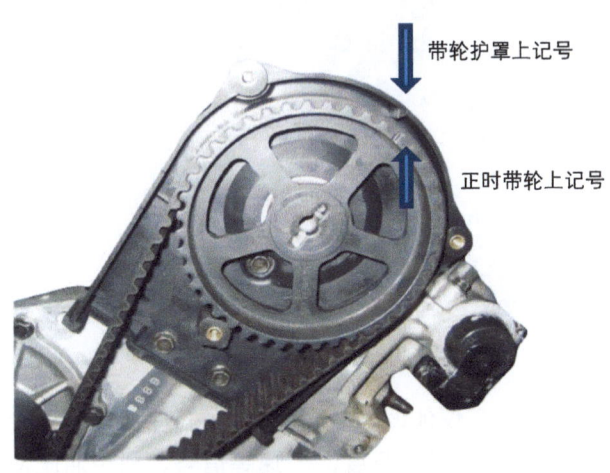

**凸轮轴上带轮正时记号**

随着技术发展，可变气门正时 VVT（Variable Valve Timing）逐渐代替固定不变的气门正时。可变气门正时控制系统主要包括 VVT 控制器、机油压力控制阀等元件。该系统是通过机油压力调节凸轮轴的转角，从而实现气门正时的变化。可变气门正时控制系统可以采用正时带或正时链驱动凸轮轴。

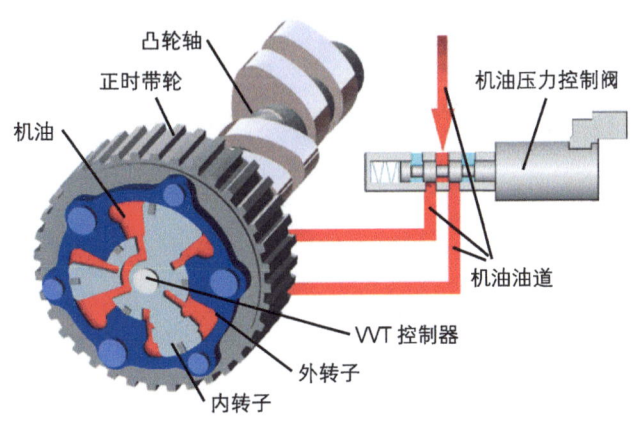

**可变气门正时控制系统工作原理**

可变气门正时控制系统类型很多，有的只能调节进气凸轮的角度，有些能同时调节进气和排气凸轮轴的角度。丰田公司智能可变气门正时系统简称 VVT-i，在低转速时，让进气门打开提前量小，以避免吸入废气；在高转速时，让进气门打开提前量大，以增大进气量。可变正时系统不仅可以使燃油经济性得到改善，废气排放量少，它还可以代替废气再循环系统。

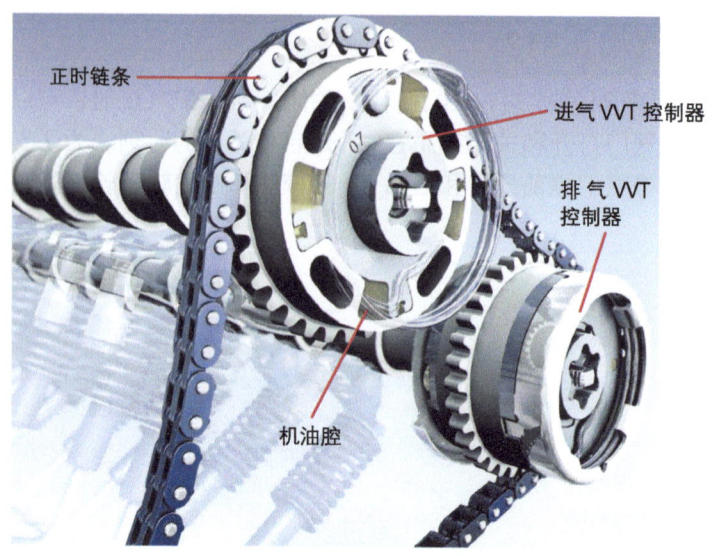

**可变气门正时控制系统**

有些可变气门正时系统，不仅能调节凸轮轴的转动角度，还可以调节气门的开度，即调节气门的升程。这种系统除了有可变正时控制器以外，还在凸轮轴上设有两组不同夹角和升程的凸轮，发动机电控单元根据转速等信号，利用油压使用不同的凸轮来驱动气门，从而实现气门升程的变化。

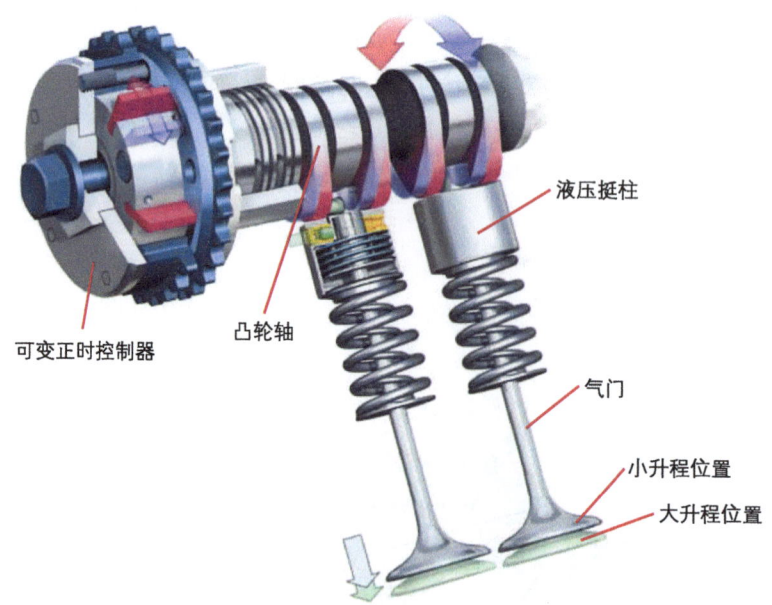

**可变气门正时与两级可变气门升程控制**

# 第三章
# 发动机供给系统

## 一、发动机进气系统

### 1. 普通发动机如何"吸气"？

#### ▶进气系统

发动机技术中最迷人又值得深入探求的就算进气系统了。汽车工程师们围绕发动机进气系统不断创新，发展出了可变进气管技术、电子节气门技术、可变气门正时技术、涡轮增压技术等。

车外的空气，要经过"长途旅行"才能进入发动机气缸，首先通过进气格栅，再经进气软管，然后到达空气滤清器，在空气滤清器中被"拂去尘埃"，得到过滤后再经过进气总管、节气门、进气歧管，最后到达"目的地"——气缸。

进气格栅　　　进气软管　　　空气滤清器

**进气系统**

**空气滤芯**

#### ▶空气滤芯

空气滤清器内部安装了过滤空气的空气滤芯，主要负责过滤空气中的杂质。空气滤芯一般是纸质的，使用到一定程度会出现被尘土堵塞等现象，一般汽车行驶5000~6000km（或3个月）需要对其清洁或更换。

### ▶节气门体与进气歧管

进气管主要将空气引入到气缸中，进气管中有个很重要的部件，就是节气门体。节气门主要的作用就是控制进入气缸的空气量。现在很多发动机已经不再采用传统拉丝控制的节气门，而是采用电子节气门。电子节气门体上有电动机，电动机由发动机"电脑"（电控单元，ECU）驱动控制节气门开度。

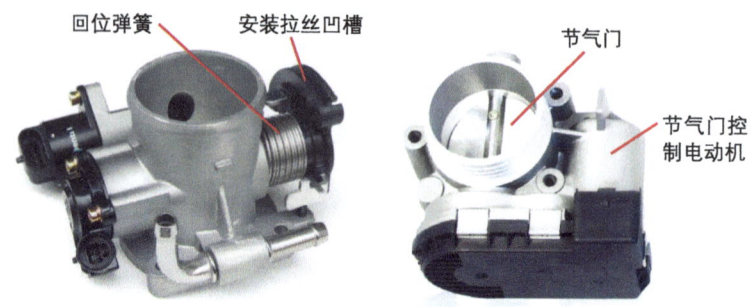

回位弹簧　安装拉丝凹槽　节气门　节气门控制电动机

**节气门体**

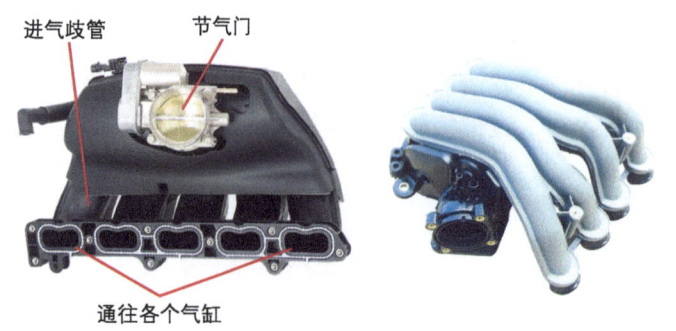

进气歧管　节气门

通往各个气缸

**进气歧管**

进气歧管是将空气分配到各缸进气道。为了尽可能均匀地将空气分配，进气歧管内气体流道的长度应尽可能相等。为了减小气体流动阻力，提高进气能力，进气歧管的内壁应该光滑。

### ▶可变进气管道

可变进气歧管是通过改变进气管的长度或截面积，使发动机在低转速时更平稳、转矩更充足，高转速时更顺畅、功率更强大。

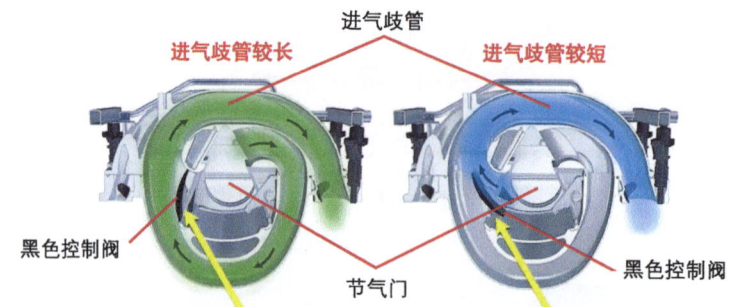

进气歧管

进气歧管较长　　　　　进气歧管较短

黑色控制阀　节气门　黑色控制阀

低转速时，黑色控制阀关闭，进气歧管变长，增加进气的速度和气压，让汽油混合得更充分。

高转速时，黑色控制阀打开，进气歧管变短，气流绕开下部导管直接注入气缸，利于增大进气量。

**可变长度的进气歧管**

## 2. 涡轮是如何增压的?

很多汽车尾部或发动机装饰盖有类似"1.8T"之类的字符，"1.8"是指汽车排量是1.8L，而"T"是指Turbo，即涡轮增压器。涡轮增压器就相当于一个气泵，气泵将入口进来的空气加压，进而压入发动机气缸。同样排量的发动机，增压发动机内"压入"的空气量比普通自然吸气发动机内吸入的空气量要多，控制计算机给发动机配的油量也相应增加，所以"1.8T"发动机比"1.8L"发动机功率大。

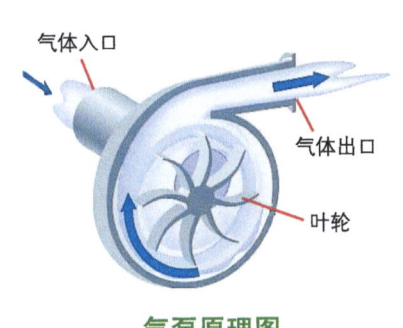

气泵原理图

发动机装饰盖

### ▶增压发动机进气路线

增压技术能够在整车动力不变的情况下降低发动机的排量，并节省油耗。目前汽车上的增压器多为废气涡轮增压，这种增压方式空气"旅游"路线如箭头所示。

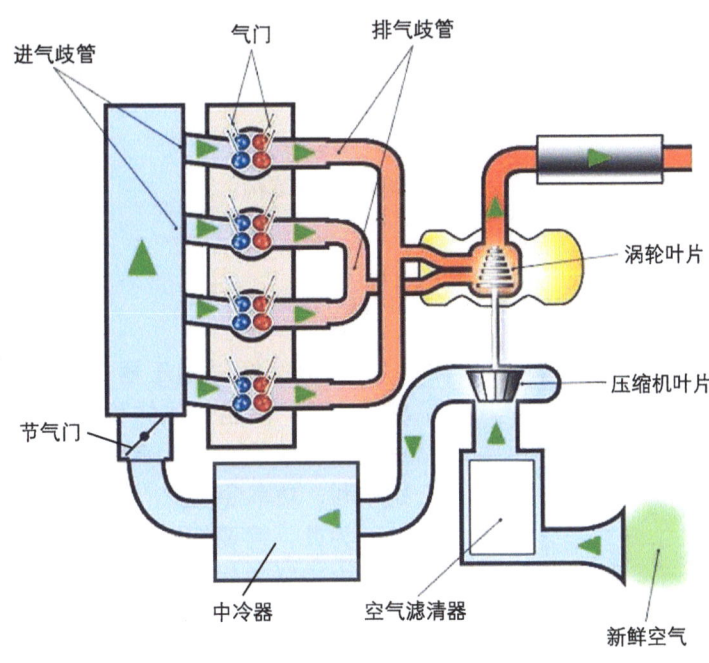

涡轮增压进气路线

### ▶废气涡轮增压原理

废气涡轮增压器是利用排出废气的能量冲击排气管道中的涡轮，同时带动进气管道的涡轮，使更多的新鲜空气吸入发动机，加大进气量，从而增加燃烧效率，提高发动机的功率。

一台 1.4L 涡轮增压的发动机可以达到 2.0L 自然吸气发动机发动机的动力，而燃油消耗率少很多。

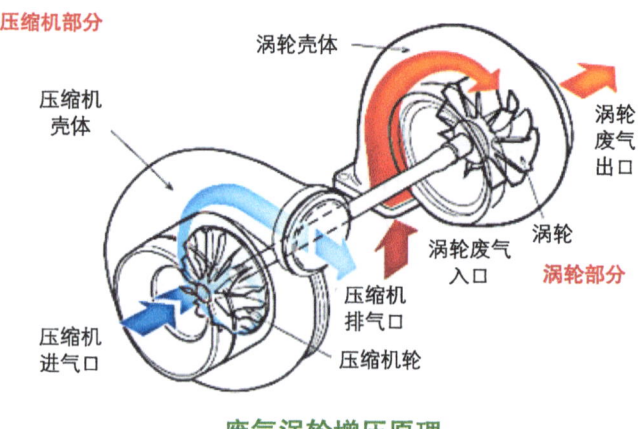

**废气涡轮增压原理**

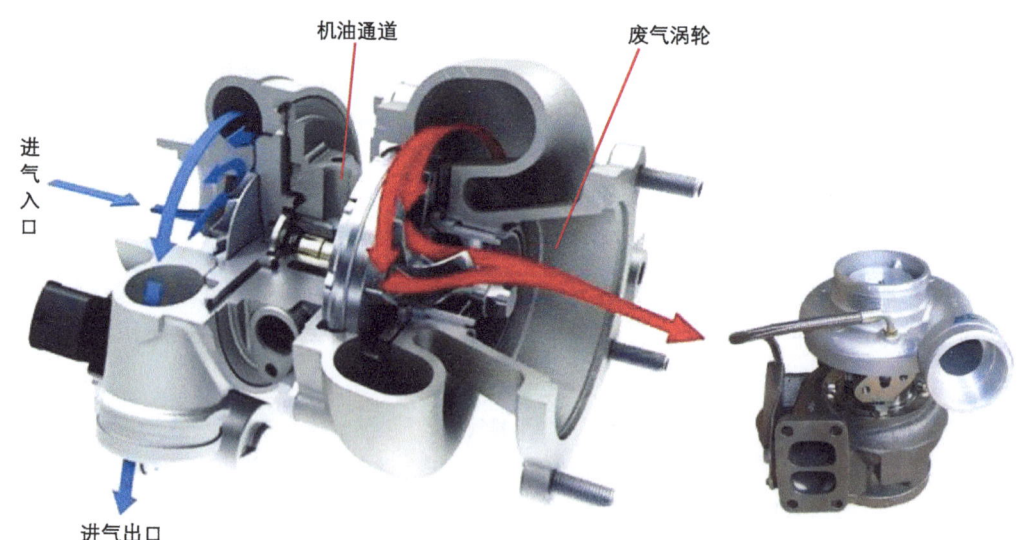

**废气涡轮增压器结构**

中冷器

### ▶中冷器

当空气经过增压器被压缩后，温度会升高 40~60℃。高温气体体积增大，相当于发动机吸进的空气又变少了。高温空气对于发动机燃烧特别不利，功率会减少，废气排放增多。

为此，需要把增压后的空气冷却再送进发动机。中冷器的作用就是冷却进气，提高发动机的换气效率。

▶**双流道涡轮增压器**

双流道涡轮增压器在发动机 1000r/min 时，就可以介入工作。它是让 1、4 缸通过一个涡管排气，2、3 缸通过另一个涡管排气，这样可以减小涡管截面，也可以减小排气干涉，使排气流速更快。

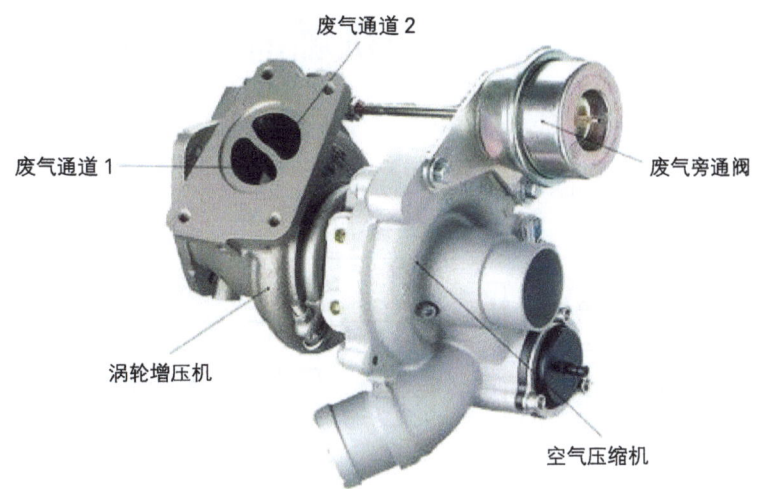

废气通道 2

废气通道 1

废气旁通阀

涡轮增压机

空气压缩机

**双流道涡轮增压器**

▶**机械增压器**

发动机上除了采用废气涡轮增加，还有些采用机械增压。机械增压是使用气泵将空气压入气缸内。与涡轮增压不同，机械增压的气泵不是利用汽车尾气推动，而是直接使用发动机的动力带动压气机，输出空气。机械增压的优点是体积小，不需修改发动机本体，安装容易，无迟滞。

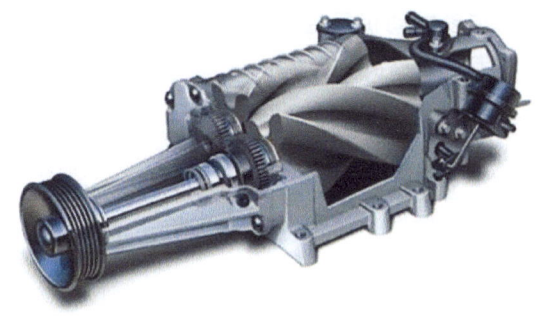

【小贴士】：

很多人担心涡轮机构复杂，维护和保养费用高，其实那都是过去式。如今涡轮技术已很成熟，寿命和普通发动机差不多，完全没有必要担心。

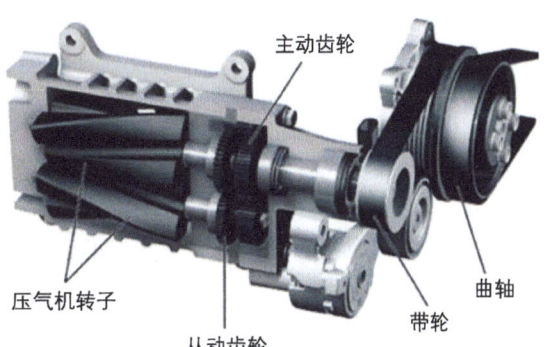

主动齿轮

压气机转子

从动齿轮

带轮

曲轴

**机械增压器**

# 二、发动机燃油供给系统

## 1. 普通发动机的汽油怎么进入气缸？

### ▶燃油供给系统

燃油供给系统是燃料供给系统的最主要的组成部分。目前普通（缸外）喷射发动机主要指将燃油喷射在进气歧管的发动机，其燃油供给系统主要包括燃油箱、燃油泵、汽油滤清器、燃油分配管、喷油器、油压调节器、回油管等组成。目前，很多发动机已经取消了燃油压力调节器。

### ▶燃油泵

燃油泵通常安装汽油箱内，它的作用是提供给燃油供给系统足够压力的汽油。

滤网安装在燃油泵汽油入口，用于过滤大的杂质。

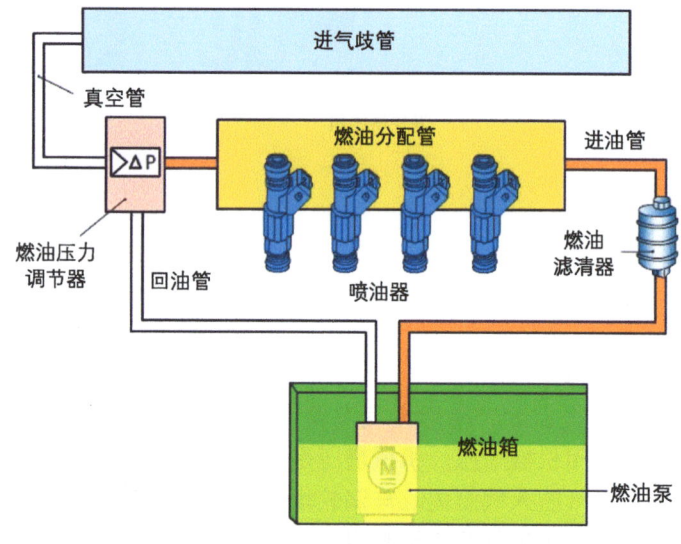

缸外喷射发动机燃油供给系统

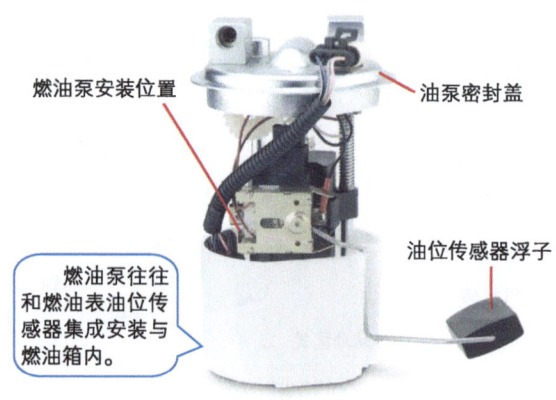

燃油泵往往和燃油表油位传感器集成安装与燃油箱内。

**燃油泵和油位传感器**

【小贴士】：

燃油泵是靠燃油自身进行冷却，如果油位过低，极有可能出现油泵过热甚至烧毁的情况。

有些车友喜欢等着燃油警示灯亮起后才到处寻找加油站，长此以往，爱车的油泵寿命可能会大大降低。

### ▶汽油滤清器

汽油滤清器主要功能是滤除汽油中的杂质。一般 4~6 万 km 需要更换汽油滤清器。

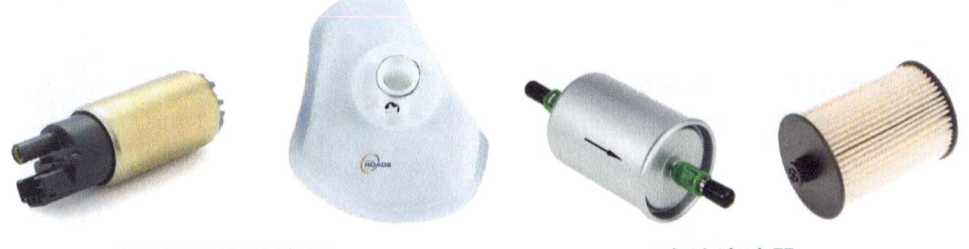

燃油泵和汽油滤网　　　　　　汽油滤清器

### ▶燃油分配管

燃油分配管，也称作"油轨"，其功用是将汽油均匀、等压地输送给各缸喷油器。由于其容积较大，有储油蓄压、减缓油压脉动的作用。

### ▶燃油压力调节器

燃油压力调节器用于油路内的压力与进气歧管压差保持恒定，以确保电脑控制喷油量不受油压的影响。目前，很多发动机为了避免回油引起油温升高，已经取消了燃油压力调节器。它连接进气歧管，利用进气歧管真空度对球阀开度进行调节。

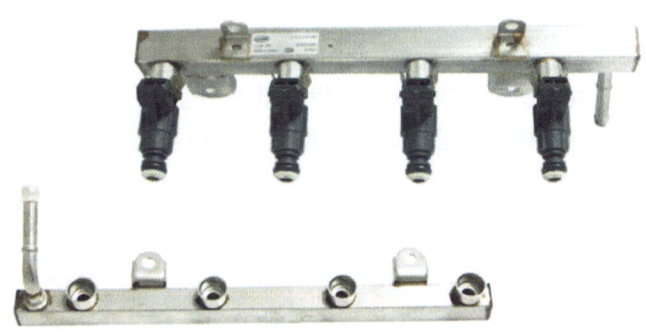

燃油分配管

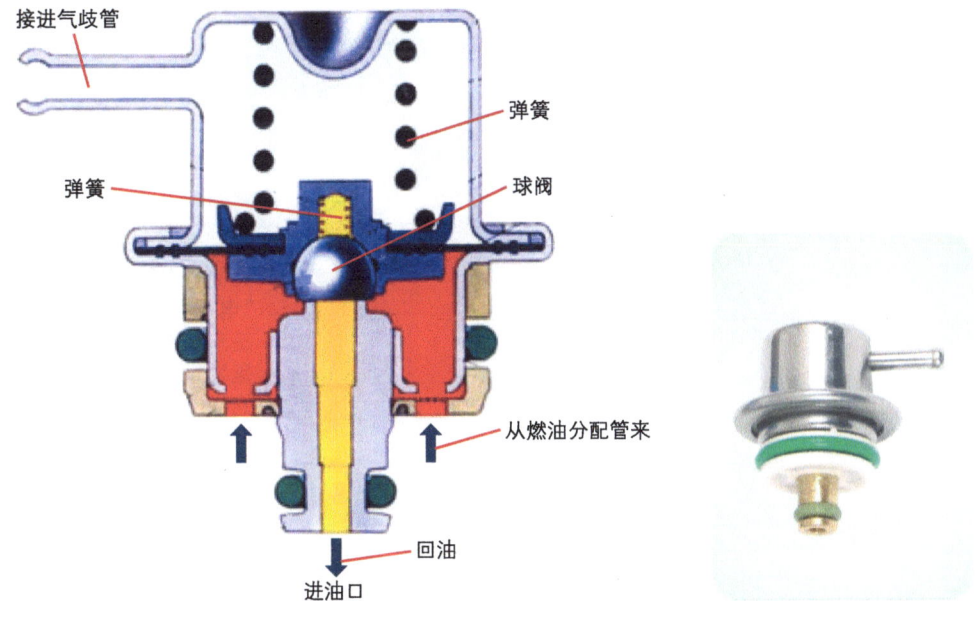

接进气歧管

弹簧

弹簧

球阀

从燃油分配管来

回油

进油口

燃油压力调节器

### ▶喷油器

喷油器是电子控制系统的执行器，控制单元（ECU）根据发动机不同的运转状况，控制不同宽度的脉冲信号给喷油器，喷油器接受 ECU 送来的喷油脉冲信号，根据信号的长短，精确地控制燃油喷射量。

## 2. 发动机如何控制喷油量？

### ▶发动机燃油喷射控制系统工作原理

精确控制喷油量才能让发动机实现较好的经济性和动力性。为此，发动机上有一个功能强大的控制系统来担当此重任。这个控制系统由传感器、控制单元、执行器组成。

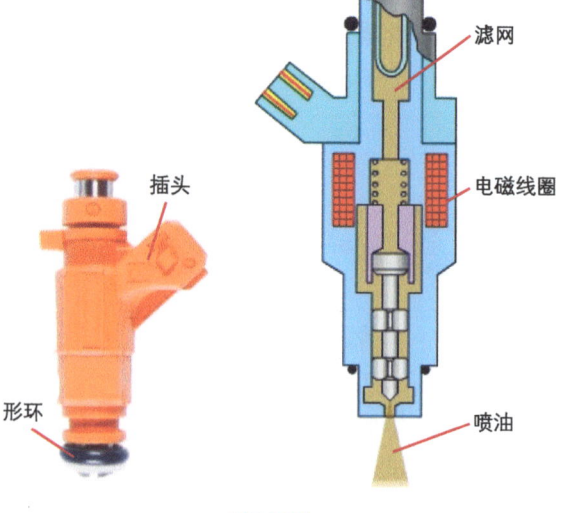

**喷油器**

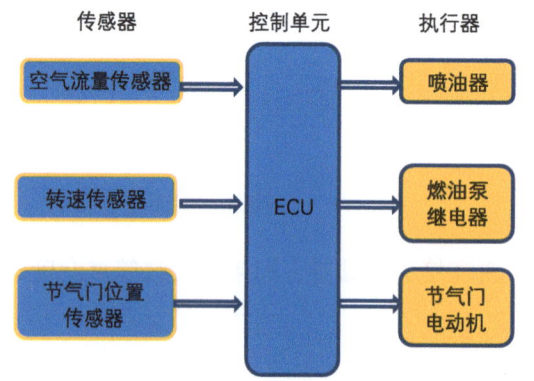

执行器是能接受控制单元的控制信号，并对受控对象施加控制作用的装置。发动机电控系统中，执行器主要包括喷油器、燃油泵继电器、节气门控制电动机、炭罐电磁阀、氧传感器加热器等。

**发动机燃油喷射控制系统原理框图**

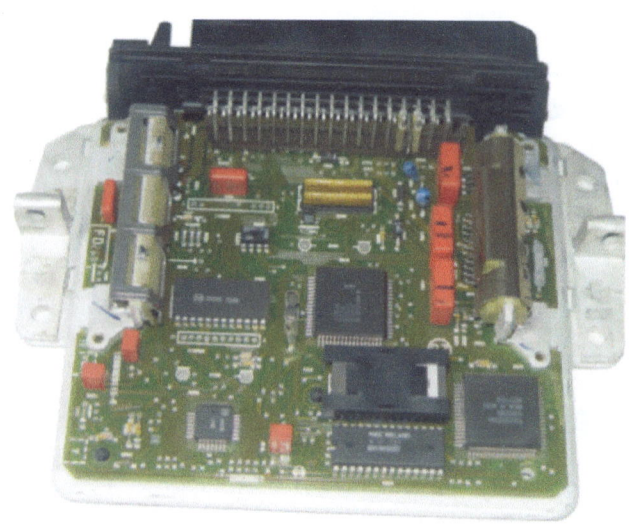

发动机控制单元简称 ECU，俗称"电脑"，它实质上是车载微型计算机，是发动机控制系统的核心。ECU 的主要功能是接收和处理信息。

**发动机控制单元 ECU**

### ▶发动机燃油喷射控制系统组成部件

发动机控制单元接收空气流量传感器（或者进气歧管压力传感器）和转速传感器传来的信号，确定基本喷油量；接收进气温度传感器和氧传感器等传来的信号，确定喷油修正量；接收冷却液温度传感器和节气门位置传感器等信号，为特殊工况（如暖机、加速等）确定喷油增量。

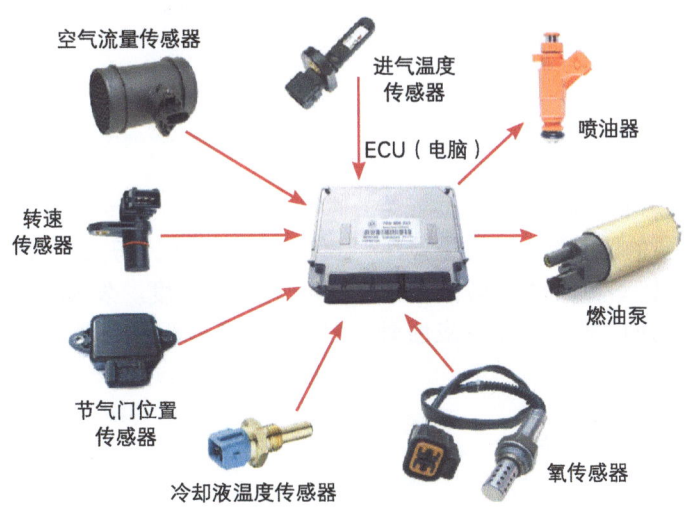

发动机燃油喷射控制系统组成部件

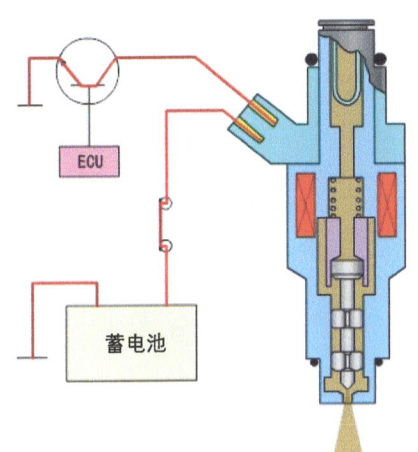

控制单元确定喷油量后，驱动喷油器，通过控制喷油器喷油时间实现对喷油量的控制。

传感器是发动机的"五官"，好比人的眼睛，它能看到发动机油门开度有多大，发动机进了多少空气，又像人的"耳朵"，它能听到发动机的转速有多高，气缸内是否有爆燃。传感器能将感受到被测量的信息转变换成为电信号，通过汽车的神经——电路，传给汽车的大脑——发动机控制单元ECU。发动机ECU根据传感器的信号做出"决断"，或增大或减小喷油量，或修正点火时刻等。

喷油器控制

### ▶传感器

空气流量传感器（空气流量计）或进气歧管压力传感器安装于进气管路，用于测量进气量。空气流量传感器安装在节气门的前方，采用空气流量传感器测量进气的发动机称为L型发动机。

进气温度传感器测量发动机进气温度，它通常集成在空气流量传感器或进气歧管压力传感器中。

进气温度传感器

进气歧管压力传感器安装在节气门的后方，它通过测量进气管的压力间接计量发动机进气量，这种发动机称为 D 型发动机。

空气流量传感器

进气歧管压力传感器

发动机转速传感器也称为曲轴位置传感器，它是非常重要的传感器之一，它产生故障后影响发动机起动。发动机转速传感器不仅传给 ECU 转速信号，还能感应曲轴位置。

节气门位置传感器又称为节气门开度传感器或节气门开关，是用于检测发动机节气门的开度。发动机 ECU 通过节气门位置传感器识别怠速、急加速、大负荷等工况。

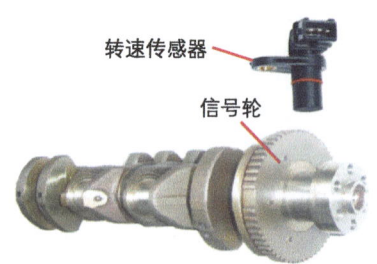

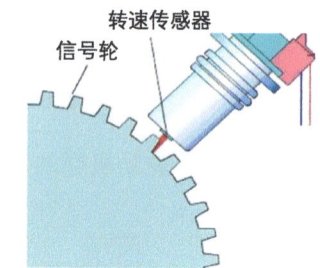

转速传感器

a）拉索控制节气门体

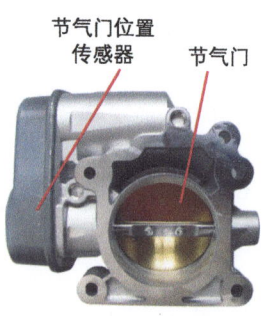

b）电子控制节气门体

节气门位置传感器

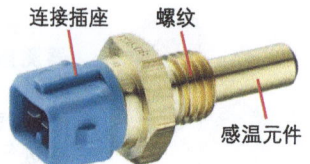

冷却液温度传感器一般安装在气缸盖水道上，它能感应冷却液的温度。

冷却液温度传感器

发动机理论空燃比（混合气中空气与燃料之间的质量比例）为 14.7：1，但实际燃烧时可能出现由于各种因素影响，可能过浓或过稀。过浓时，排气中氧气较少，过稀时，排气中氧气充足。

氧传感器用于监测排气中的氧含量，并将此信号反馈给 ECU。ECU 根据氧传感器信号修正喷油量，使发动机随时处于最佳的燃烧状态。

**氧传感器**

## *3.* 缸内喷射发动机的汽油怎么进入气缸？

### ▶缸内直喷技术

传统发动机喷油器安装在进气歧管上，喷油雾化质量不高。缸内喷射（直喷）发动机是指向气缸内直接喷射燃油的发动机，这种发动机喷油器直接安装在气缸上。缸内直喷技术可以使汽油以极高压力、精准地直接注入到燃烧室中，这种喷射方式在油气的雾化和混

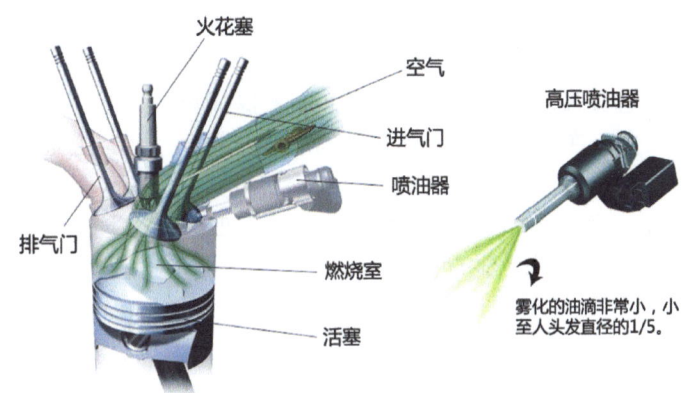

火花塞　空气　进气门　喷油器　燃烧室　活塞　排气门

高压喷油器

雾化的油滴非常小，小至人头发直径的1/5。

**缸内喷射方式原理**

火花塞　排气管　喷油器　进气管　气缸盖　燃烧室　气缸体

缸内直喷发动机是先吸入空气，然后将燃油直接喷射进压缩后的空气中进行燃烧。

**缸内喷射方式结构**

合效率上更为优异，可实现空燃比 30 的稀混合气。缸内直喷技术的发动机燃烧效率大幅提升，在增加了动力输出的同时，更加节油和环保。

缸内直喷发动机油路与普通发动机基本相似，由于需要在压力很大的气缸内喷入燃油，故需要将燃油压力提到非常高。

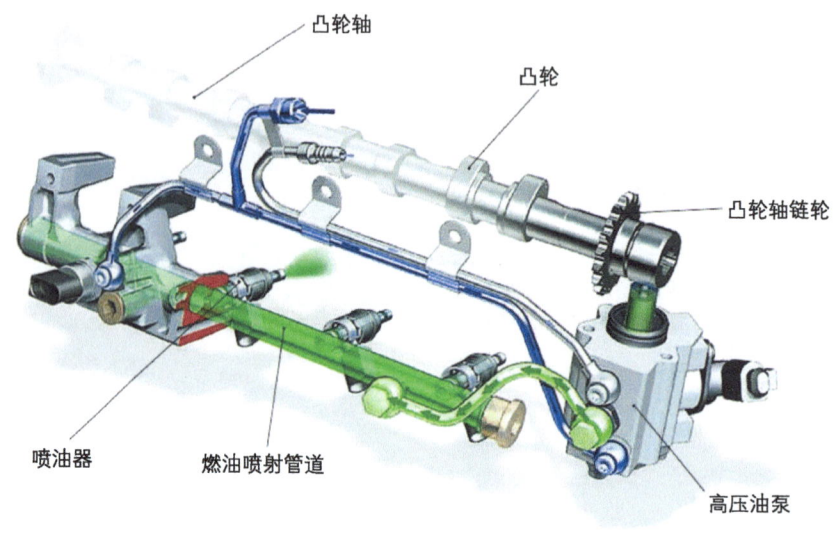

凸轮轴

凸轮

凸轮轴链轮

喷油器

燃油喷射管道

高压油泵

**缸内直喷系统构造**

### ▶高压油泵

直喷发动机采用了高压油泵来提高燃油压力。在低压油泵将燃油送到高压油泵之后，高压油泵可以将汽油加压到10MPa以上的压力（这是普通汽油泵压力的三四十倍），并将其送入油轨。

高压油泵通常是由凸轮轴带动，在高压油泵上还集成了电子油轨压力调节器，控制单元通过油压调节器控制着高压燃油泵的进口阀，从而控制燃油压力。

### ▶喷油器

喷油器安装在气缸盖上，工作环境和温度都发生了很大变化，其可靠性也需大大提高。

**高压燃油泵**

**喷油器**

# 三、发动机排气系统

## *1.* 废气是怎么排出去的？

### ▶排气系统

排气系统的主要作用是将气缸内燃烧的废气排出到大气中，它主要包括引导废气排出的排气歧管，净化排气的三元催化转化器，降低噪声的消声器和排气管等。排气管通常使用吊胶悬挂在车身底板下，当车辆在有凹坑道路行驶时，容易碰伤排气管。

【小贴士】：

排气尾管处滴水是正常现象，这是因为汽油完全燃烧后生成有水和二氧化碳，水在高温下是水蒸气，当气温低时，水蒸气凝结成水。

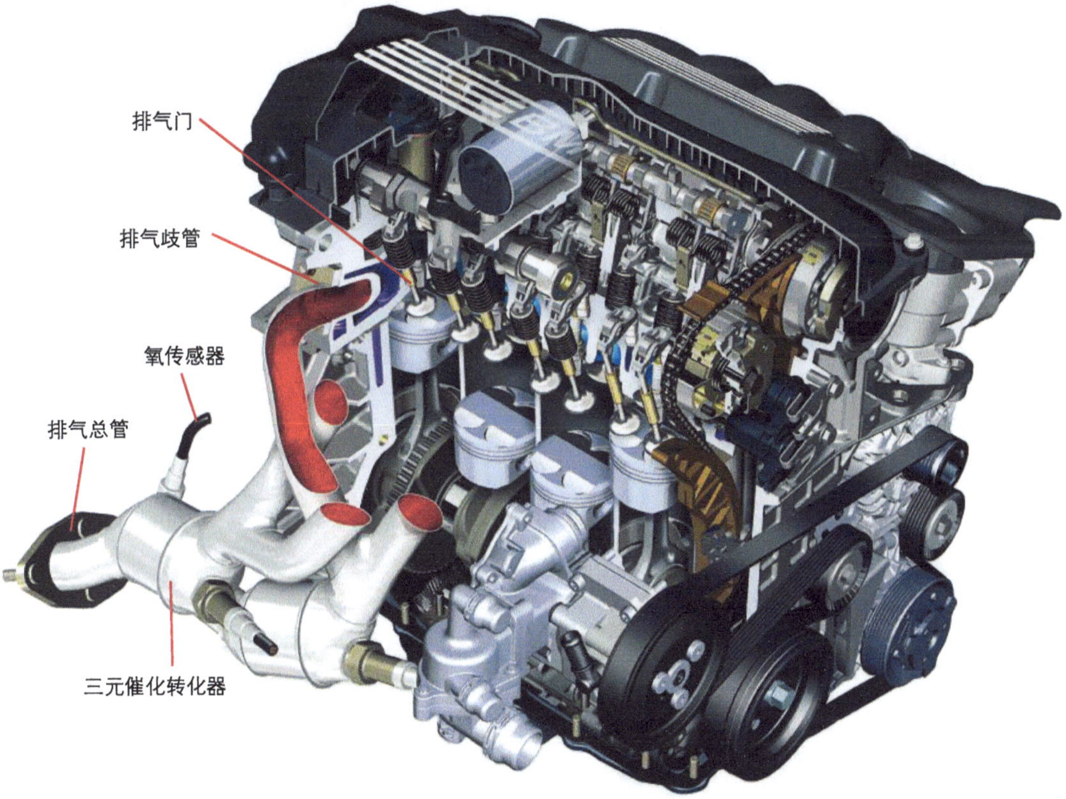

排气门

排气歧管

氧传感器

排气总管

三元催化转化器

**排气系统**

### ▶排气歧管

排气歧管要防止排气出现紊流，各缸排气歧管尽可能独立、长度尽可能相等。

**排气歧管**

**紊流**

### ▶消声器

排气消声器的作用就是通过降低、衰减排气压力的脉动来消除噪声。为了

减少排气管及消声器的振动，采用具有弹性的排气管吊胶来连接车身和消声器。

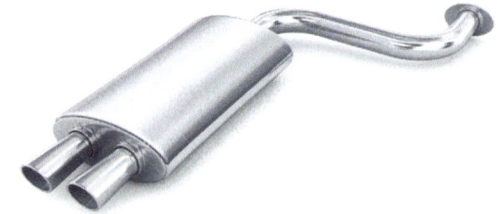

**消声器**

**排气管吊胶**

### ▶排气软管

排气软管能起到减少振动，降低噪声，方便安装等作用。汽车消声器尾管又叫汽车尾喉，它安装在原装排气尾端。汽

车消声器尾管主要起装饰作用，它还能防止汽车尾气管变形，并起到减少噪声的作用。

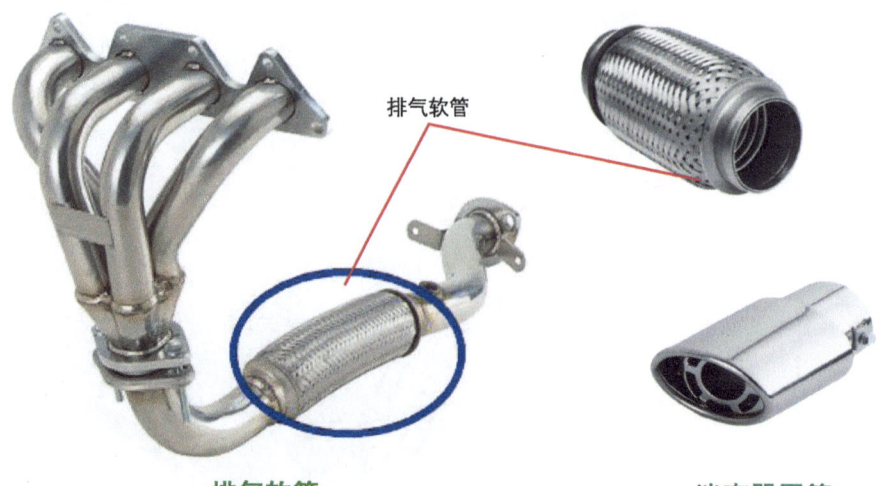

排气软管

**排气软管**        **消声器尾管**

### ▶排气管接口垫

排气管的密封垫表面采用的是纯紫铜的材料，紫铜材质非常柔软，可以起到良好的密封作用，中间层使用的是耐高温石棉材料，可以在高温工作环境下保持垫片良好的耐用性。

**排气管接口垫**

## 2. 如何减少发动机污染物排放？

### ▶曲轴箱通风装置

发动机排放出的污染不仅仅是排气管路中的废气，还有机油蒸气、燃油蒸气、噪声等。曲轴箱通风装置可以将窜入曲轴箱中的未燃燃油气体、废气和机油蒸气等引入进气管路中。气门室盖内有油气分离器，它能分离废气和机油。曲轴箱通风阀可以控制通气量的大小。

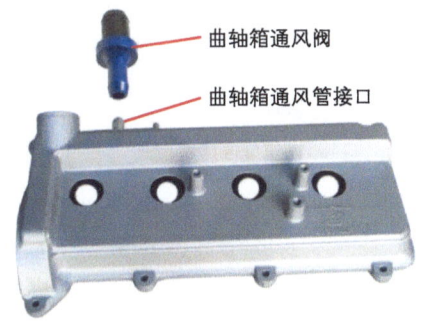

曲轴箱通风阀
曲轴箱通风管接口
油气分离器

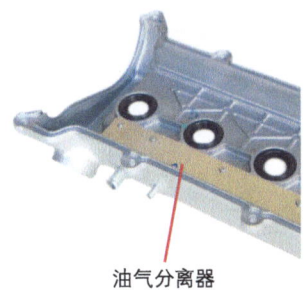

**曲轴箱通风装置**

有的油气分离器安装在气门室盖外，便于清理和更换。

**油气分离器**

第三章 发动机供给系统

### ▶燃油蒸气控制系统

燃油蒸气控制系统主要包括炭罐和炭罐电磁阀等。由于汽油容易挥发，在常温下燃油箱经常充满蒸气，燃油蒸气控制系统的作用是将蒸气引入燃烧，防止蒸气挥发到大气中。

**炭罐和炭罐电磁阀**

### ▶废气再循环系统

废气再循环系统（简称 EGR）是将一部分废气回送到进气歧管，并与新鲜混合气一起再次进入气缸。返回气缸的废气使混合气稀释，降低了最高燃烧温度，进而降低 NOx 排放。由于可变正时系统可以实现废气再循环的功能，所以外置的 EGR 系统逐渐被替代。

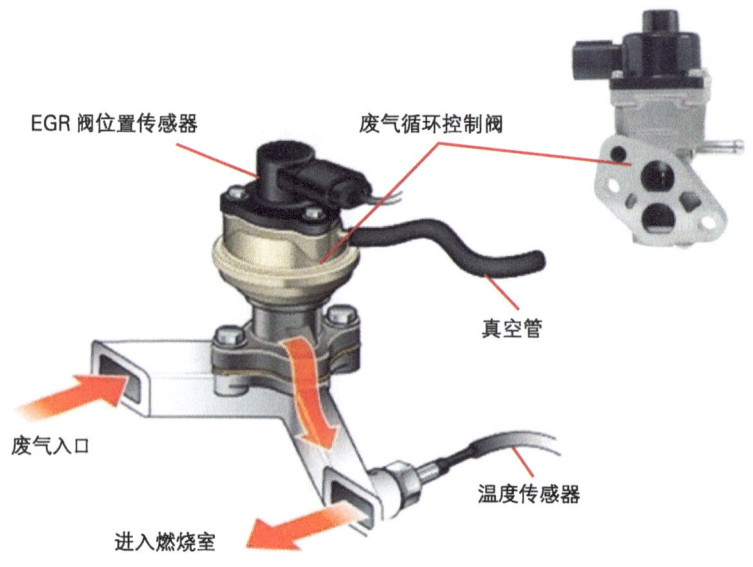

**废气循环控制阀**

### ▶三元催化转化器

三元催化转化器是安装在汽车排气系统中最重要的机外净化装置，它可将汽车尾气排出的 CO（一氧化碳）、HC（碳氢化合物）和 NOx 氮氧化合物等有害气体通过氧化和还原作用转变为无害的二氧化碳、水和氮气。催化剂用的是金属铂、铑、钯，将其中一种喷涂在载体上，就构成了净化剂。

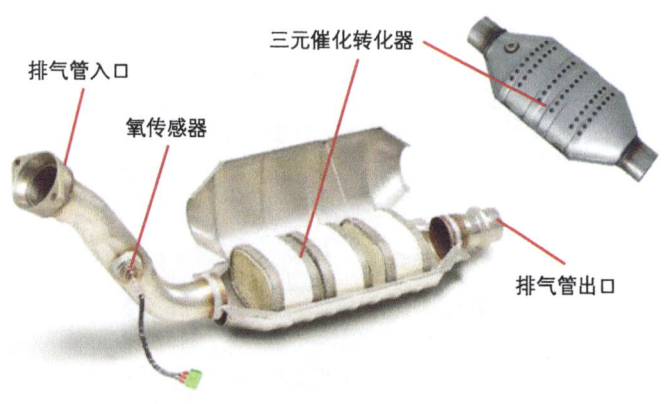

**三元催化转化器**

# 第四章
# 发动机点火、润滑和冷却系统

## 一、发动机点火系统

点火系统的作用是将汽车电源供给的低压电转变为高压电，并按照发动机的做功顺序与点火时刻要求，适时、准确地将高压电送到各缸的火花塞，使火花塞跳火，点燃气缸内的混合气。

### 1. 火花塞怎么点火？

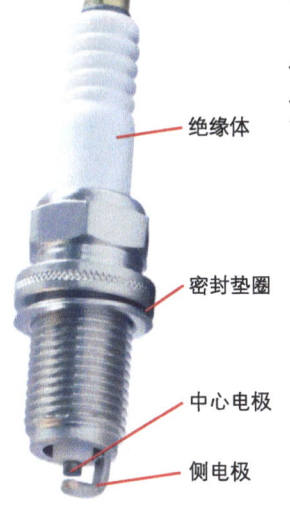

汽油发动机混合气在压缩以后，需要点燃才能"引爆"。安装在气缸上的火花塞就是扮演"引爆"的角色。

火花塞点火的原理类似雷电，其头部有中心电极和侧电极，两个电极之间有个约为 0.9~1.3mm 的间隙，当通电时能产生高达 1 万 V 以上的电火花，可以瞬间"引爆"气缸内的混合气体。

火花塞属于易损件，使用正常的火花塞通常其头部呈暗红色。

**火花塞结构**

接线螺母
绝缘体
密封垫圈
中心电极
侧电极

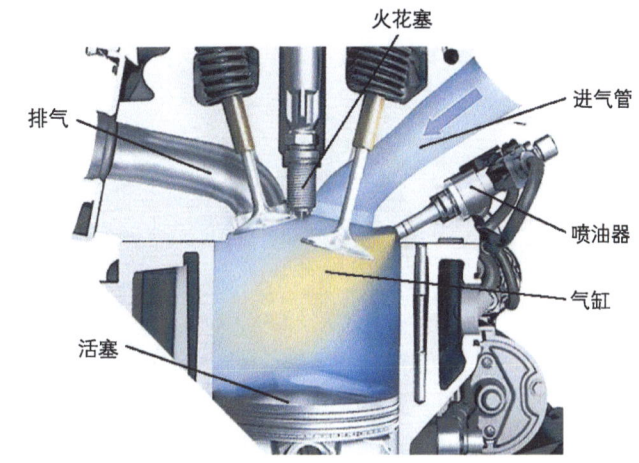

排气　火花塞　进气管　喷油器　气缸　活塞

**火花塞位置**

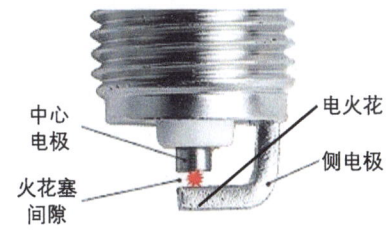

中心电极　电火花　侧电极　火花塞间隙

**火花塞点火**

**火花塞颜色**

## 2. 点火电压来自哪里？

### ▶点火线圈

火花塞要点火，需要提供高压电，而蓄电池只能提供 12V 的电压。为此，需要采用点火线圈将 12V 的低压提高至 1 万 V 以上。

点火线圈实际上是一个升压变压器，它由初级线圈、次级线圈和铁心等组成，通过线圈自感和互感原理实现电压升高。

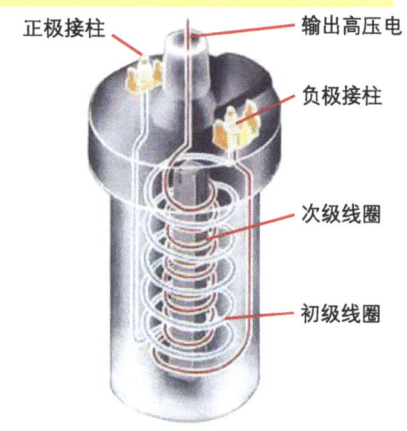

正极接柱　　　　输出高压电
　　　　　　　　负极接柱
　　　　　　　　次级线圈
　　　　　　　　初级线圈

**点火线圈工作原理**

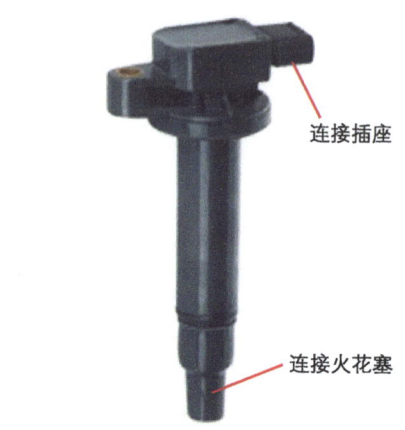

连接插座

连接火花塞

点火线圈产生高压电以后，传统点火系统采用分电器和高压线来分配、传输给火花塞。随着独立点火系统的发展，每个气缸都有一个或两个点火线圈，分电器和高压线则被取消了。

**点火线圈**

目前，普遍使用每缸都有点火线圈的独立点火系统，其点火线圈还集成了高压线、点火控制器等功能。

点火线圈

**点火线圈位置**

【知识拓展】：
　　赛车搭载高转速的发动机需要更高性能的火花塞。为了让火花塞达到非凡的能力，在电极的材质上多以白金、铱合金等贵金属为主。电极的形状也更为考究，电极直径越小，越容易点火。

### *3.* 何时点火最合适?

要想气缸内的"爆炸"威力更大,适时的点火就非常重要。实际的点火时刻都是在压缩行程未结束就开始了,相对压缩上止点时是提前的,所以称为点火提前。通常用上止点时的曲轴转角作点火提前的参考点,例如点火提前角10°。不同转速下、不同节气门开度下点火的提前量是不同的,所以需要一个复杂的点火系统来控制。

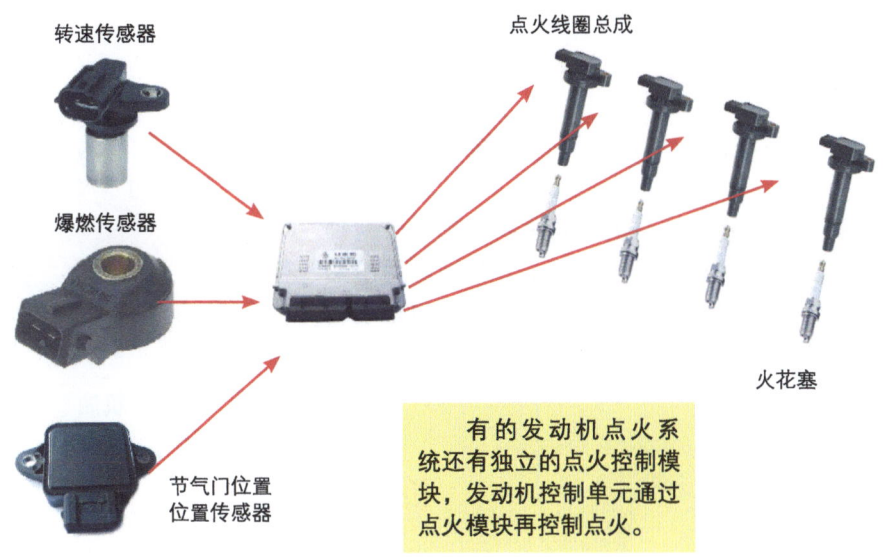

转速传感器

点火线圈总成

爆燃传感器

火花塞

节气门位置
位置传感器

有的发动机点火系统还有独立的点火控制模块,发动机控制单元通过点火模块再控制点火。

**点火系统的组成**

点火系统包括转速传感器、节气门位置传感器、爆燃传感器等传感器元件,发动机控制单元以及点火控制模块、点火线圈和火花塞等。

发动机如果点火太早,混合气在火焰还没有到达之前就自行发火,发动机这时会产生一种高频金属敲击声,这种现象既有损发动机功率,也容易损坏发动机。发动机采用了爆燃传感器来预防这种情况发生。爆燃传感器的作用是检测发动机是否有异常振动,并将振动转化为电信号,传输给发动机控制单元。

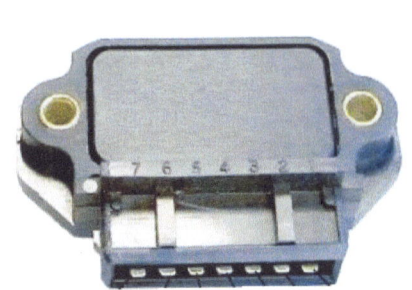

**点火控制模块**

**爆燃传感器**

# 二、发动机润滑系统

## 1. 润滑系统的功能有哪些？

发动机润滑系统的功能是润滑、冷却、清洁、密封、减振等。

发动机润滑油简称机油，机油到达润滑部位有两种路径，分别是压力润滑和飞溅润滑。压力润滑是用机油泵将机油运送到需要润滑处，飞溅润滑是利用曲轴运转溅洒起来的油滴润滑摩擦表面。

**机油**

## 2. 机油型号的含义是什么？

机油桶上出现的"SAE"是美国汽车工程协会的简称，"API"是美国石油协会的简称。机油标号包括分级和黏度规格两部分。

机油分级使用两个字母组合表示。"S"开头系列代表汽油机用油，一般规格依次由SA至SN，每递增一个字母，机油的性能都会优于前一种。

机油分级之后的标号表示其黏度规格，例如"15W-40"中，"W"表示Winter（冬季），其前面的数字越小说明机油的低温流动性越好。W后面的数字代表机油在100℃时的运动黏度，数值越高说明黏度越高。

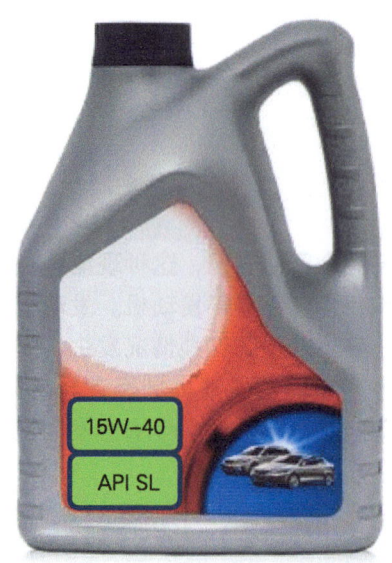

15W-40

API SL

**机油型号**

在汽车用户使用手册上有使用和更换机油的相关规定，需选择不低于规定标号的机油。例如手册上规定使用"15W-40 API SL"的机油，选择机油时，机油分级要不低于SL，机油低温指数不大于15，高温指数不小于40。

在使用车辆时，需常检查机油。热态时，检查机油油位应该处于上下刻度之间。

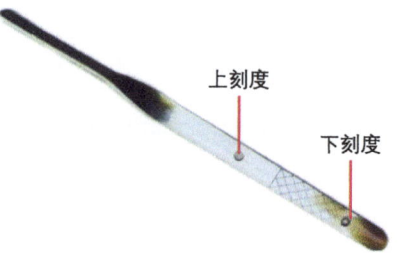

上刻度

下刻度

**机油尺**

如果说发动机是汽车的"心脏"，那么机油就是"血液"。

机油压力报警灯

汽车行驶中，如果遇到机油压力报警灯点亮，可能是机油压力或机油量不足，应立即将车停在安全处。如果继续使用，可能会出现气缸拉伤或其他严重的后果，甚至会造成发动机报废。

## 3. 怎么过滤与冷却机油？

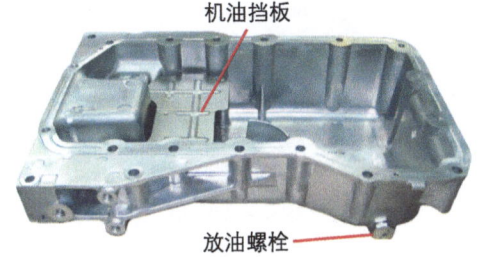

机油挡板

放油螺栓

铝合金油底壳

### ▶油底壳

　　油底壳属于机体组，也属于润滑系统，它用来容纳和冷却机油，内部设有隔板防止机油的晃动。油底壳可以采用铝合金或钢板制成。油底壳与气缸体之间用密封垫密封，用于防止机油渗漏。有些放油螺栓有磁性，用于吸附机油中的铁屑。

【特别注意】：

　　放油螺栓采用橡胶垫或铜垫密封。每次拆装放油螺栓后，都必须更换密封垫或放油螺栓，否则有可能漏油。

钢制油底壳

衬垫

放油螺栓和密封垫

### ▶机油滤清器和集滤器

　　机油滤清器通常安装在发动机的缸体上，以便于更换。机油集滤器安装在机油泵前端，用于过滤较大的杂质，主要用于过滤金属摩擦产生的粉屑和汽油、机油燃烧后混入机油中的炭、油泥等。

**机油滤清器**

**机油集滤器**

通常机油和机油滤清器需要在5000~10000Km更换。滤清器内部是纸质的滤芯，时间长容易出现堵塞，为防止机油

过脏堵塞机油滤清器，在滤清器内部设有旁通阀，滤芯堵塞后，机油可以经过旁通阀直接送出。

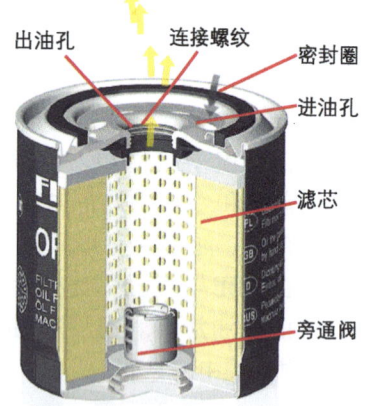

出油孔　连接螺纹　密封圈　进油孔　滤芯　旁通阀

**机油滤清器结构**

**机油滤芯**

▶**机油冷却器**

发动机运转时，由于机油黏度随温度升高而变稀，降低了润滑能力。在大功率发动机上，由于热负荷大，必须装用机油冷却器。机油冷却器通常采用水冷式，它的作用是冷却润滑油，保持油温在正常工作范围之内，保持润滑油一定的黏度。

【**小贴士**】：

如果通过机油尺发现机油呈乳白色的泡沫状，则说明冷却液进入了机油中，需要检查故障原因并进行维修。

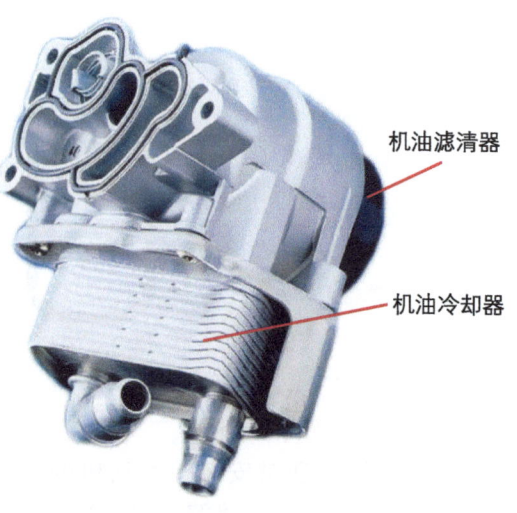

机油滤清器

机油冷却器

**机油冷却器**

# 4. 怎么输送机油?

## ▶机油循环路线

发动机大部分元部件采用压力润滑,其循环路线:油底壳——集滤器——机油泵——机油滤清器,机油经过滤清器后,一部分机油进入发动机体的主油道内,润滑曲轴、连杆等,另一条部分机油进入气缸盖,来润滑凸轮轴、液压挺柱等。

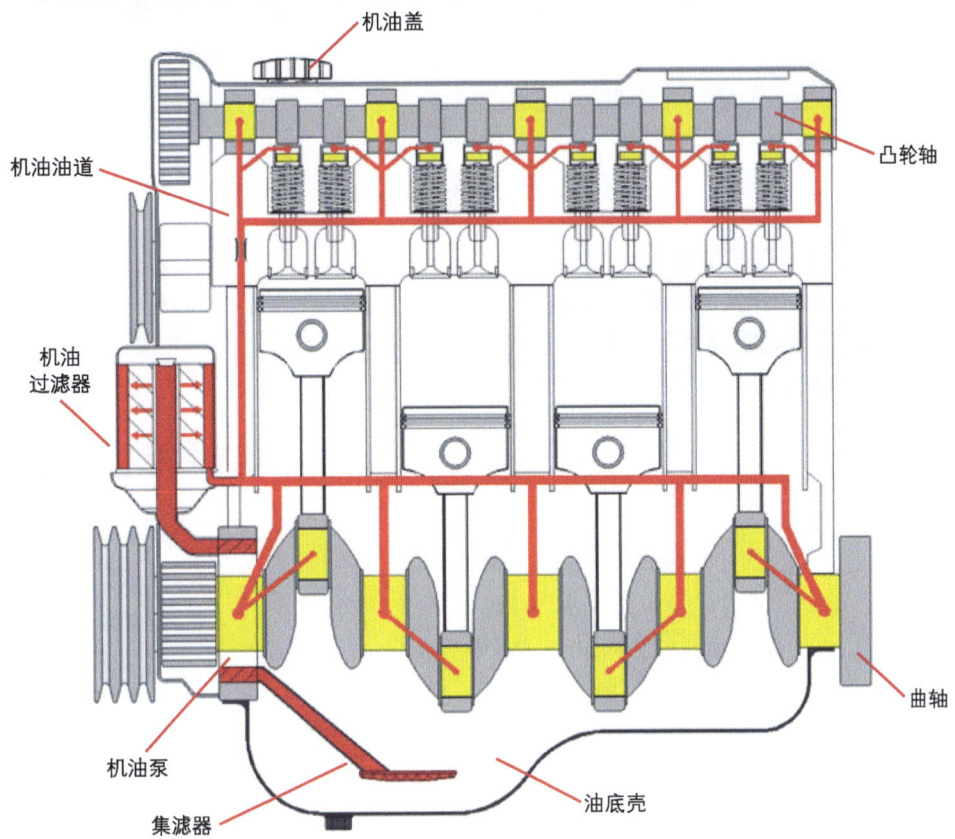

机油盖
凸轮轴
机油油道
机油过滤器
曲轴
机油泵
集滤器
油底壳

**润滑油路示意图**

## ▶机油泵

机油泵将机油提高到一定压力后,强制地压送到发动机各零件的运动表面上。机油泵结构形式可以分为齿轮式和转子式两类。

齿轮式机油泵有一对相互啮合的齿轮,随着齿轮转动,机油被进油腔吸入,从出油腔压出。

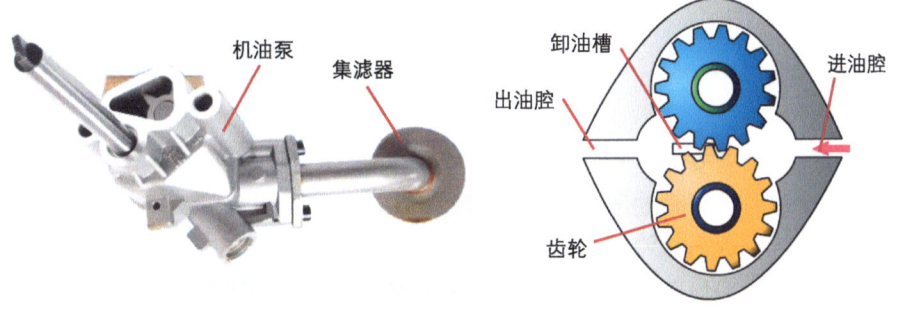

机油泵
集滤器

卸油槽
出油腔
进油腔
齿轮

**齿轮式机油泵**

　　转子式机油泵由壳体、内转子、外转子等组成。内转子由曲轴齿轮直接或间接驱动，内转子和外转子有一定的偏心距，使得内、

　　外转子间形成四个工作腔，随着转子的转动，这四个工作腔的容积不断变化，完成吸油和压油的过程。

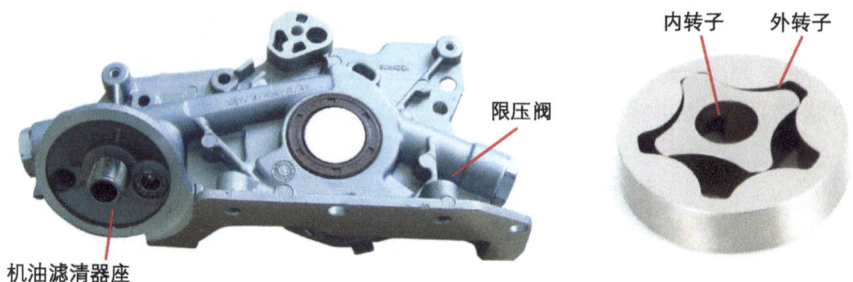

机油滤清器座　　限压阀　　内转子　　外转子

**转子式机油泵**

　　限压阀一般安装在机油泵上，限压阀包括柱塞（或球阀）、弹簧和螺塞。当主油压超过规定时，柱塞克服弹簧压力被顶开，限压阀打开泄去部分压力，维持主油道内的正常油压。

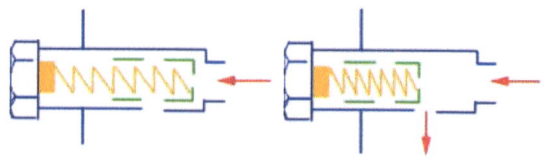

**限压阀工作原理**

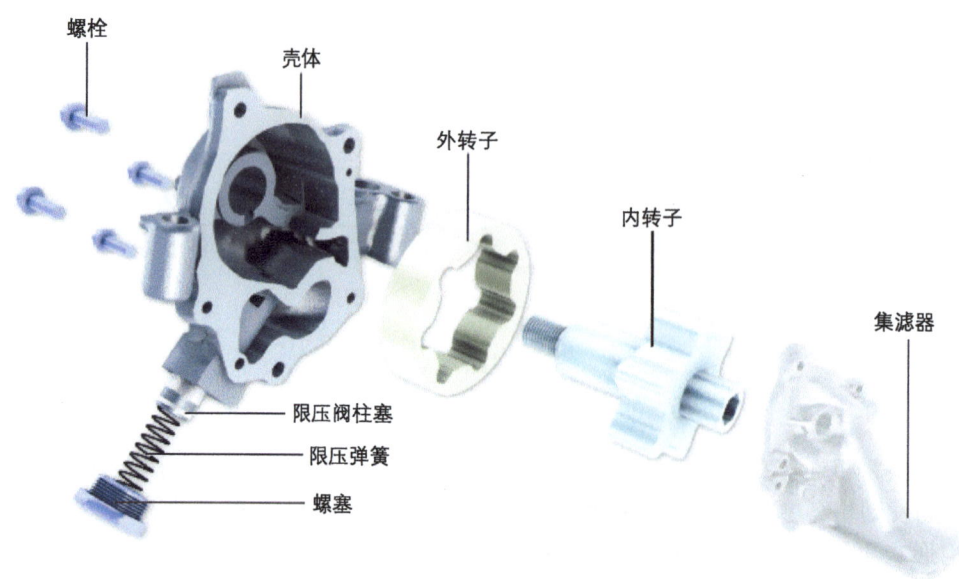

螺栓　　壳体　　外转子　　内转子　　集滤器

限压阀柱塞
限压弹簧
螺塞

**机油限压阀结构**

### ▶机油压力开关

　　机油压力开关通常安装在气缸体机油道上，当机油泵故障或其他原因导致油压低于规定值时，其内部的触点闭合，仪表上机油压力警告灯点亮。当油压正常时，油压推动机油压力开关内的膜片，使内部触点断开，机油压力警告灯熄灭。

安装机油道　　连接导线

**机油压力开关**

## 5. 为什么要用可变排量机油泵？

机油泵泵油量和压力随着发动机的转速增加而增加，泵油量和压力满足润滑需要后继续增加就会多消耗一部分发动机功率，造成浪费，所以需要采用变排量机油泵。可变排量机油泵一般能降低乘用车发动机 1%~2% 的燃油消耗。

弹簧

机油压力到达一定程度时，机油泵中的泵油腔面积将在弹簧的作用下缩小，泵油量开始保持平衡，从而达到变排量的目的。

**可变排量机油泵**

## 6. 机油喷嘴有什么用？

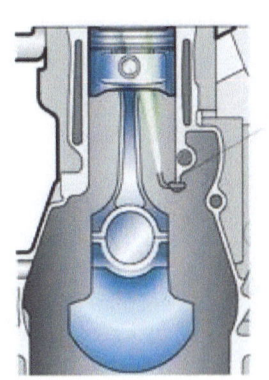

机油喷嘴

有些大功率发动机上带有机油冷却喷嘴（或喷管），通过向活塞内腔喷射机油以帮助活塞冷却散热。如果机油冷却喷嘴堵塞，活塞就会积热升温，也易导致活塞烧顶损坏。有的发动机正时链条也采用机油喷嘴喷油润滑。

机油喷管

活塞

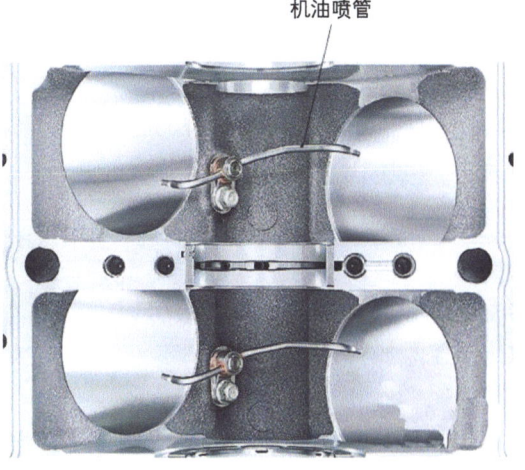

机油喷管

气缸

**机油喷嘴**

# 三、发动机冷却系统

## *1.* 高温天气也要使用防冻液吗?

混合气在气缸中燃烧后产生大量热能,大量的热能不会转化成动能,一部分热能随废气排出,另一部分存在发动机机体上。发动机机体、零部件、润滑系统和燃料在正常温度(一般为 80~90℃)时,才能发挥出最佳状态。冷却系统就是为保持发动机正常温度设定的。

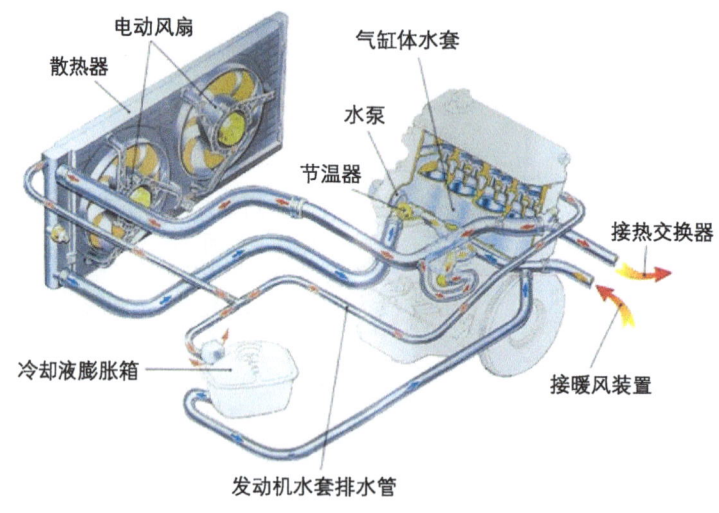

冷却系统组成

### ▶冷却液

冷却液,也叫防冻液,它可以防止寒冷季节停车时冷却液结冰而胀裂散热器。防冻液不仅仅是冬天用的,它应该全年使用,因为防冻液还有防沸、防腐蚀和防水垢等功能。

【知识拓展】:
　　冷却液通常是红色的,冷却液可以通过散热器盖添加。
【注意】:
　　不能用自来水代替防冻液,自来水包含许多矿物质,这些矿物质会结成水垢沉积在金属表面,影响散热效果,甚至造成发动机高温。

冷却液

# *2.* 冷却液是如何循环的?

### ▶小循环

发动机在冷态时,为了缩短发动机暖车时间,节温器关闭,冷却液不经过散热器,只在发动机内循环流动,即冷却液小循环。

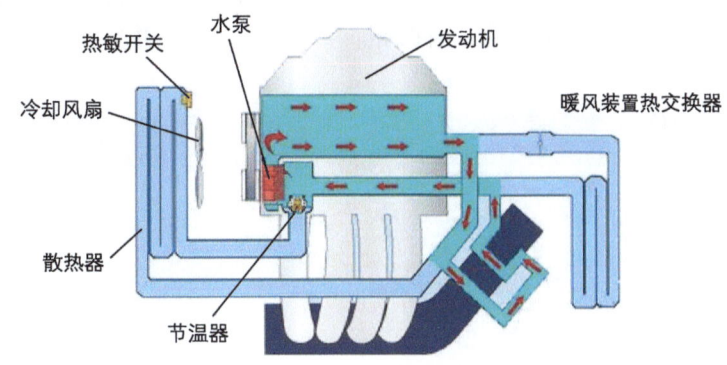

**冷却液小循环路线**

### ▶大循环

冷却液温度上升时,节温器开始打开,部分冷却液流经散热器内散热,此时,冷却液混合循环。当冷却液温度继续上升到一定温度后,节温器全部打开,全部冷却液流经散热器散热,即冷却液大循环。

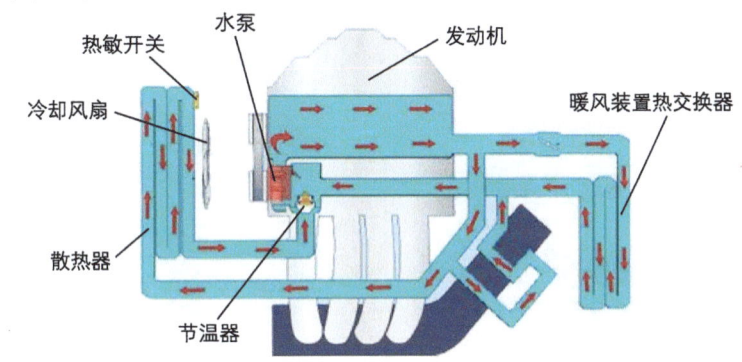

**冷却液混合循环路线**

### ▶节温器

冷却系统一般采用蜡式节温器。低温时,蜡体积小,节温器关闭;高温时,蜡体积膨胀,克服弹簧压力,阀门打开。有的发动机采用控制更加准确的电子节温器。

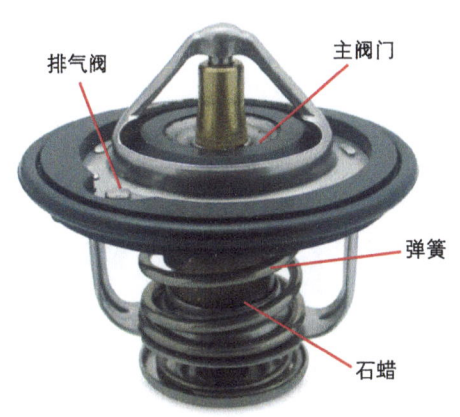

**蜡式节温器(关闭时)**

**电子节温器**

### ▶水泵

水泵将从散热器或旁通道来的冷却液压入缸体水套中，强制冷却液循环。

有的水泵用三角带轮带动，有的车型由正时带驱动，在更换正时带时，水泵也要求一并更换（或规定周期更换）。

叶轮

传动带轮

**水泵**

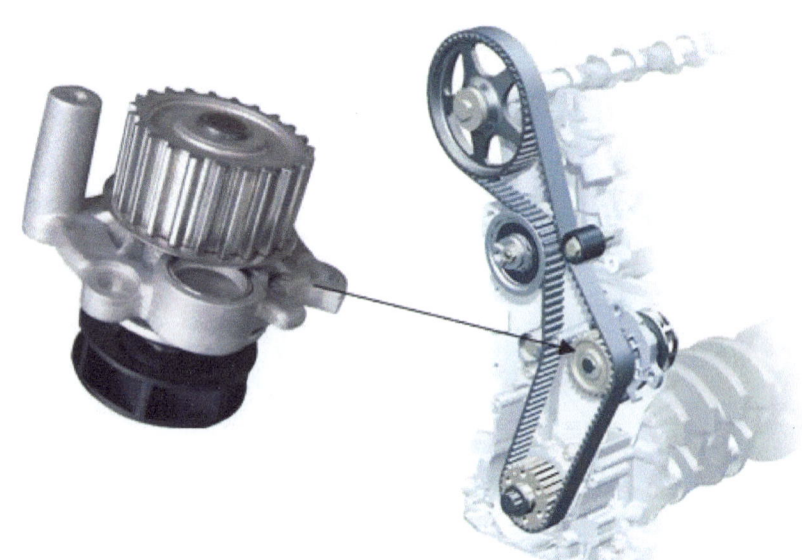

**正时带带动的水泵**

电动水泵由发动机控制单元通过电流控制，它不受当时发动机转速的影响，可以根据发动机的实际冷却需要灵活工作。由于电动水泵消耗的发动机功率非常少，因此采用电动水泵后，发动机的燃油消耗量可以有所降低。如果发动机温度过高，即便熄火后，水泵也可以在电力的驱动下使冷却液循环，以便散热。

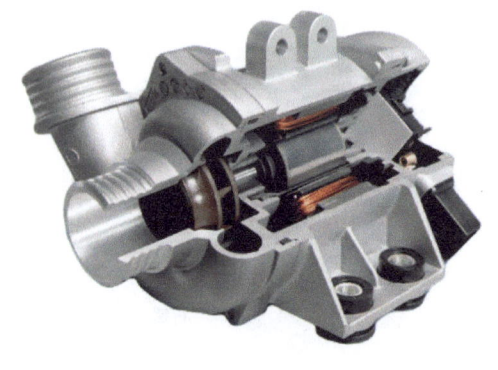

**电动水泵**

### ▶散热器

散热器俗称水箱，一般都安装在汽车前方，以利于散热。电子扇装在散热器后面将空气吸入，空气经过散热器吹向发动机机体。

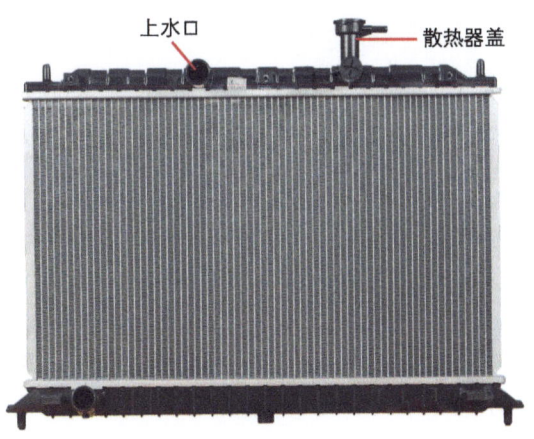

上水口

散热器盖

**散热器**

**电子扇**

**散热器开关**

散热器开关也叫散热器盖，它可以增加散热器压力，提高冷却液沸点。

散热器压力大于一定值时，散热器开关内压力阀打开，冷却液从溢流管流出，防止水管胀破。当发动机熄火，散热器压力低于大气压力后，使膨胀水箱中的冷却液流回散热器内。

### ▶膨胀水箱

膨胀水箱上有上限标线（max）和下限标线（min），添加或检查冷却液位时，冷却液应位于两个标线之间。不能混用不同品牌的冷却液。

水箱开关

膨胀水箱

**膨胀水箱**

【特别提示】：

每种防冻液的成分不同。两种规格型号的防冻液如果混合使用可能会发生化学反应，造成发动机水道、散热器和水管、水泵等部件的腐蚀，除非在非常紧急的情况下，不建议混合使用不同规格的防冻液。

**电子节气门**

**机油冷却器**

**暖水箱**

发动机冷却液除了保持发动机机体正常工作温度以外，它还能为发动机电子节气门、机油、暖水箱、中冷器等提供热源或冷却。

## 3. 发动机过热怎么办？

在驾驶车辆时，可能会遇到发动机过热的情况，当冷却液温度表指针接近红色区域时，说明冷却液温度高温。此时，不能继续行驶，应检修高温原因。否则高温零部件膨胀，机油黏度降低，会导致各部件磨损加剧，降低发动机寿命。

驾驶时，散热器上面如果冒着浓浓的水汽，那就是"开锅"了，"开锅"就是人们常说的"车子水箱里的水煮成了开水"的情况。

冷却液温度表　高温区域　　　燃油量表

**冷却液温度表**

【特别提示】：

发动机在热机状态时，千万不要打开散热器盖，否则可能会被溅出的冷却液或高温蒸汽烫伤。

**"开锅了"**

【知识拓展】：

发动机"开锅"后，不要立即打开散热器盖加水。因为散热器内水沸腾后，内部有一定的压力，此时若立即打开散热器加水口，热水会向外喷出，造成人员烫伤。也不能向发动机泼冷水，这样可能会造成发动机缸体由于骤冷而炸裂，酿成不可修补的后果。

# 第五章
# 底盘传动系统

## 一、离合器的结构原理

### *1.* 离合器的位置在哪里？

汽车底盘部分包括四大系统：传动系统、转向系统、制动系统和行驶系统。

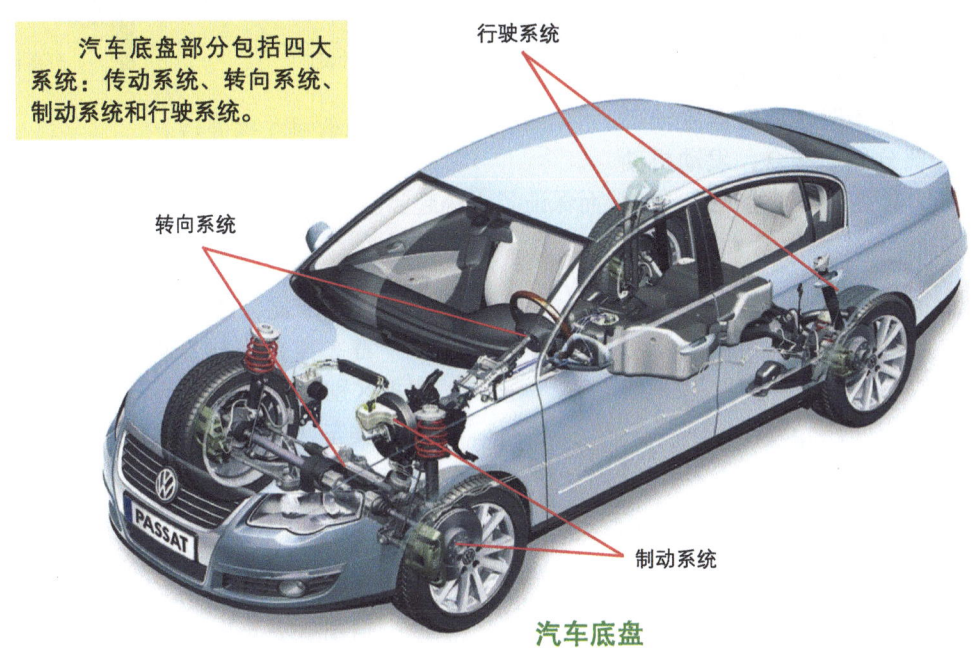

行驶系统
转向系统
制动系统

**汽车底盘**

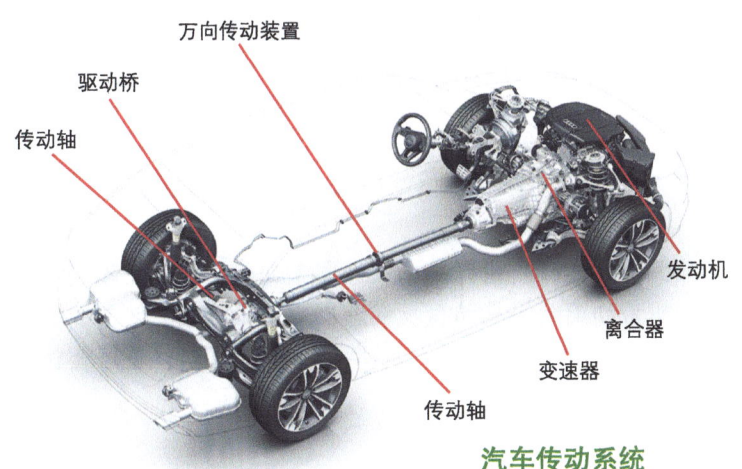

万向传动装置
驱动桥
传动轴
发动机
离合器
变速器
传动轴

**汽车传动系统**

传动系统的基本功用是将发动机产生的动力传给驱动车轮，产生驱动力，使汽车能以一定速度行驶。

传动系统包括离合器、变速器、驱动桥等，离合器位于发动机和手动变速器之间，使用自动变速器的车辆没有离合器。

## 2. 离合器有何作用?

### ▶离合器的作用

离合器主动部分连接发动机飞轮,从动部分连接变速器,两者接合后依靠摩擦力传递动力;两者分离,动力传递被中断。

踩住离合器踏板,主动、从动部分处于"半接合半分离"状态时,能传递一部分动力,它们之间滑动消耗了一部分动力。

离合器应用于汽车上手动变速器,以保证变速器平顺换档。手动变速器换档时,需要中断动力,手动变速器连接档位后,再让动力接合。离合器还有保证车辆平稳起步的功能,在起步时,离合器主动部分、从动部分逐渐接合,发动机动力通过离合器逐渐传递给变速器,从而保证了平稳起步。

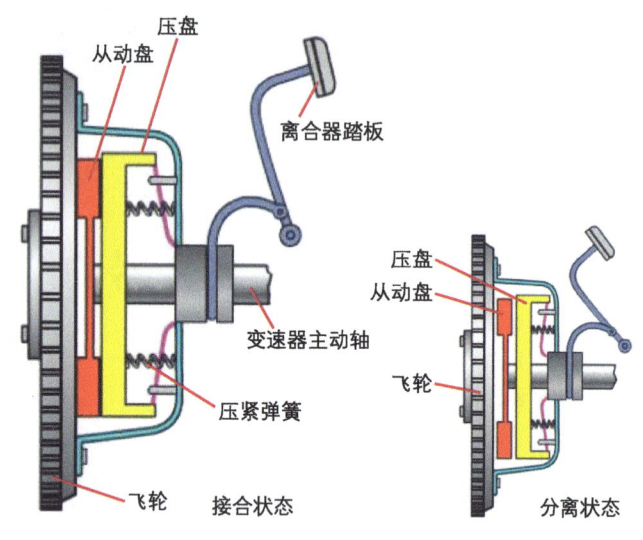

离合器工作原理

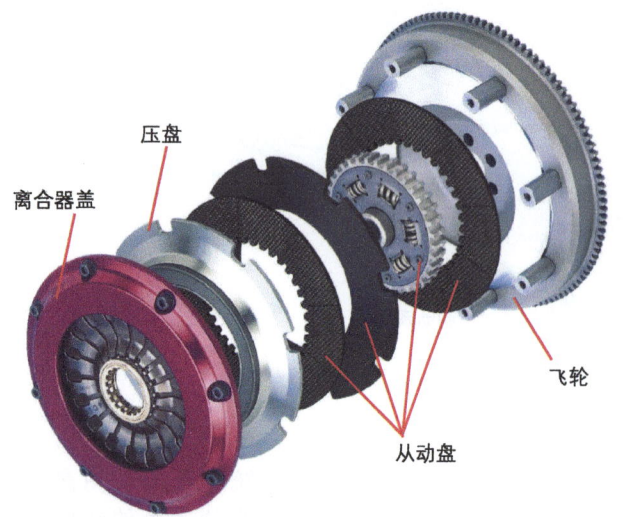

赛车离合器

### ▶赛车离合器

赛车离合器与普通轿车的离合器有很多区别。

赛车飞轮的质量更轻,这样可以减少发动机的惯性力矩,让发动机转速上升更快。赛车离合器要传递更大的转矩,离合器片的摩擦系数更高,膜片弹簧也更硬,可以实现更快的接合速度。

很多赛车采用碳纤维离合器片,这种离合器片质量轻,强度高,耐高温并且耐磨。

【知识拓展】:

起动发动机时,应踩下离合器踏板,这样既可以防止变速器未处于空档时汽车突然前窜,也可以使起动时,减少发动机带动离合器从动盘及变速器输入轴等相关部件的阻力。在坡道起步时,要利用离合器"半接合半分离"(也称半联动)的状态,通常此状态时,车辆会轻微的抖动。

## 3. 离合器是如何工作的？

### ▶离合器组成

目前普遍使用的是膜片弹簧离合器，这种离合器由主动部分、从动部分、压紧装置及操纵机构四个部分组成。

离合器主动部分包括飞轮和离合器盖－压盘总成，飞轮通过螺栓将发动机动力传递给离合器压盘，飞轮通过摩擦表面将动力传递给离合器从动盘。

### ▶离合器盖—压盘总成

离合器盖和压盘制成一个总成，离合器盖接收飞轮动力后，通过传动钢片，把动力传递给压盘。压盘有一个类似飞轮的平面，它通过摩擦力将发动机动力传给从动盘。

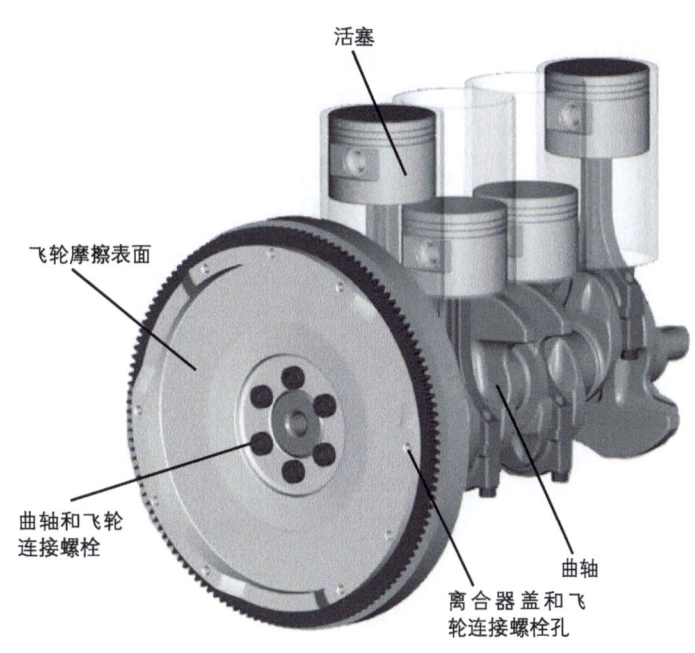

活塞

飞轮摩擦表面

曲轴和飞轮
连接螺栓

离合器盖和飞
轮连接螺栓孔

曲轴

**飞轮**

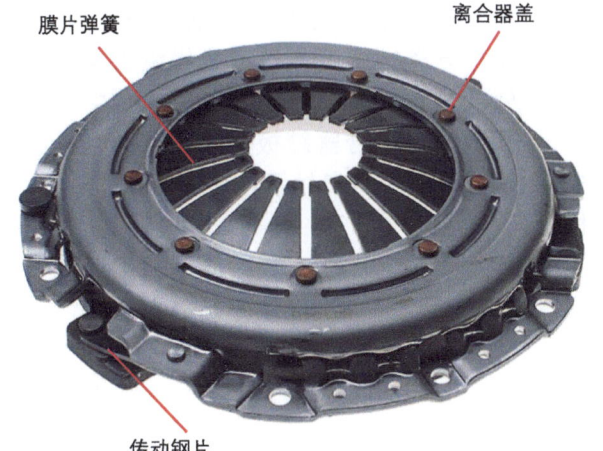

膜片弹簧

离合器盖

传动钢片

**离合器的压盘**

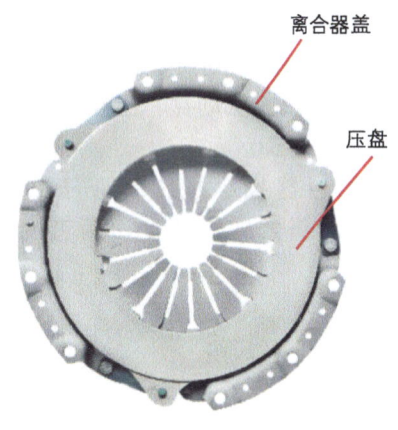

离合器盖

压盘

膜片弹簧离合器的压紧装置是膜片弹簧，它既用于压紧从动盘，还能起到杆杠的作用。膜片弹簧中间部分受分离轴承推动。

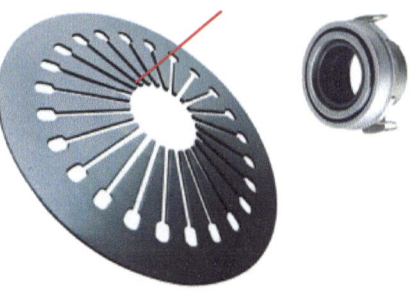

分离轴承接触位置

**膜片弹簧和分离轴承**

### ▶从动盘

从动盘是离合器的从动部分。离合器从动盘位于飞轮和压盘之间，从动盘两面都是摩擦衬片，可以从飞轮和压盘处获得动力。

从动盘的中间部分装有扭转减振器，可以衰减振动。从动盘中间部分是花键毂，它连接手动变速器输入轴。

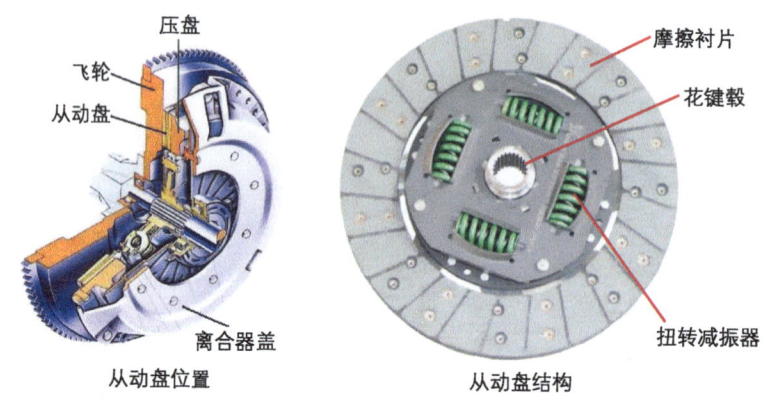

从动盘位置 　　　　从动盘结构

**离合器从动盘**

## 4. 离合器为何要快踩慢松？

### ▶离合器操纵机构

离合器操纵机构是将驾驶人员施加脚踏板上的力，传递到离合器压盘上，使压盘后移，让飞轮、从动盘、压盘之间产生间隙，中断动力传递。

离合器操纵机构有液压式和机械式（杆式和绳索式）两种，两者的操纵机构都包括离合器踏板、回位弹簧、分离拨叉、分离轴承等。机械式操纵机构用传动杆或拉索传动。液压式操纵机构中，动力逐步经过离合器踏板、主缸、油管、工作缸、拨叉、分离轴承传递给压盘。

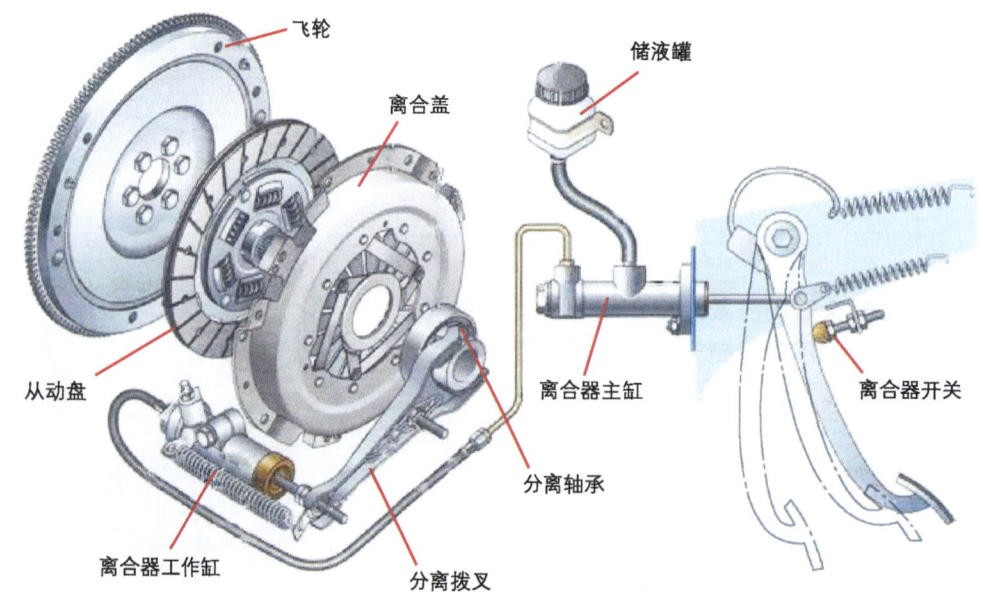

**离合器液压操纵结构**

### ▶离合器主缸

离合器分离轴承和膜片弹簧之间的间隙为自由间隙，该间隙反应到脚踏板上即离合器自由行程。

离合器自由行程可以在离合器主缸推杆上进行调整。

离合器主缸也称为离合器总泵，它在离合器踏板的推力下，产生油压推力。

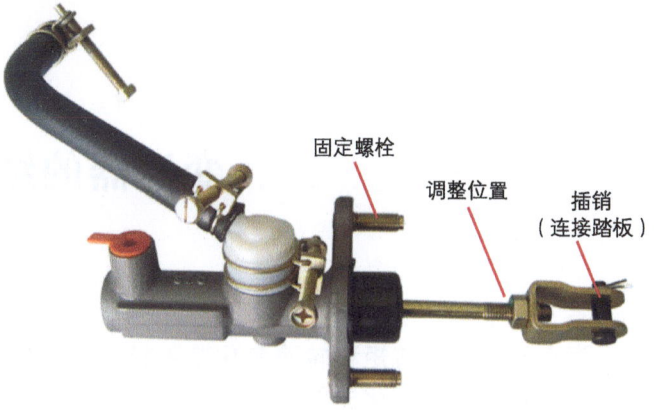

固定螺栓
调整位置
插销（连接踏板）

离合器主缸

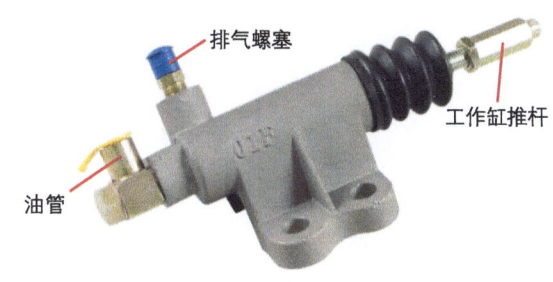

排气螺塞
工作缸推杆
油管

离合器工作缸

### ▶离合器工作缸

离合器工作缸也叫分泵，它在主缸产生的油压作用下，推动推杆移动。

离合器工作缸上有排气螺塞，用来排放液压系统中的空气。

### ▶离合器分离拨叉

分离拨叉相当于一个杠杆，中间位置支承相当于支点，大端连接分离轴承，小端连接工作缸推杆。

踩下离合器踏板时，分离拨叉小端被离合器工作缸推杆推动，其大端带动分离轴承压向离合器压盘的膜片弹簧。

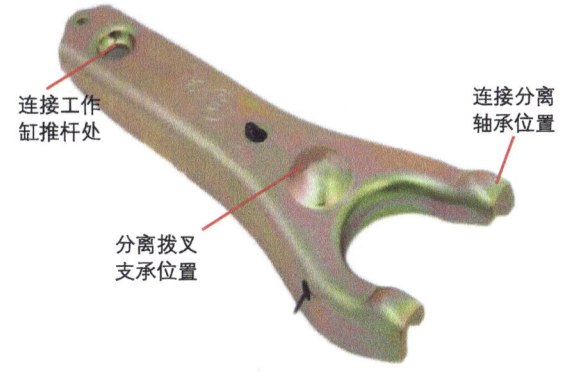

连接工作缸推杆处
连接分离轴承位置
分离拨叉支承位置

离合器分离拨叉

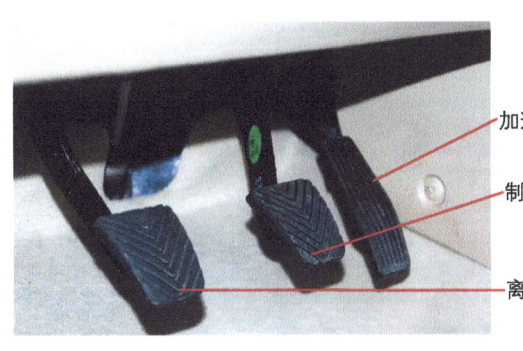

加速踏板
制动踏板
离合器踏板

离合器踏板

### ▶离合器踏板的操纵

换档时，当想脱开原来的档位时，需要迅速踩下离合器踏板，以便切断发动机传递给变速器的动力，否则，会加速离合器的磨损；当挂入需要的档位后，需要缓慢松开离合器踏板，使车辆起步或行驶平稳。

# 二、变速器的结构原理

## 1. 变速器有什么作用?

汽车发动机的转矩和转速变化范围较小，而道路负荷的变化非常复杂，这就要求汽车配置变速器来实现汽车牵引力和行驶速度在相当大的范围内变化。变速器前进档主要用于改变发动机转速，实现转矩的需要；变速器空档可以中断动力；变速器倒档用于倒退行驶。

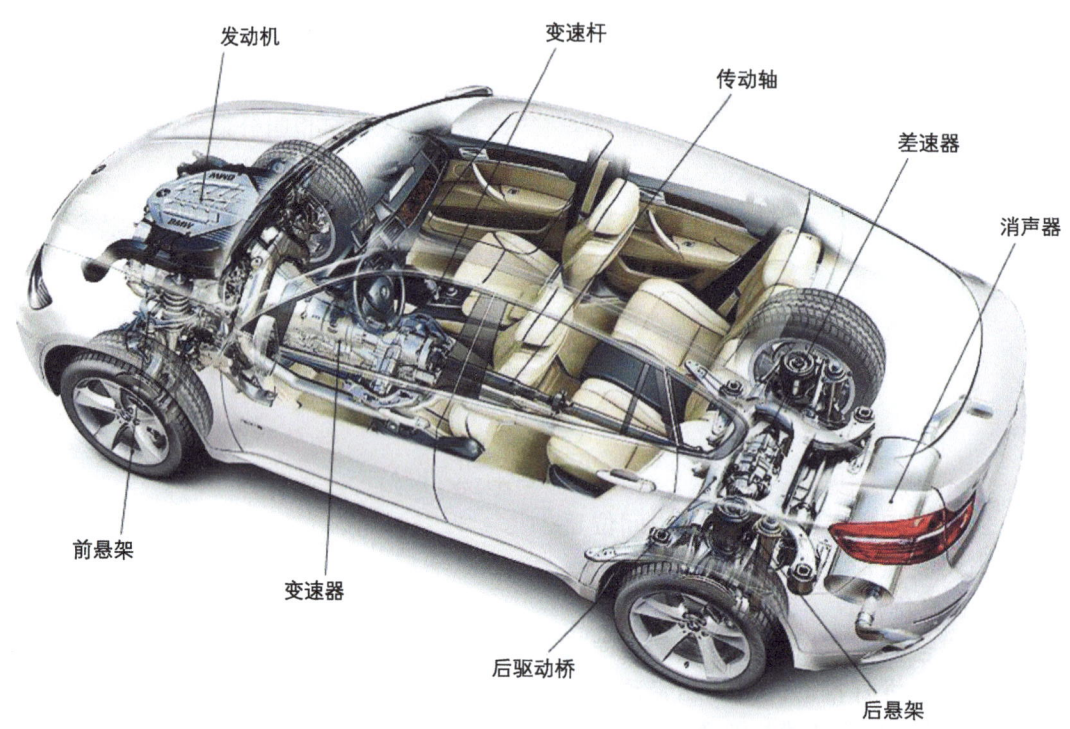

发动机　变速杆　传动轴　差速器　消声器　前悬架　变速器　后驱动桥　后悬架

**变速器位置**

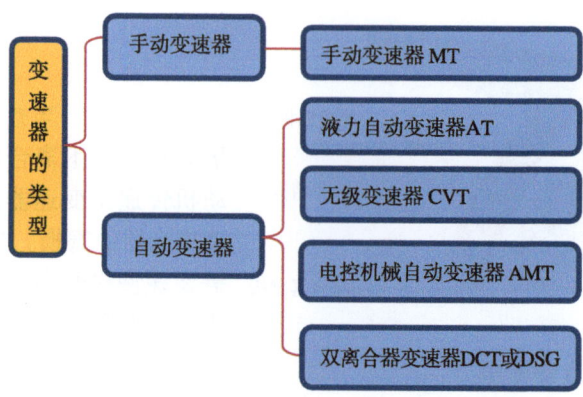

变速器的类型
- 手动变速器 — 手动变速器 MT
- 自动变速器 — 液力自动变速器AT／无级变速器CVT／电控机械自动变速器AMT／双离合器变速器DCT或DSG

## 2. 变速器基本原理是怎样的?

### ▶增速原理

一对直径不同、齿数不等的齿轮啮合传动时,可以实现变速变矩。

大齿轮将动力传递给小齿轮时,在相同的时间内转动时,小齿轮比大齿轮转速快,转动力矩小。

前进档中超速档(一般为5档)就是应用此原理。

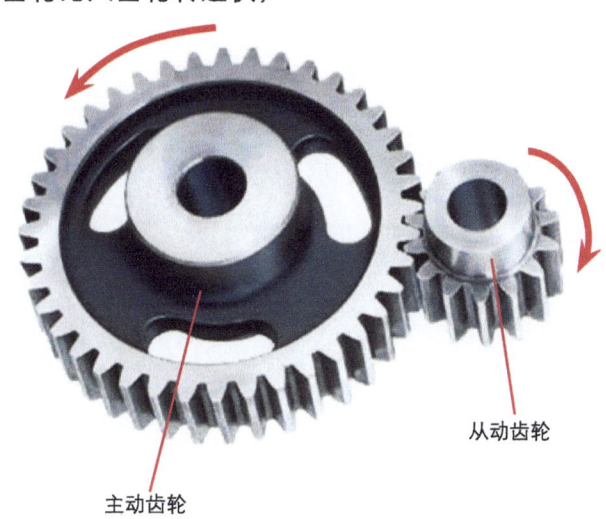

主动齿轮

从动齿轮

**大齿轮主动的齿轮传动**

### ▶降速原理

发动机转矩变化很小,而复杂的使用条件要求汽车的牵引力和车速能在较大的范围内变化。

小齿轮将动力传递给大齿轮时,大齿轮比小齿轮转速慢,转矩增加。

前进档中降速档(一般为1、2、3档)和倒档都需要增大力矩,就是应用此原理。

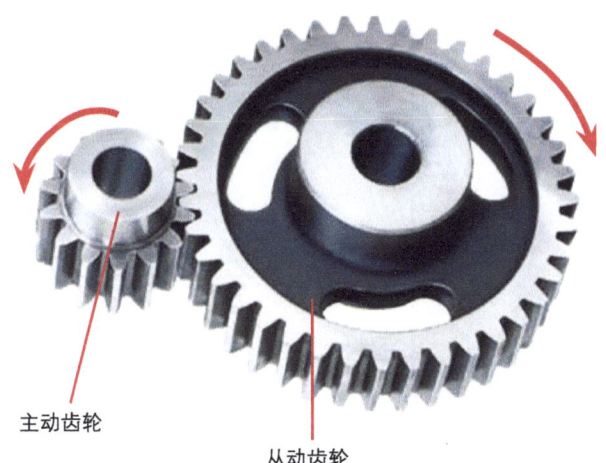

主动齿轮

从动齿轮

**小齿轮主动的齿轮传动**

### ▶直接档

手动变速器根据工作轴数量分为二轴式变速器和三轴式变速器。三轴式变速器包括输入轴、中间轴和输出轴，二轴式变速器没有中间轴。三轴式变速器接合套连接两端接合齿，使输入轴和输出轴直接连接在一起传动，其转向相同、转速不变、转矩不变，该档位称为直接档，一般5速变速器的4档为直接档。

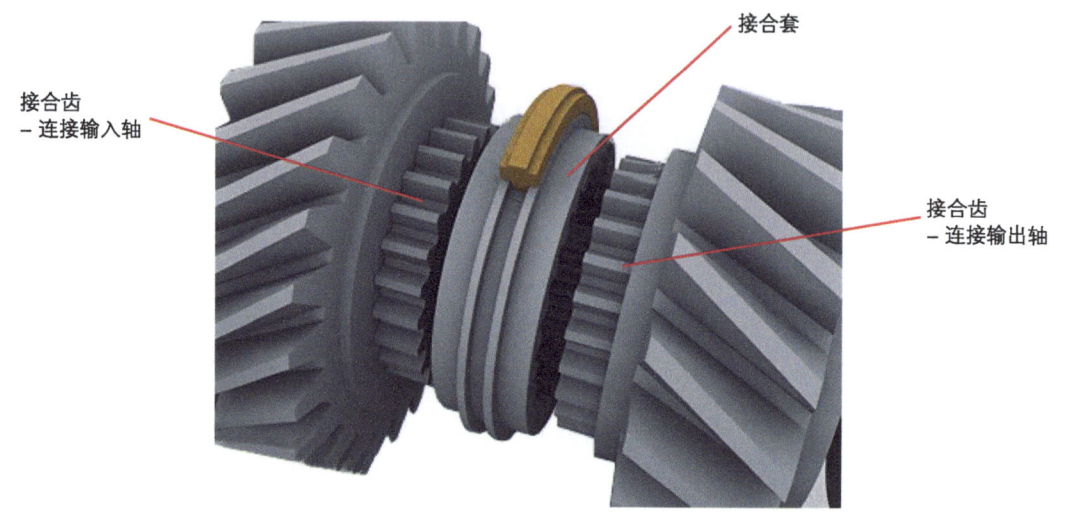

**直接档传动**

接合套

接合齿
－连接输入轴

接合齿
－连接输出轴

### ▶惰轮

惰轮的作用只是改变转动方向并不能改变传动比，所以称之为惰轮。

惰轮在两个不互相接触的传动齿轮中间传递动力，用来改变被动齿轮的转动方向，使之与主动齿轮相同。

汽车变速器中倒档多采用惰轮来改变旋转方向。

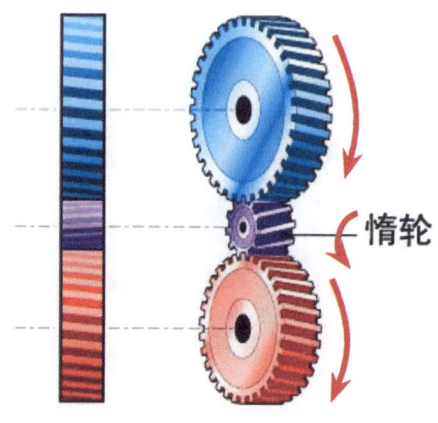

惰轮

**惰轮**

# 3. 手动变速器是怎样工作的?

### ▶手动变速器的特点

手动变速器换档需要踩下离合器，拨动变速杆，抬起离合器完成换档。

对于新手来说，换档过程比较复杂，发动机容易熄火，换档过早会挂不上档或使车辆抖动，换档过迟会引起汽车油耗高。

如果可以熟练运用手动变速器，手动变速器不仅省油，操控感强，还具有很强的驾驶乐趣。

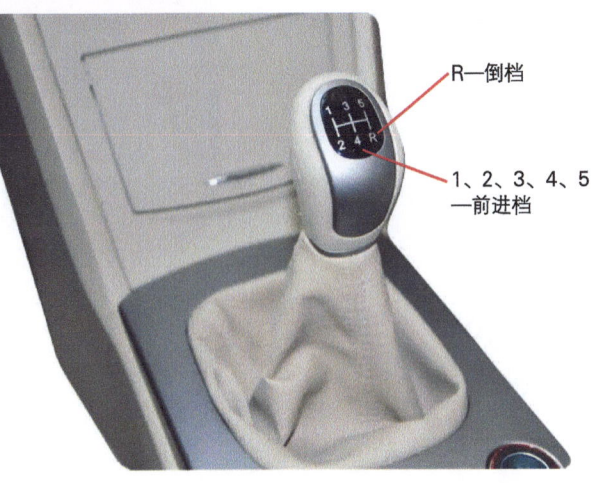

R—倒档

1、2、3、4、5 —前进档

**手动变速器变速杆**

【知识拓展】：

驾驶车辆时，不能长距离空档滑行，否则会有安全隐患。因为空档滑行时，车轮会失去发动机的制动作用，万一发动机熄火，制动系统会失去真空助力作用。

### ▶手动变速器的结构原理

手动变速器包括齿轮传动机构和操纵机构两部分，齿轮传动机构包括齿轮、输入轴、输出轴、同步器等，通过齿轮传动机构可以实现动力传递路线的变换，进而改变传动比。操纵机构包括变速杆、拨叉、锁止装置等，通过移动变速杆，可以实行档位的切换。

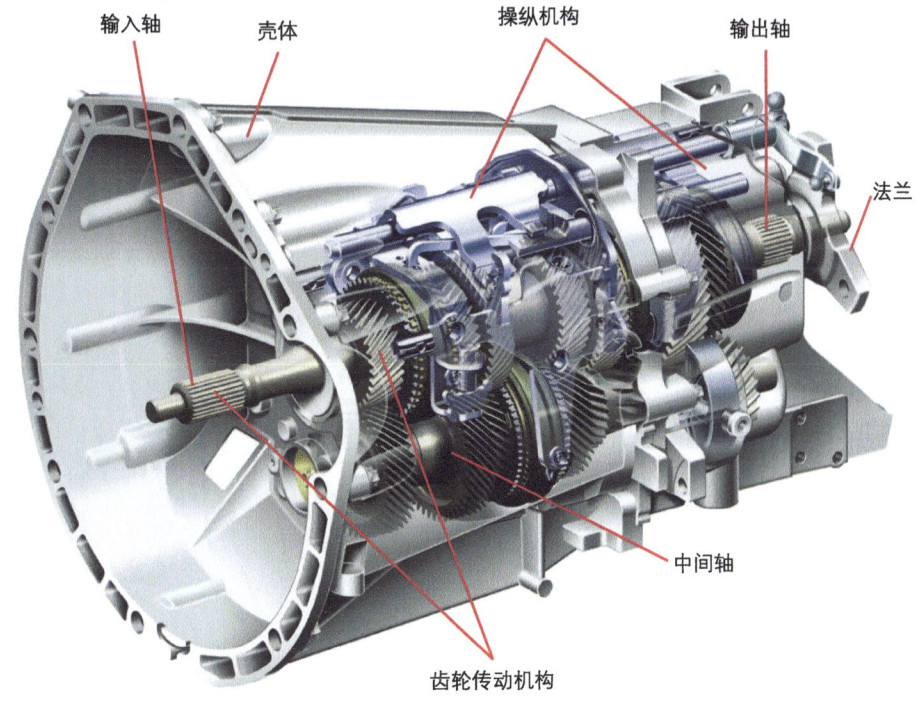

输入轴　　壳体　　操纵机构　　输出轴

法兰

中间轴

齿轮传动机构

**手动变速器**

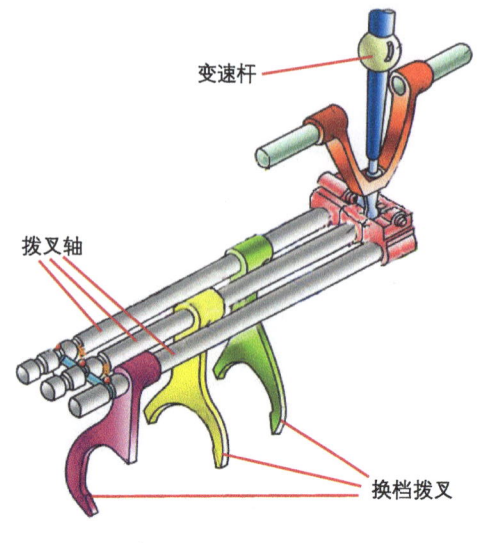

变速杆

拨叉轴

换档拨叉

**变速杆**

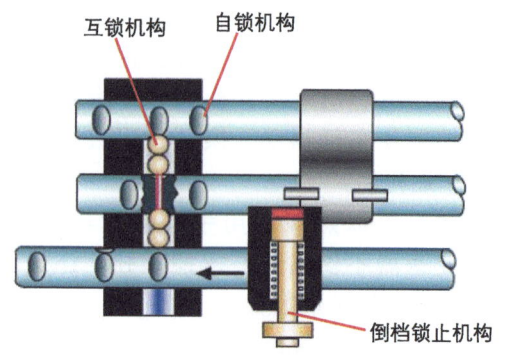

互锁机构　自锁机构

倒档锁止机构

**锁止装置**

变速器换档时，驾驶人操纵变速杆，变速杆带动拨叉轴上拨叉移动，拨叉带动同步器结合套移动，完成换档动作。

锁止装置是采用弹簧和定位钢球对拨叉轴进行定位和锁止，当钢球对准拨叉轴上相应的凹槽时，拨叉轴被锁止，这样可以防止脱档，防止挂入两个档和误挂倒档。

汽车如果没有同步器，换档容易出现冲击，换档过程也非常复杂。同步器是一种换档装置，它能使结合套和齿轮上的接合齿圈

锥面

轮齿

接合齿圈

**变速器齿轮**

迅速达到相同转速，从而消除换档冲击，缩短换档时间，简化换档过程，使换档操作简捷而轻便。

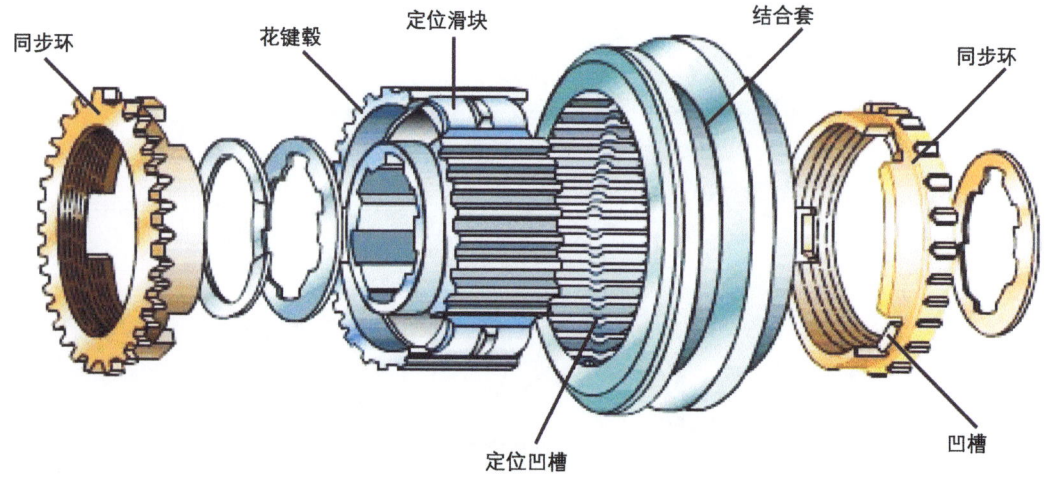

同步环　　花键毂　　定位滑块　　　　　　　结合套　　　　　同步环

定位凹槽　　　　　　　　　　　凹槽

**变速器同步器**

## ▶手动变速器动力传递路线

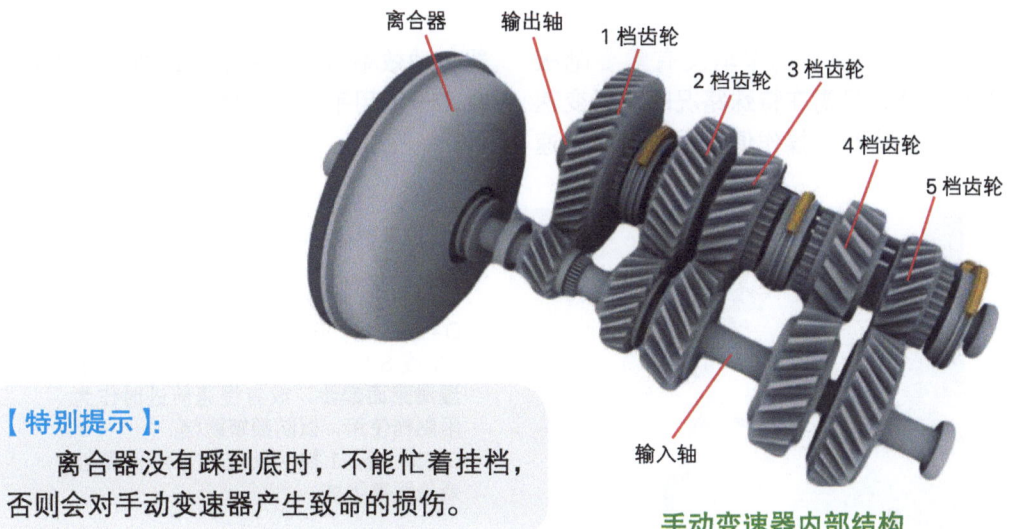

离合器　输出轴　1 档齿轮　2 档齿轮　3 档齿轮　4 档齿轮　5 档齿轮　输入轴

**手动变速器内部结构**

【特别提示】：

　　离合器没有踩到底时，不能忙着挂档，否则会对手动变速器产生致命的损伤。

　　输入轴上各档位齿轮是通过键和输入轴连接的，它们以相同速度转动。

　　输出轴上各档位齿轮是通过轴承与输出轴连接的，只有挂入相应档位时，它们才能传递动力。例如，挂入 3 档时，结合套向左移动，3 档齿轮与结合套连接在一起，便可传递动力。

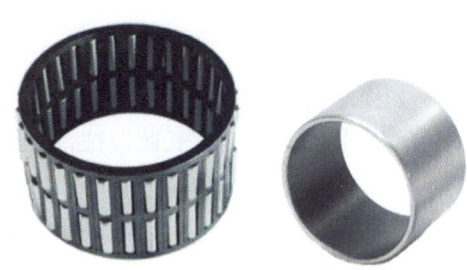

**轴承**

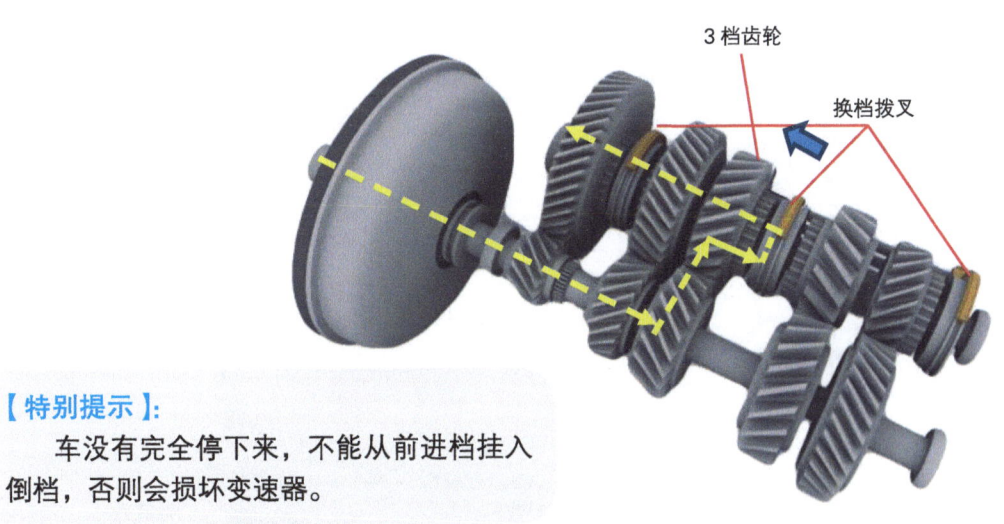

3 档齿轮　换档拨叉

【特别提示】：

　　车没有完全停下来，不能从前进档挂入倒档，否则会损坏变速器。

**3 档动力传递路线**

# 4. 自动变速器（AT）是怎样工作的？

## ▶自动变速器的特点

使用自动变速器的车辆没有需要踏板操控的离合器，只需在特殊路况时操纵变速杆，换档自动进行，操作便捷。但自动变速器传动效率通常比手动变速器低，因此油耗会高于使用手动变速器的车辆。

倒档锁

P– 驻车档　停车使用，可用于起动
R– 倒档
N– 空档　临时停车，可用于起动
D– 前进档　正常行车档
2（或S）–2档　低速前进档，用于湿滑路面起步，或者慢速前进时作为限制档使用，以防频繁跳档。
L（或1）–1档　低速档，用于爬坡或长距离下坡。

**自动变速器变速杆**

【特别提示】：

如果车辆没有完全停下来就直接推到P档，路面不平整时车辆会小小挪动一下，会对变速齿轮造成冲击。长此以往，会缩短变速器寿命。

## ▶自动变速器的结构原理

通常自动变速器由液力变矩器、行星轮变速机构、电子液压控制系统和位于油底壳的冷却、滤油装置等组成。换档执行器元件包括行星轮机构、离合器、制动器、输入轴、输出轴等。

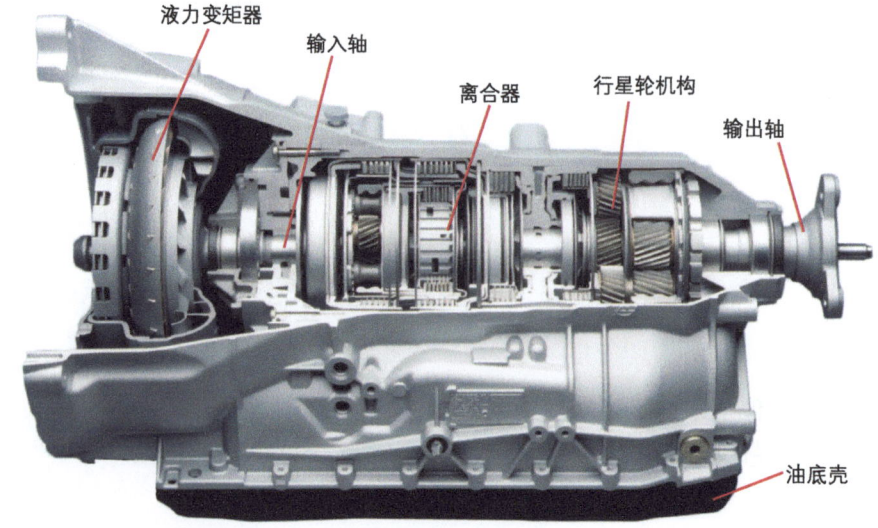

液力变矩器　输入轴　离合器　行星轮机构　输出轴　油底壳

**自动变速器的组成**

液压控制阀　　电磁控制阀

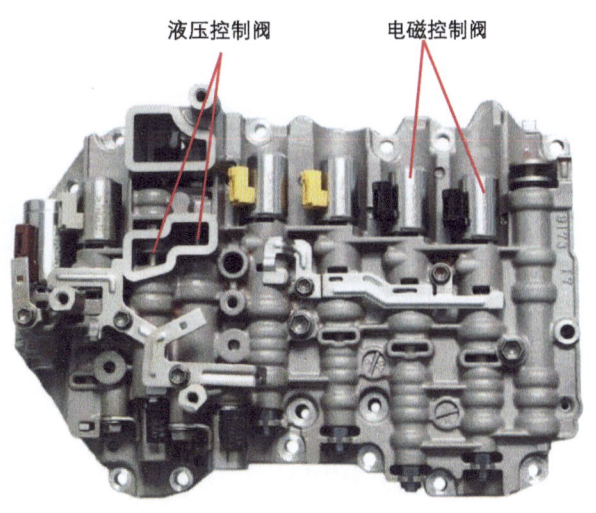

### ▶液压控制系统

　　自动变速器控制系统也有控制电脑，电脑收集发动机节气门位置、车速等信号，然后对液压系统电磁阀进行控制，进而控制液压系统的离合器和制动器，实现对档位的控制。

　　自动变速器使用的油液简称 ATF，其颜色通常为红色。液压控制和电磁控制阀位置如右图所示。

**自动变速器液压控制系统**

### ▶液力变矩器

　　自动变速器采用了液力变矩器，它除了具有离合器的作用外，还可以利用液体流速传递转矩，在一定范围内实现无级变速。液力变矩器由泵轮、导轮、涡轮和锁止离合器等组成。锁止离合器主动部分与变矩器壳体相连，从动部分与涡轮相连。当锁止离合器主动、从动部分接合时，液力变矩器变为机械传动，传动效率等于 1。

泵轮　　导轮　　涡轮　　锁止离合器　　壳体

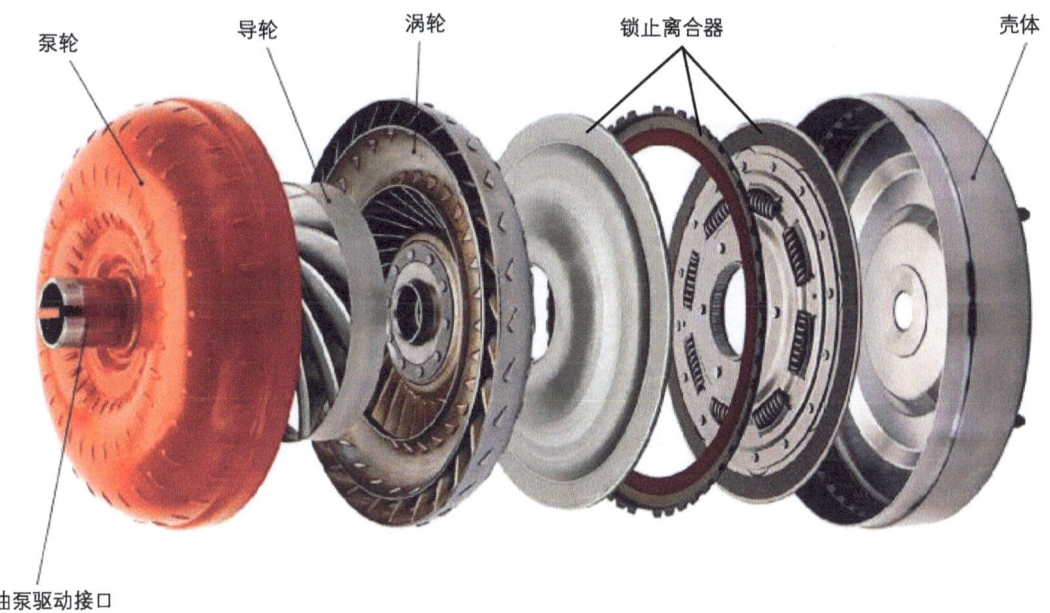

油泵驱动接口

**液力变矩器的组成**

　　液力变矩器壳体连接飞轮，并从飞轮处获得动力。变矩器的工作原理类似两个利用空气管道连接的风扇，右边未连接电源的风扇其叶片力矩会得到增加。

液力变矩器

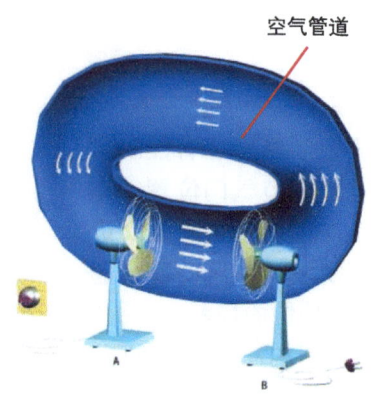

空气管道

液力变矩器工作原理

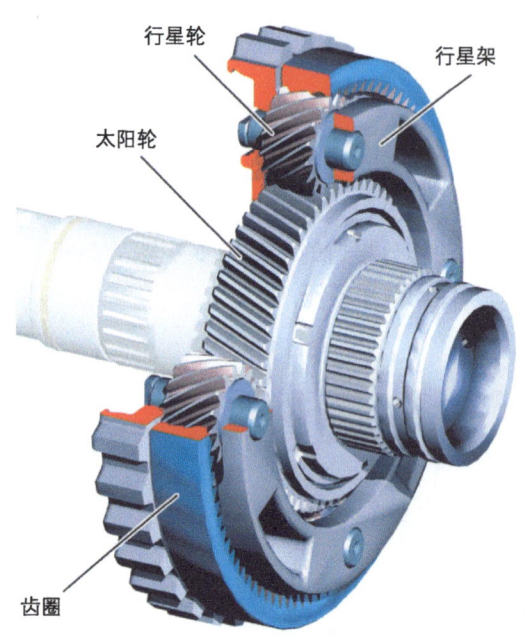

行星轮

行星架

太阳轮

齿圈

行星轮结构

### ▶行星轮机构

液力变矩器增大力矩的作用小，不能达到行驶要求。行星轮机构能扩大传动比的范围。

变速器内有几组行星轮来构成不同的档位。一组行星轮机构由太阳轮、齿圈、行星架和行星轮组成。

行星轮机构有多种传动方式，例如齿圈固定，太阳轮主动，行星架被动，此种组合为降速传动，传动比一般为2.5~5，转向相同。

行星轮机构还可以把三元件中任意两元件接合为一体，例如把行星架和齿圈接合为一体作为主动件，太阳轮为被动件，或者把太阳轮和行星架

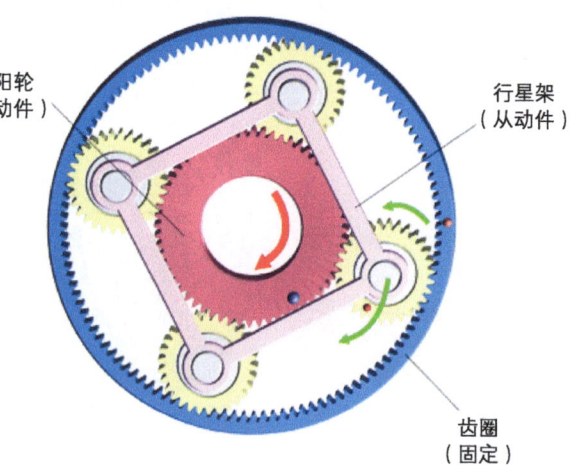

太阳轮（主动件）

行星架（从动件）

齿圈（固定）

行星轮传动原理

接合为一体作为主动件，齿圈作为被动件。这种情况行星轮间没有相对运动，作为一个整体运转，传动比为1，转向相同。汽车上常用此种组合方式组成直接档。

### ▶换档执行元件

自动变速器离合器和制动器属于换档执行机构，离合器用于接合或分离两个元件，制动器用于固定某个元件。变速器控制油压就能对离合器和制动器进行控制，实现档位变换。

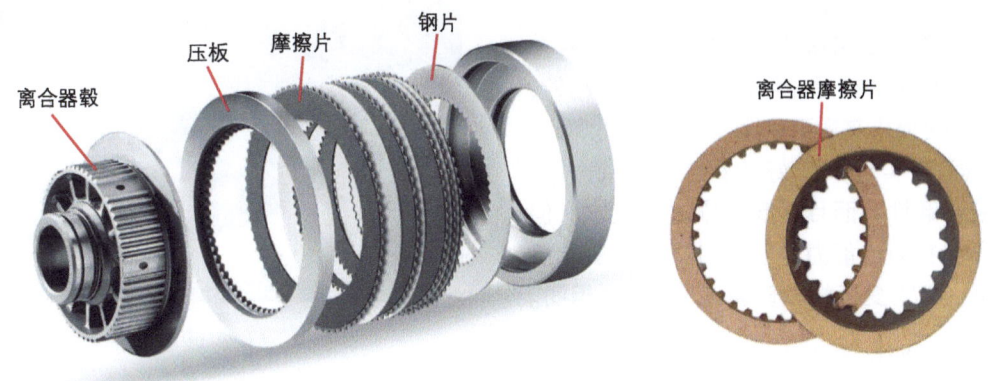

压板　摩擦片　钢片

离合器毂

离合器摩擦片

**自动变速器离合器**

### ▶油泵

自动变速器油泵的作用是为液力变矩器和液压操纵系统提供一定压力和流量的液压油，并保证行星轮机构等各摩擦副的润滑需要。油泵安装在变速器壳体内，由变矩器壳驱动。只要发动机运转，油泵就工作。

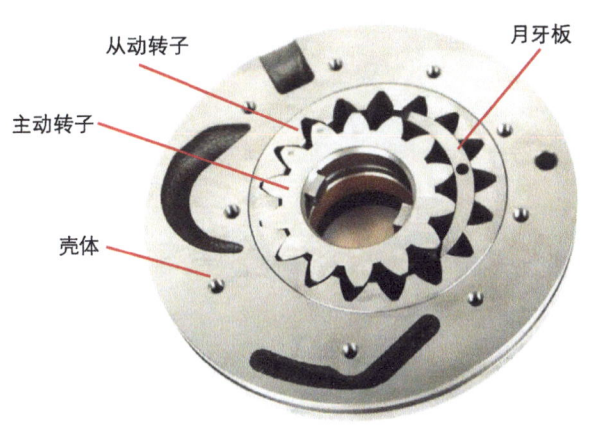

从动转子

主动转子

月牙板

壳体

**自动变速器油泵**

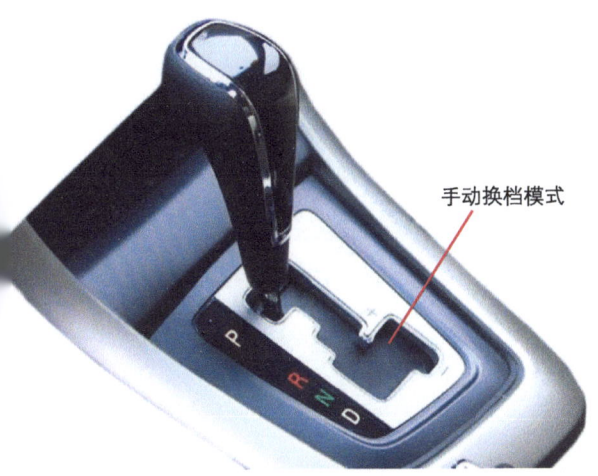

手动换档模式

**手自一体变速器变速杆**

### ▶手自一体变速器

自动变速器虽然操作简便，但也使驾驶者失去操纵乐趣。手自一体变速器的出现，让驾驶者可以自由选择自己认为合适的档位和换档时机，大大提高了驾驶乐趣。

手自一体变速器是在传统的自动变速器基础上，增加了一套手动换档模式以及电子保护程序，其换档面板有"手动换档模式"区域，结构并没有很大变化。如不能满足汽车电脑预先设定的换档条件，电脑会阻止换档或自动纠正档位。

## 5. 无级变速器（CVT）有什么优缺点？

### ▶无级变速器的特点

CVT 结构比传统变速器简单，体积更小，它既没有手动变速器那么多齿轮，也没有自动变速器复杂的行星轮组，它主要靠主动轮、从动轮和金属带来实现速比的无级变化。

CVT 能实现了良好的经济性、动力性和驾驶平顺性，而且降低了排放和成本。但 CVT 承受扭力的能力较差，对于速度变化反应较慢。CVT 变速杆和普通 AT 变速杆相同。

**CVT 变速杆**

### ▶无级变速器的结构原理

无级变速器 CVT 由行星轮机构、无级变速机构、控制系统等组成，行星轮机构用于实现前进档和倒档之间的切换操作。无级

变速机构主要包括主动锥盘、从动锥盘和传动钢带。

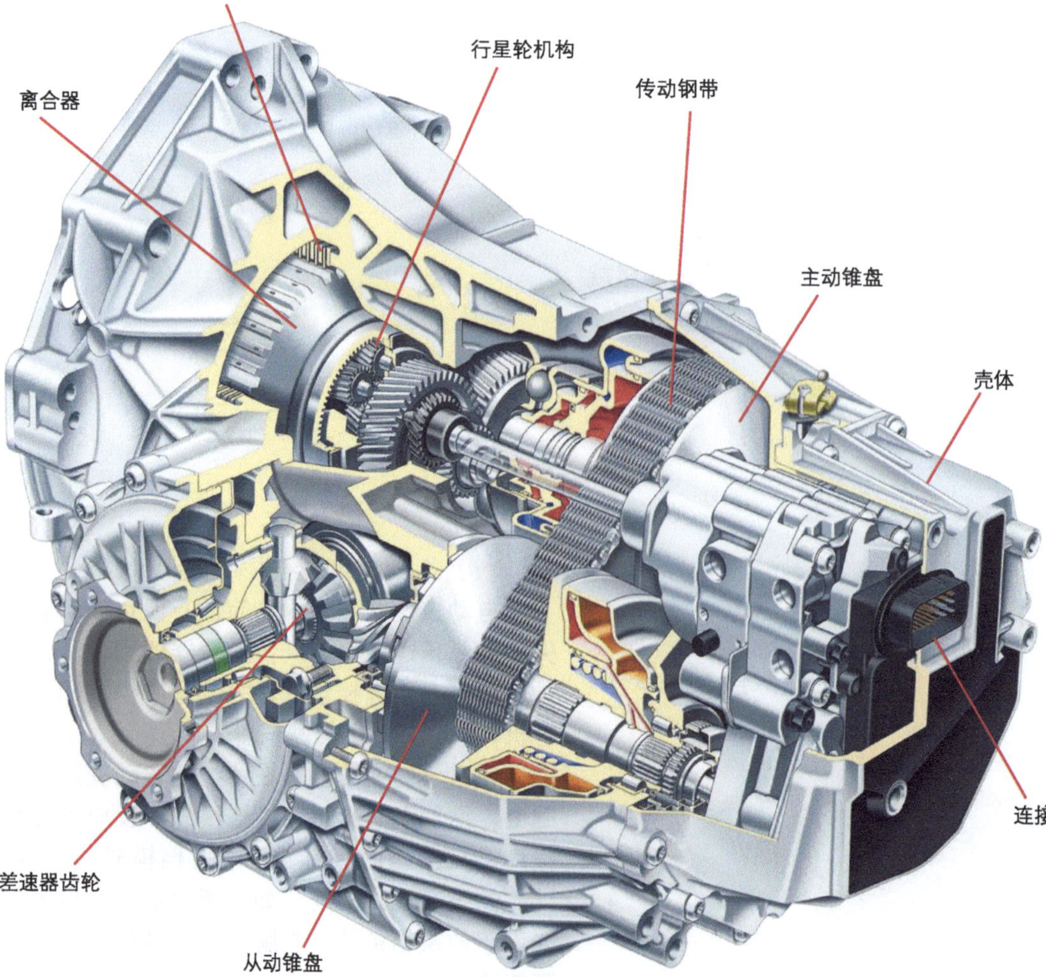

制动器

行星轮机构

传动钢带

离合器

主动锥盘

壳体

连接器

差速器齿轮

从动锥盘

**无级变速器**

发动机输出的动力传递到 CVT 的主动锥盘，主动锥盘依靠摩擦作用带动传动带，然后传动带依靠摩擦作用驱动从动锥盘，最后再由从动锥盘将动力输出。CVT 通过改变主、从动锥盘的旋转半径，就能实现对传动比的改变。

主动、从动锥盘对传动带增大或减小压紧力，可以促使传动带向内或向外移动。主动固定锥盘上带有感应齿环，输出轴上也有感应环，用于电控单元检测其转速。

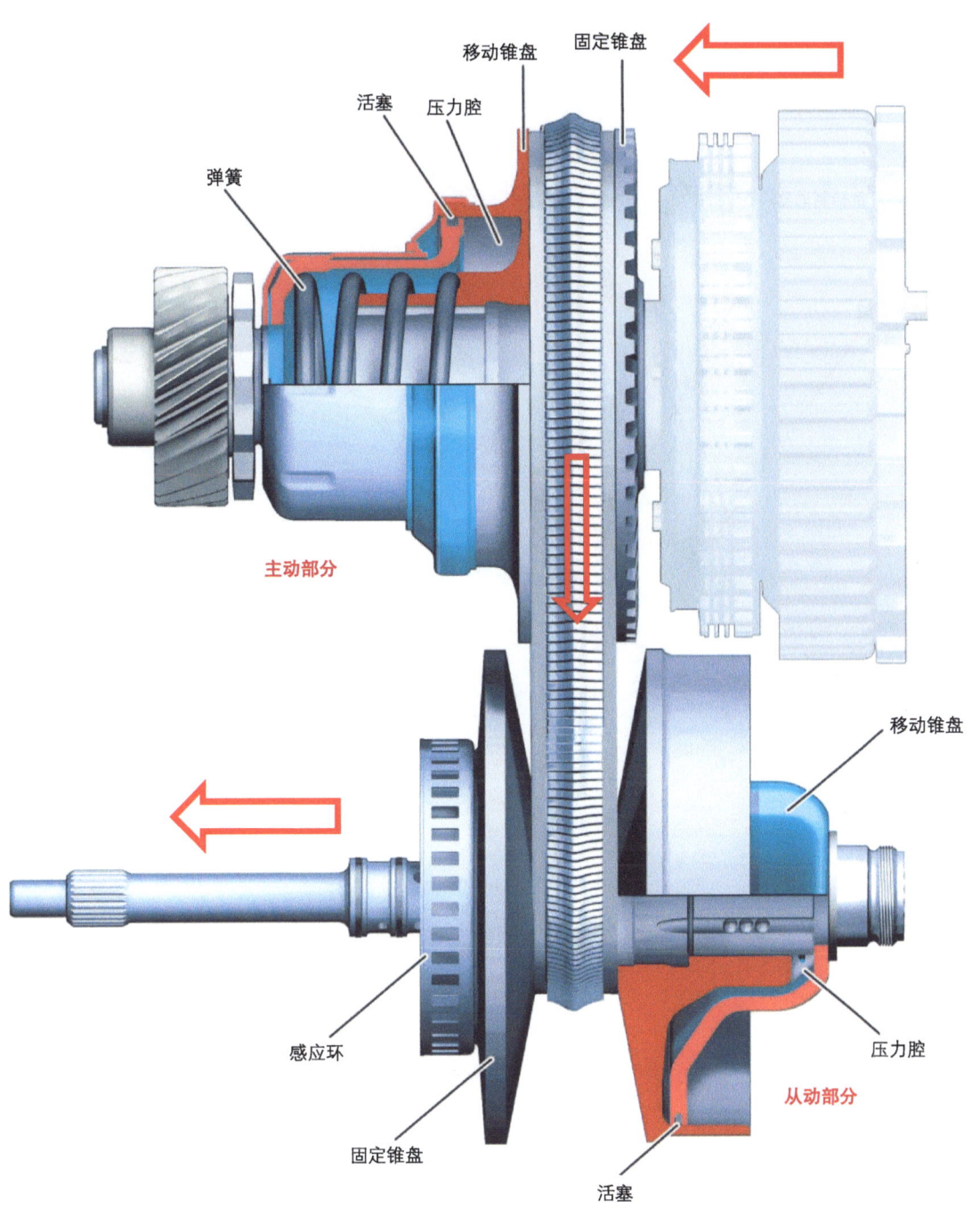

**无级变速器传动机构**

CVT 也有行星轮机构，它和离合器、制动器一起用来实现前进档和倒档的功能。当倒档制动器工作时，行星轮机构的行星架被固定，太阳轮主动，内齿圈从动，从而实现倒档反向传动。当前进离合器工作时，行星轮机构行星架和内齿圈被连接在一起，行星轮机构作为一个整体运转，传动比为1，转向相同。

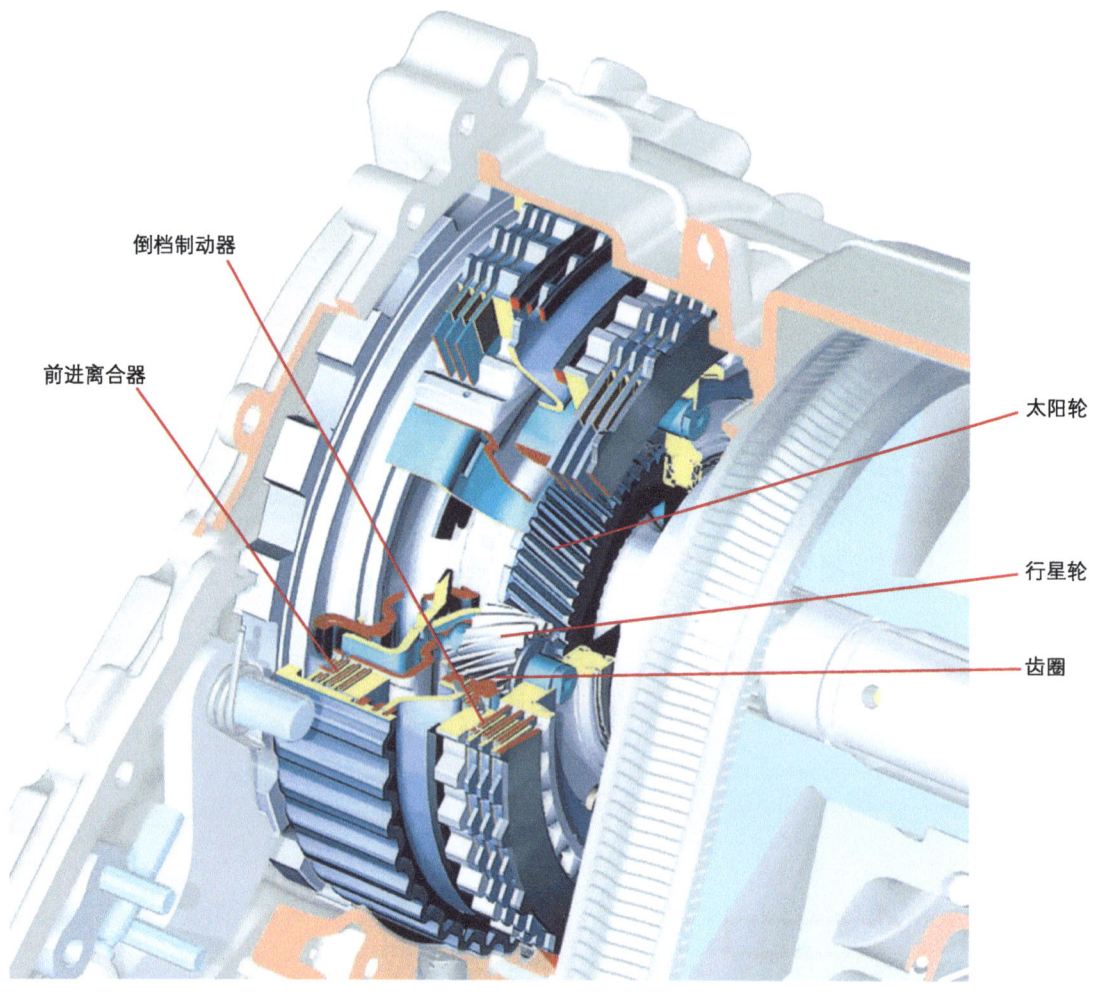

倒档制动器

前进离合器

太阳轮

行星轮

齿圈

**无级变速器的工作原理**

## 6. 电控机械式自动变速器（AMT）是怎样工作的？

### ▶电控机械式自动变速器的特点

电控机械式自动变速器（AMT）是在手动式变速器、离合器的结构基本不变动的情况下，通过电子控制系统来实现自动换档变速。AMT 一般为 5 速，没有 D 档和 P 档。

它比手动变速器它操作简单，操控类似于自动档。相对于液力自动变速器，它又有着较高的传动效率，跑起来比较省油。AMT 的缺点是行驶中顿挫感强烈，舒适性较低。

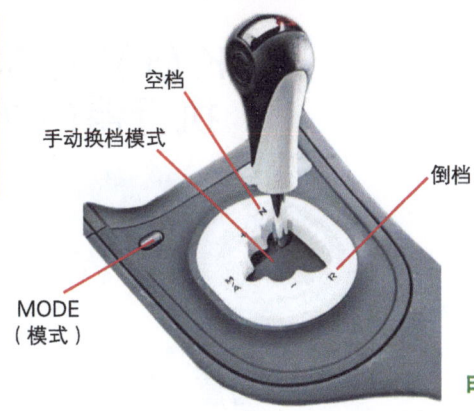

"MODE" 是运动模式和雪地模式的切换键，不同模式下，升档、降档时车速不同。

空档

手动换档模式

倒档

MODE
（模式）

**电控机械式自动变速器变速杆**

### ▶电控机械式自动变速器的结构原理

AMT 采用电动执行器或电控液压执行器，AMT 控制单元（ECU）通过执行器实现选档、换档和离合器的分离接合。离合器由离合器伺服机构驱动，离合器伺服机构包括驱动电动机、蜗杆、液压主缸等。驱动电动机带动蜗杆在主油缸建立油压，油管传递油压给工作油缸，工作油缸中活塞推动离合器拨叉完成离合器的分离和接合。

换档执行机构执行电控单元的指令，利用选档和换档两个电动机，分别执行选档和换档的动作，完成变速器档位的变换。

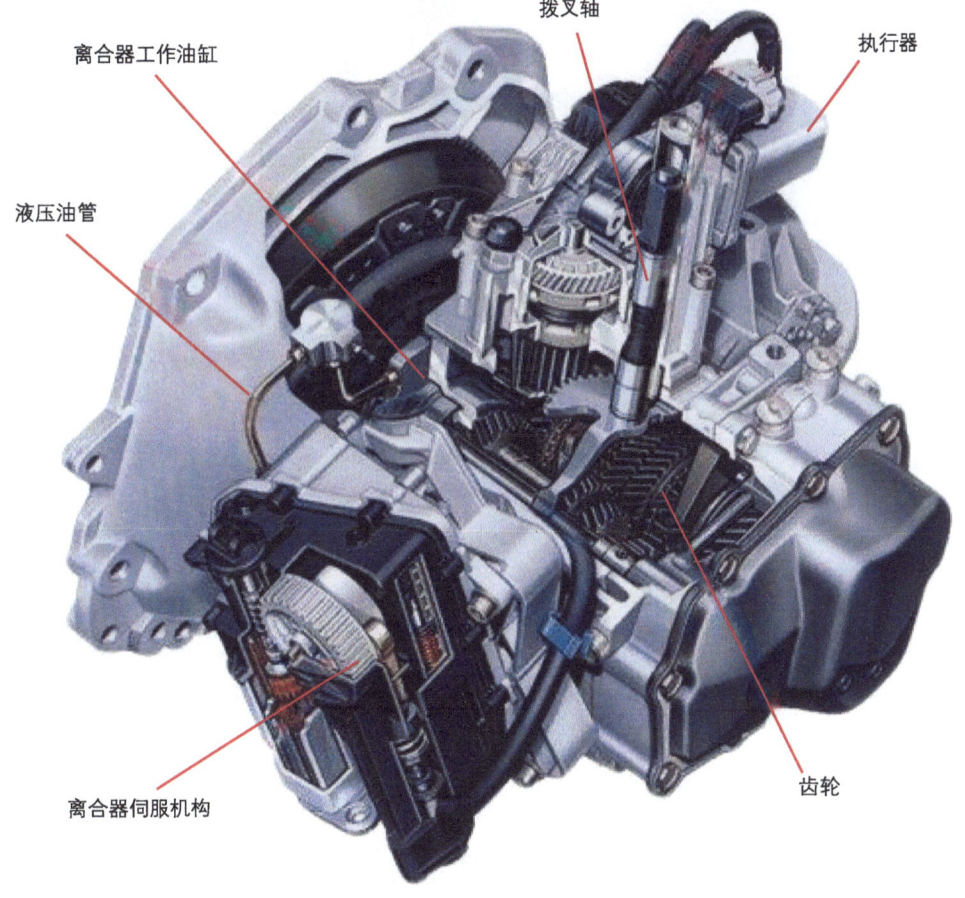

离合器工作油缸

拨叉轴

执行器

液压油管

离合器伺服机构

齿轮

AMT

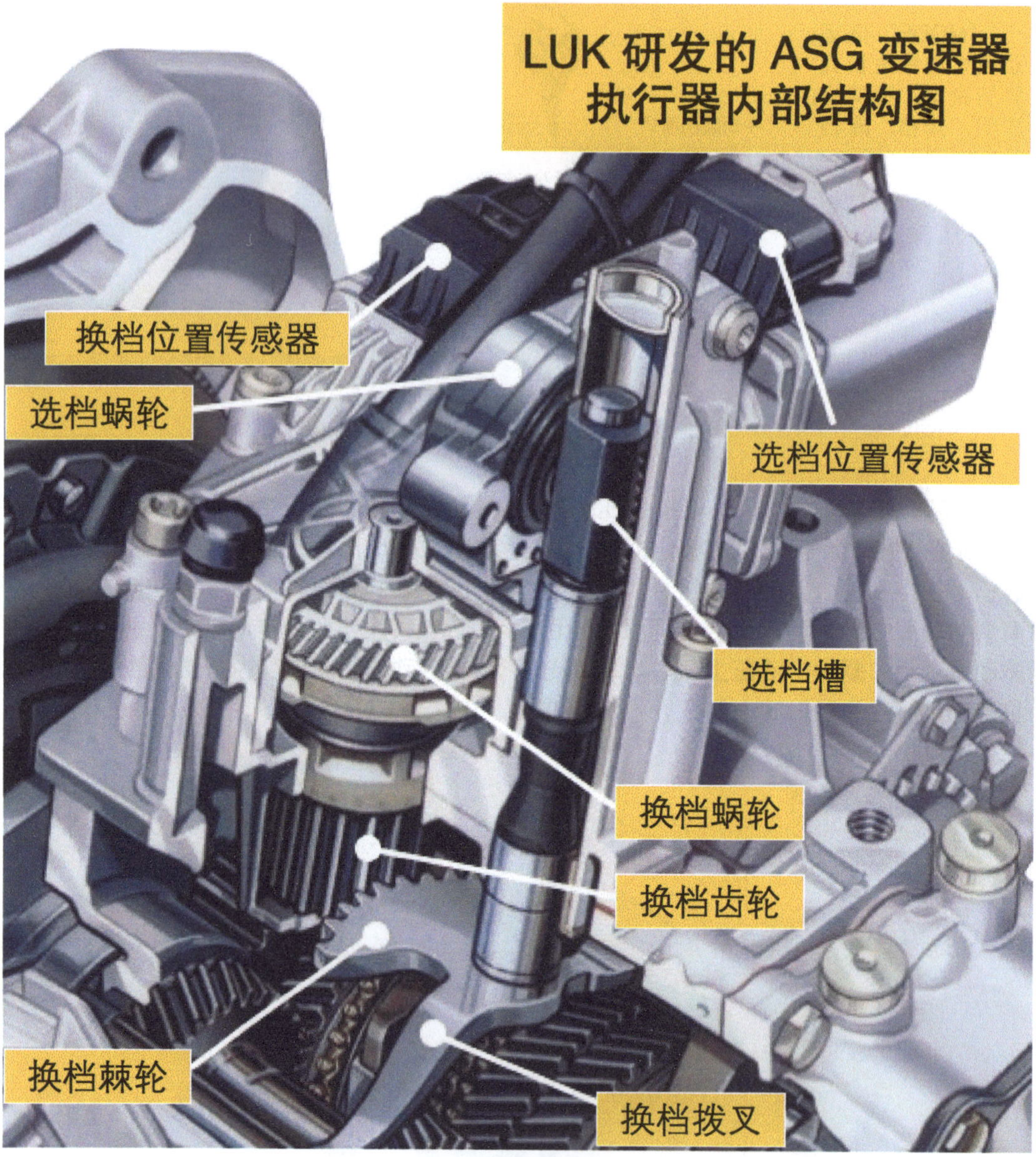

LUK 研发的 ASG 变速器
执行器内部结构图

换档位置传感器

选档蜗轮

选档位置传感器

选档槽

换档蜗轮

换档齿轮

换档棘轮

换档拨叉

AMT 换档机构

## 7. 双离合变速器（DCT / DSG）如何工作？

### ▶双离合器变速器的特点

　　双离合变速器可以媲美手动变速器的高效率和极快的换档速度，燃油经济性高，能承受较大转矩，但操作时可能会出现顿挫等现象。

　　双离合器变速器现在已经广泛用于汽车领域，主要适合更加看重运动和驾驶乐趣的顾客。

　　很多双离合器变速器变速杆在装饰板 D 字旁有 "＋"、"－" 符号，操纵变速杆向右可以切换到手动模式。

DCT 变速杆

### ▶双离合变速器的结构原理

跟手动变速器不同，双离合变速器有两个离合器，离合器有干式和湿式两种。干式离合器摩擦片相互接合可以直接传递，但它也更容易发热，适合功率小的发动机。湿式双离合器有很好的调节能力，能够传递较大的转矩。

双离合器变速器少了液力变矩器，简化了系统结构，提高了传动效率，变速器内油温更低；变速器内部省略了多个换挡用的制动器和离合器，减少了密封件和漏油点。

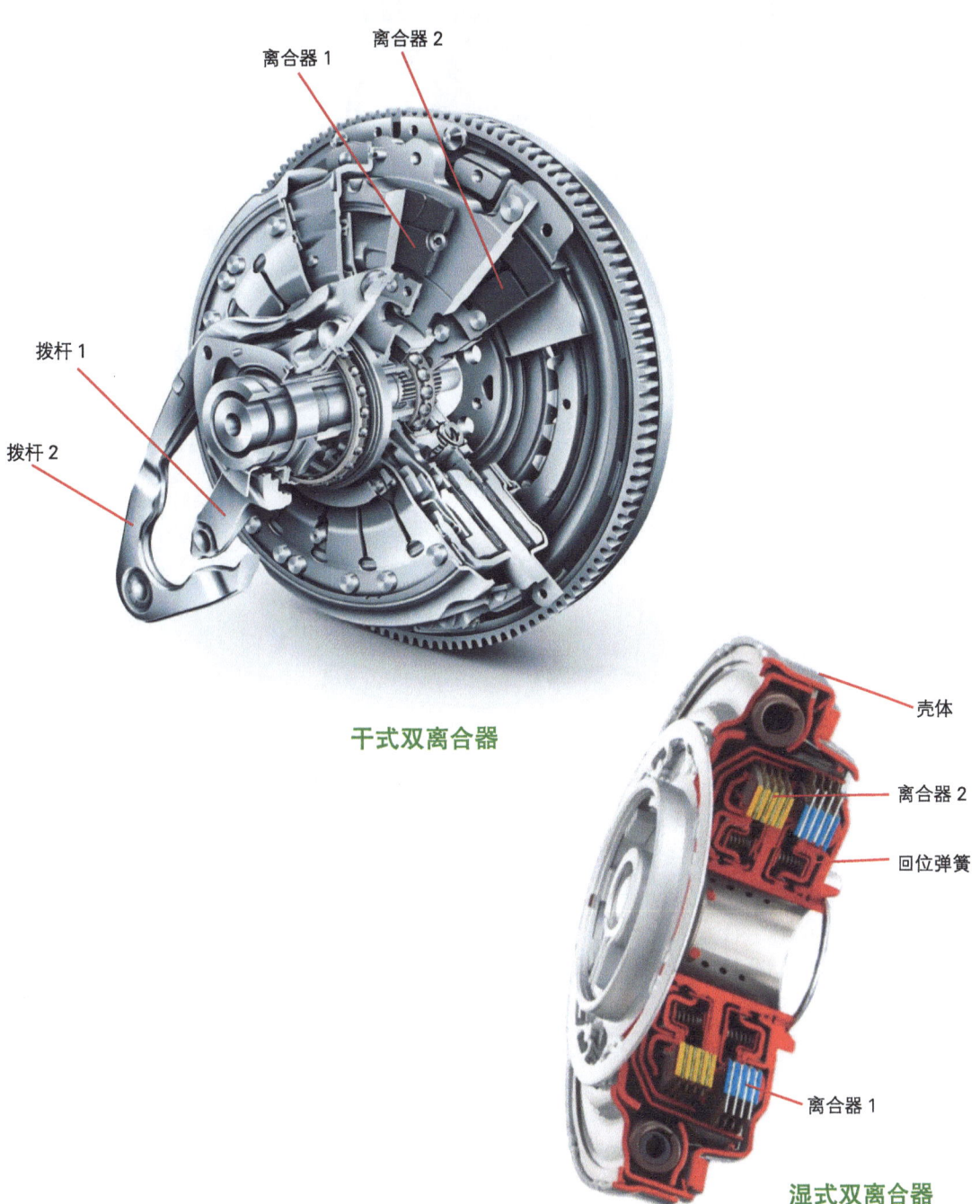

干式双离合器

湿式双离合器

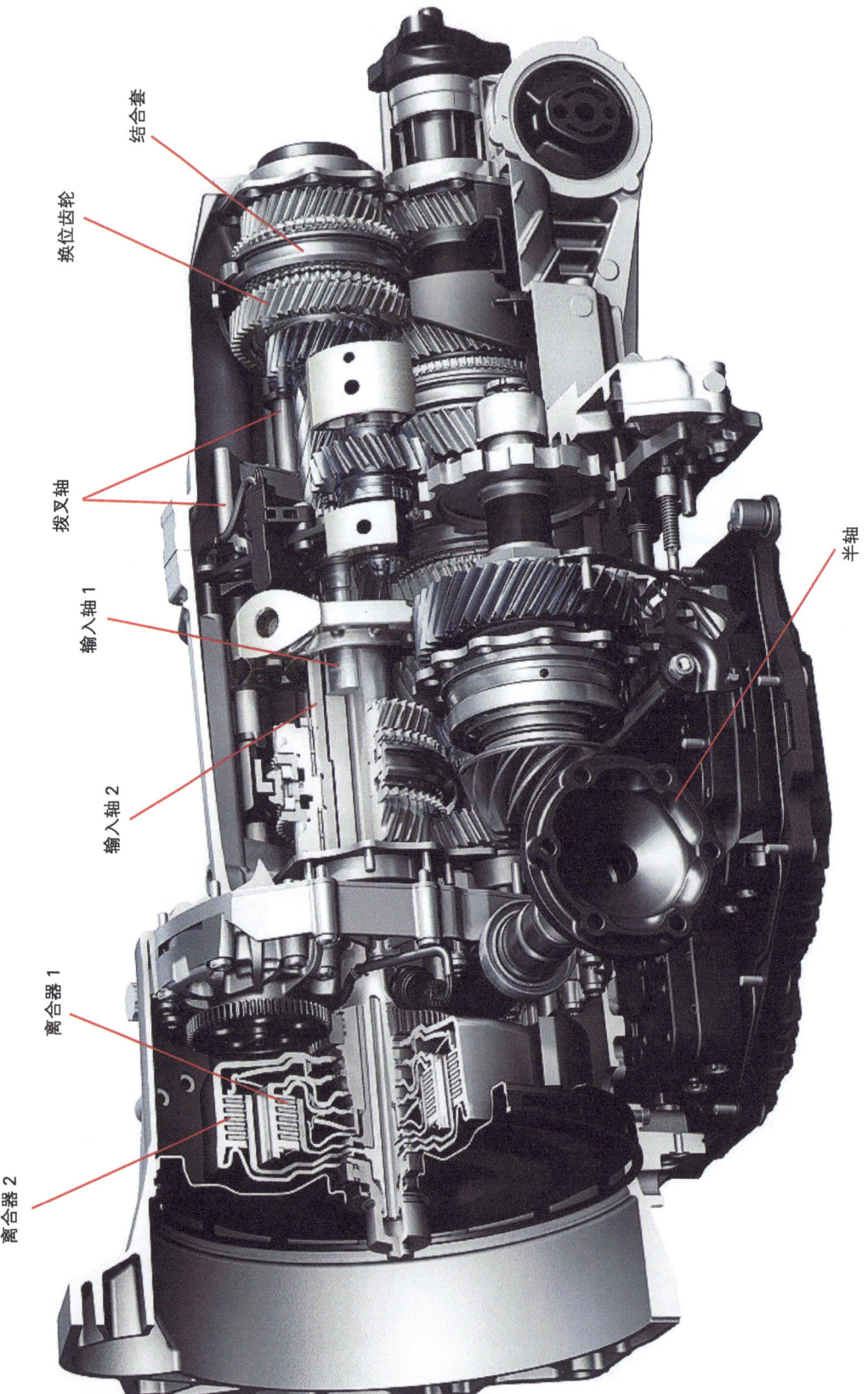

结合套

换位齿轮

拨叉轴

输入轴 1

输入轴 2

辊未

离合器 1

离合器 2

**双离合器变速器的结构**

双离合器变速器的两个离合器分别连接一个输入轴，一个输入轴负责1、3、5、7奇数档，另一个输入轴负责2、4、6偶数档和倒档。双离合变速器换档和离合操作都是通过变速器控制单元控制实现。变速器控制单元进行自动换档逻辑控制，并发令使换档电磁阀动作，完成档位的自动转换。双离合器变速器液压部分包括油泵、油路板、液压换档滑阀、双离合器和三个同步器的液压缸。

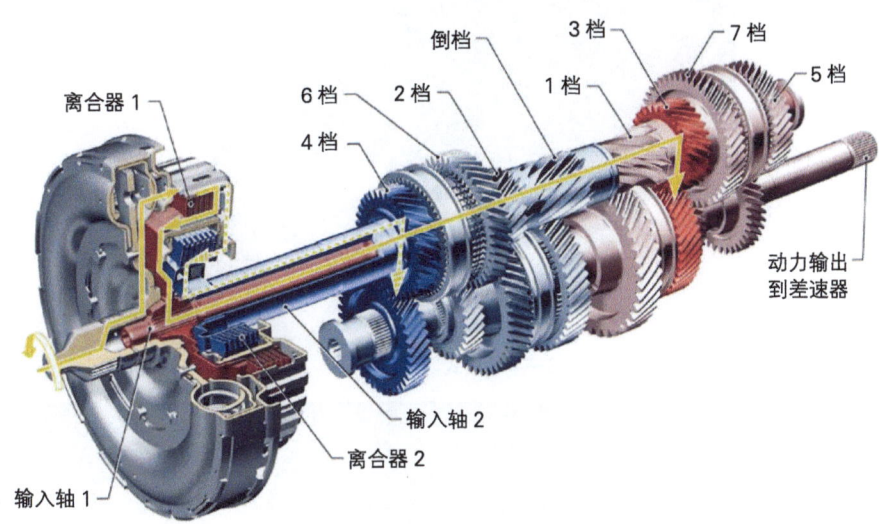

**双离合器变速器动力传递方式**

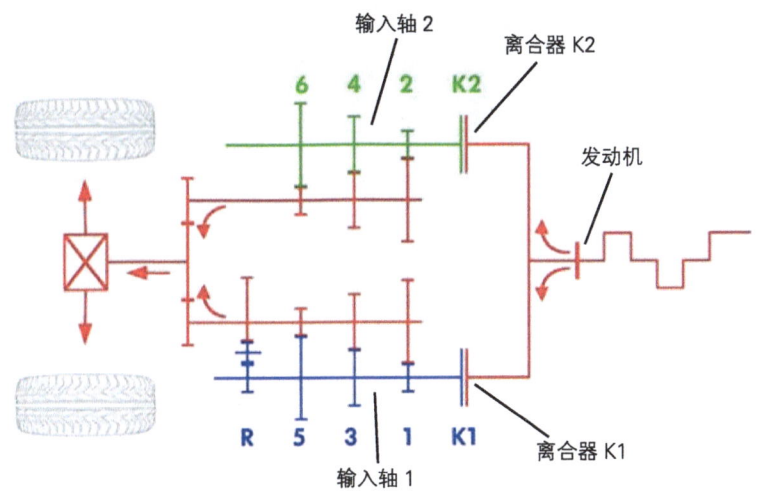

**双离合器变速器原理图**

双离合变速器换档过程省去了挂入档位的时间，这种换档方式就像接力赛一样，当一个档位运作时，另一个档位已经在等待了，所以换档速度非常快。例如，变速器处于1档时，连接1档的离合器与变速器接合，变速器控制单元根据车速信息和发动机转速信号对换档意图做出判断，预见性地控制另一个离合器与2档齿轮组相连，但仅处于准备状态，尚未与发动机动力相连。当1档升2档时，连接1档的离合器断开，连接2档的离合器迅即与发动机接合。

【**知识拓展**】：

　　汽车自动变速器变速杆面板上有"S"标识，其位置不同含义不同。上图"S"表示运动模式，下图"S"表示低速前进档。

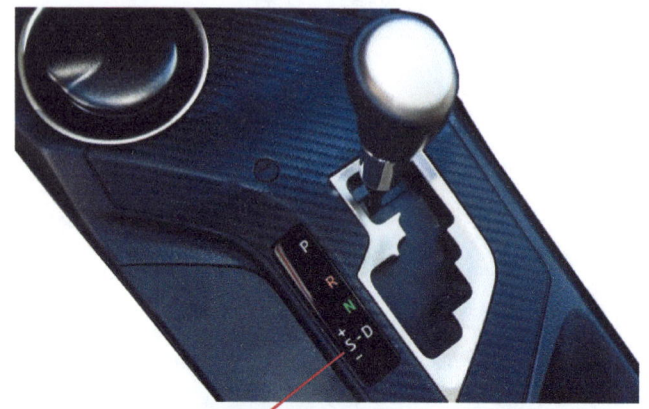

S—手动模式

【**小贴士**】：

　　发动机自动起停就是在车辆行驶过程中临时停车（例如等红灯）的时候自动熄火，当需要继续前进的时候，自动重起发动机的一套系统。

**变速杆面板**

自动起停按键　　　　S—低速前进档

【**特别提示**】：

　　装备自动变速器的车辆，不能采用推车、下坡滑行、用车牵引等方法起动。因为发动机不工作时，自动变速器油泵也不工作，变速器中离合器和制动器都不工作，发动机动力传递被中断，所以，车轮不能带动发动机转动。

**自动变速器车辆不能用外力起动**

# 三、分动器的结构原理

## *1.* 四轮驱动（4WD）的种类有哪些？

四轮驱动车辆安装了分动器，分动器可以将变速器输出的动力分配到前、后驱动桥，因此，四轮驱动车辆所有车轮都是驱动轮。四轮驱动车辆四个车轮都有独立驱动力，操控及抓地力均衡良好，更易在泥潭和崎岖不平的道路脱困。

四轮驱动车辆可以提高轿车的操控性，增强越野车的通过性。但是，由于每个车轮都会承担动力输出，所以油耗高是必然的，同时，四轮驱动系统结构复杂，保养和维修费用较高。

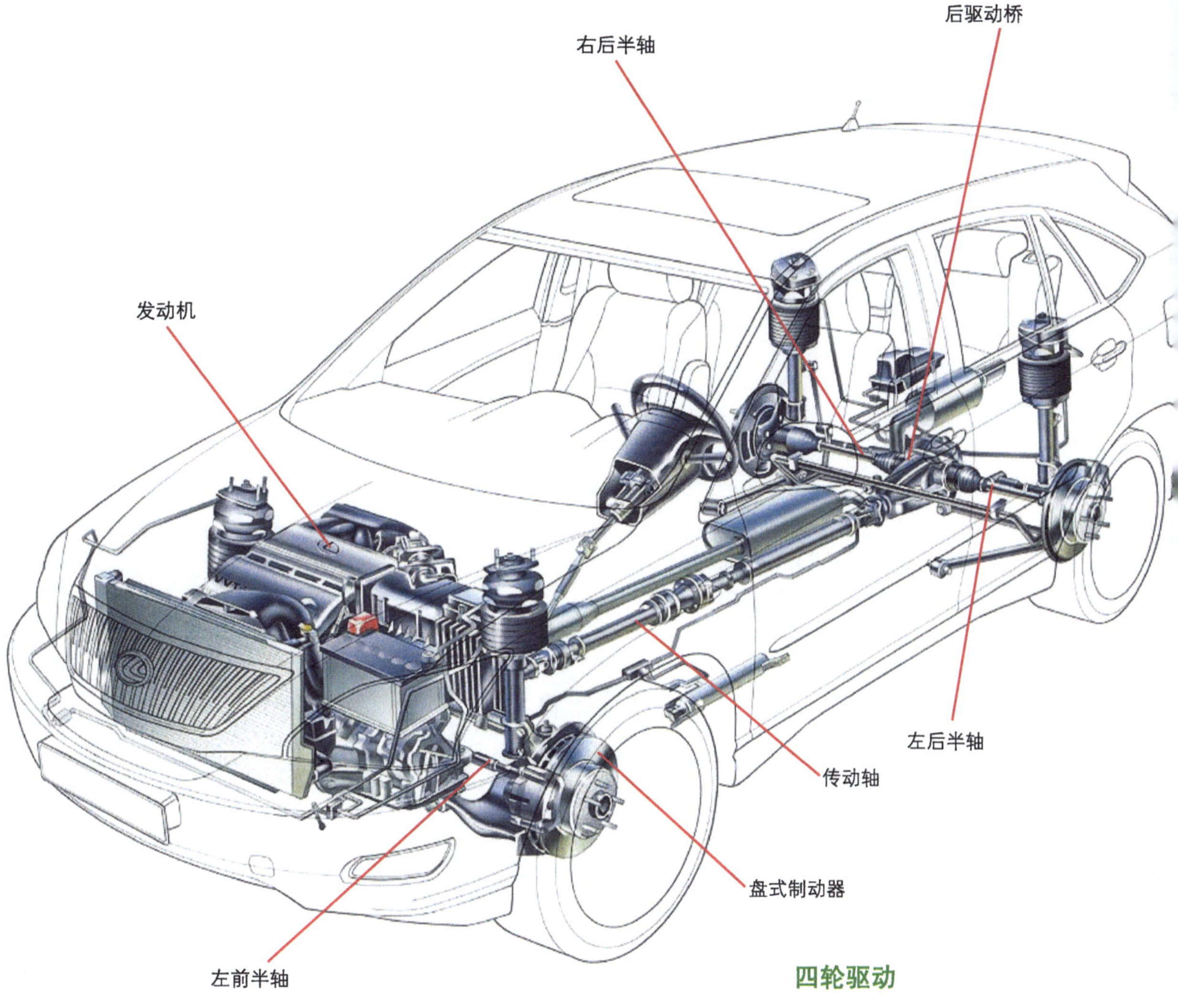

右后半轴

后驱动桥

发动机

左后半轴

传动轴

盘式制动器

左前半轴

**四轮驱动**

四轮驱动类型

分时四驱　驾驶者根据路面情况，通过接通或断开分动器来变化两轮驱动或四轮驱动。

全时四驱　车辆在整个行驶过程中一直保持四轮驱动。

适时四驱　控制单元自行识别驾驶环境，自行控制两驱与四驱的切换。

### ▶分时四驱

分时四驱平常只利用前轮或是后轮的驱动来行驶，在积雪或石砾路面上能切换成四轮驱动来行使，也叫选择四轮驱动。这也是越野车或是四驱 SUV 最常见的驱动模式。例如，越野车帕杰罗、切诺基、SUV 长城哈弗 H5 和陆风 X8 等采用了分时四驱方式。

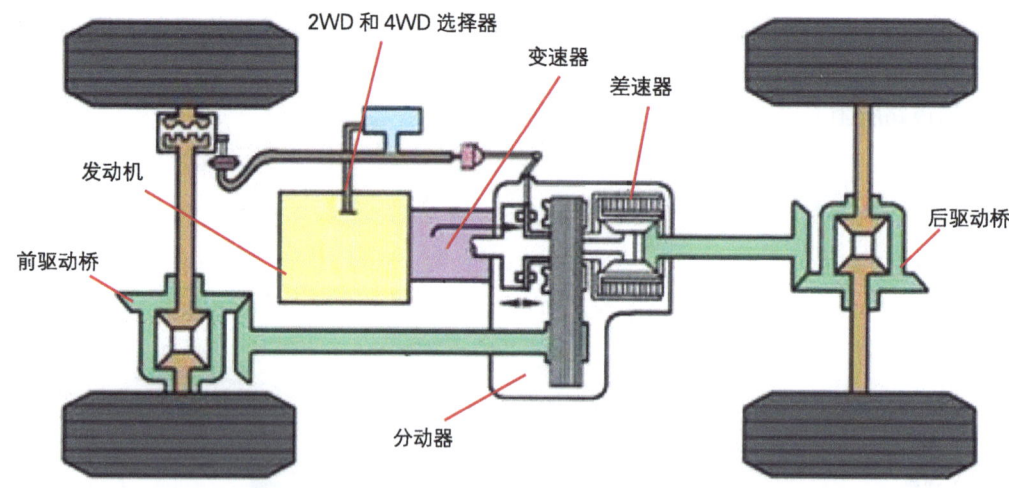

分时四驱

### ▶全时四驱

全时四驱简称 AWD，奥迪 A6、奔驰 S 级、斯巴鲁等使用了全时四驱系统。

全时四驱车辆在整个行驶过程中一直保持四轮驱动，发动机输出转矩以固定的比例分配到前后轮，这种驱动模式能随时拥有较好的越野和操控性能，但不能够根据路面情况做出转矩分配的调整，并且油耗较高。

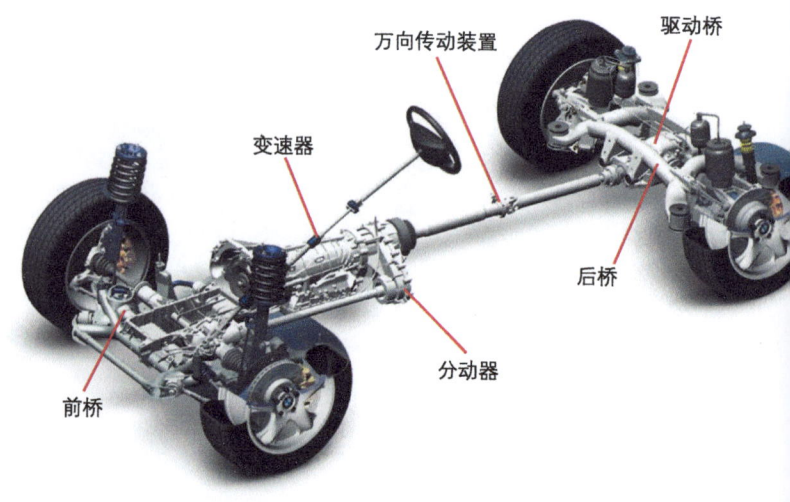

全时四驱

### ▶适时四驱

适时四驱车辆只有在适当的时候才会转换为四轮驱动，而在其他情况下仍然是两轮驱动。控制系统会根据车辆的行驶路况自动切换为两驱或四驱模式。丰田的 RAV4 和汉兰达、大众的途观、帕萨特 R36 等采用适时四驱系统。

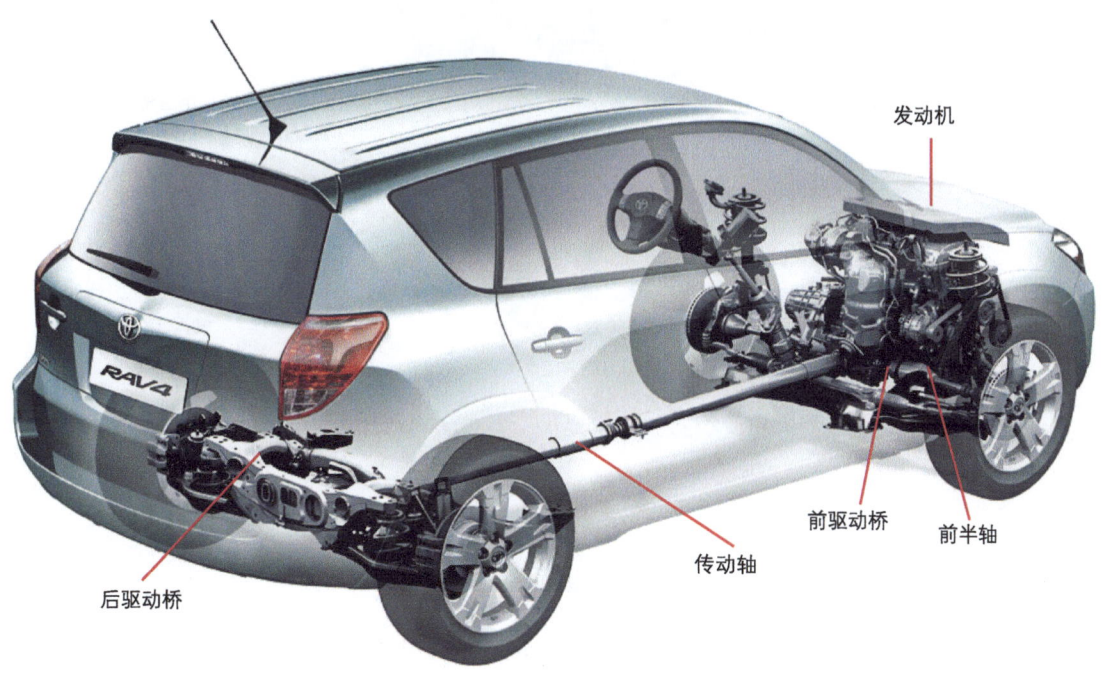

发动机

前驱动桥

前半轴

传动轴

后驱动桥

**适时四驱**

## 2. 分动器如何分配动力？

分动器将变速器输出的动力分配到各驱动桥，并且进一步增大转矩。分动器可以采用链条传动，也可以采用齿轮传动。

分动器输入轴与变速器的输出轴相联。分动器通常有两个输出轴，分别与前、后驱动桥联接。

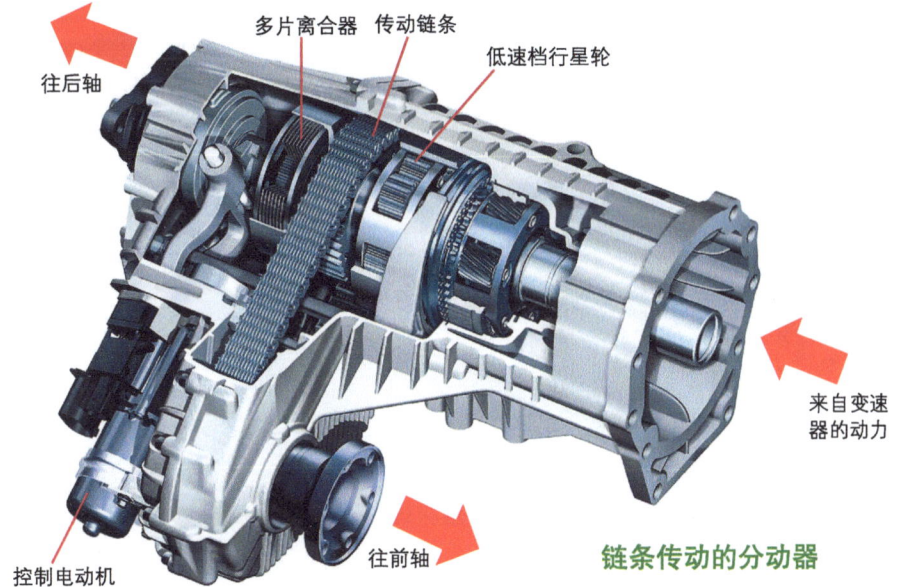

多片离合器　传动链条

低速档行星轮

往后轴

来自变速器的动力

控制电动机

往前轴

**链条传动的分动器**

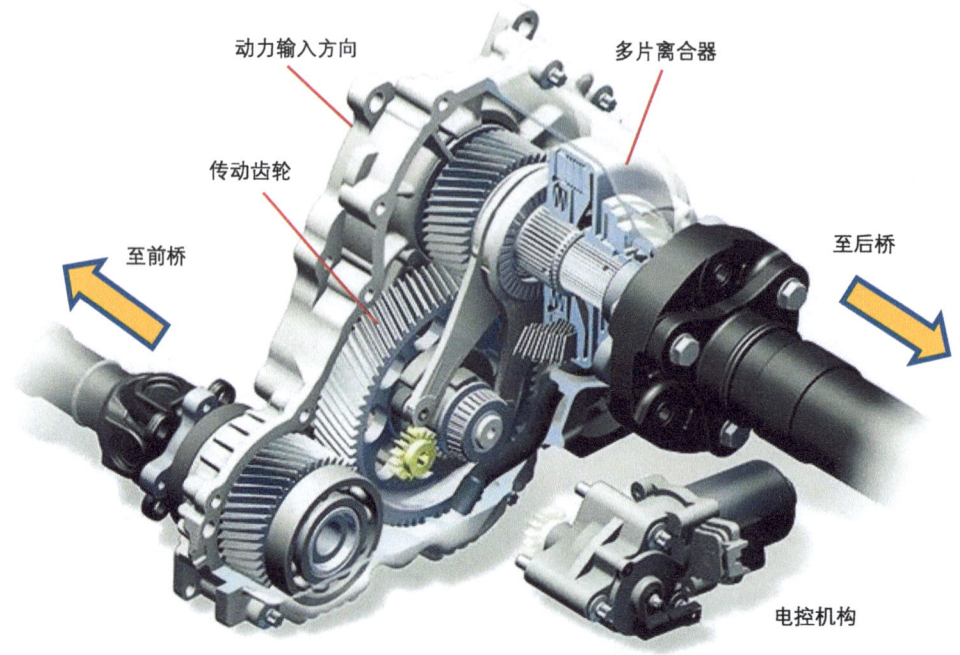

动力输入方向　　　　　多片离合器

传动齿轮

至前桥　　　　　　　　　　　　　　　　　至后桥

电控机构

**齿轮传动的分动器**

　　很多车辆四轮驱动系统是采用多片离合器来控制动力分配。前后轴动力分配的多少由控制单元控制，这种多片离合反应速度极快，因而操控性得到很大提升。正常情况下，系统按照40：60的比例分配动力，当遇到复杂路况时，控制单元控制液压压合多片离合器，进而改变前后轴的动力输出分配。

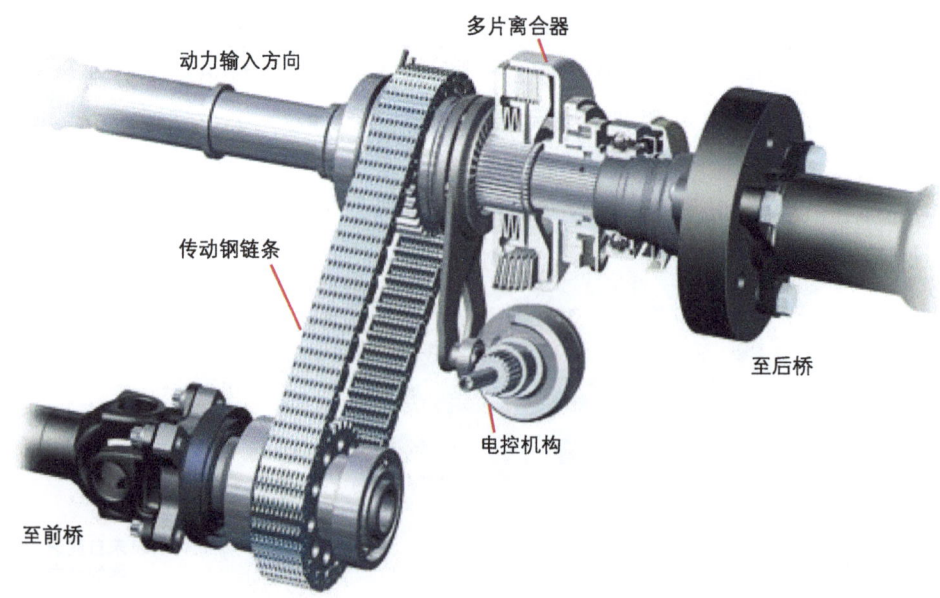

动力输入方向　　　　　多片离合器

传动钢链条

电控机构

至后桥

至前桥

**分动器原理**

# 四、万向传动装置的结构原理

## 1. 万向节的作用是什么？

在汽车传动系中，为了实现一些轴线相交或相对位置经常变化的转轴之间的动力传递，必须采用万向传动装置。例如，发动机前置后驱车辆，变速器与主减速器之间轴线相交，交角又经常变化，随着车身高度的变化，它们之间的距离也会发生变化，所以需要采用万向传动装置传递动力。

万向传动装置一般由万向节和传动轴组成，有时还要有中间支承。万向传动装置主要应用于以下位置：变速器与驱动桥之间；变速器与分动器之间；驱动桥的半轴；转向盘和转向器之间等。

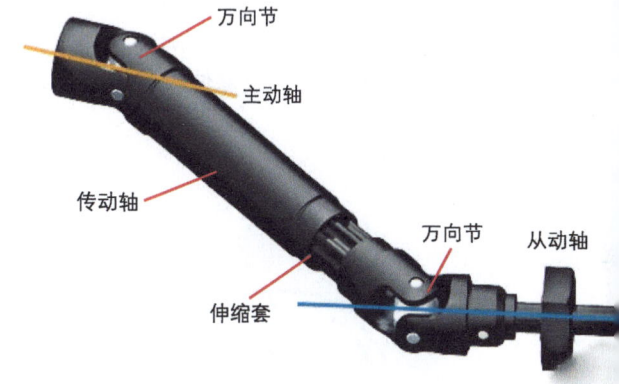

**万向传动装置作用**

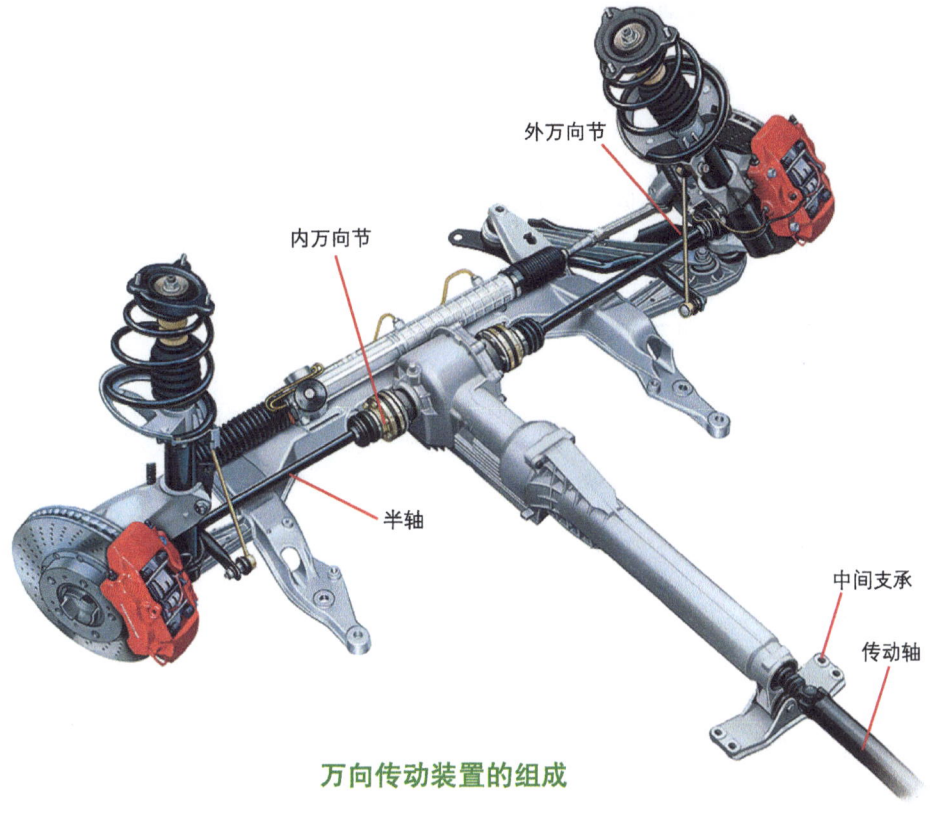

**万向传动装置的组成**

### ▶传动轴

传动轴是底盘传动系中传递动力的重要部件，它的作用是与变速器、驱动桥一起将发动机的动力传递给车轮，使汽车产生驱动力。

发动机前置的后驱车辆，用传动轴连接变速器和后驱动桥。由于变速器与驱动桥之间的距离会发生变化，故需伸缩套来调节。

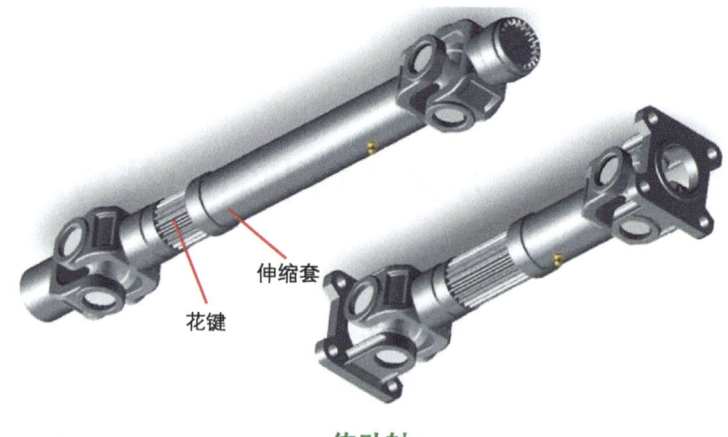

伸缩套

花键

传动轴

中间支承装置

### ▶中间支承装置

传动轴中间支承装置主要用于支承较长的传动轴。中间支承装置外面是起缓冲作用的橡胶，中间用于支承传动轴的是轴承，传动轴安装在车身上。

### ▶半轴

半轴是差速器与驱动轮之间传递转矩的实心轴。轿车半轴总成包括内万向节、半轴和外万向节，其内端一般通过花键与半轴齿轮连接，外端凸缘用螺栓紧固到轮毂上。

花键
（连接车轮）　　外万向节　　　　　半轴　　　　　内万向节

半轴

## 2. 万向节有哪些类型?

万向节能在不同轴线的转轴之间传递动力，常用的万向节包括十字轴式、球笼式和三枢轴式。

### ▶十字轴式万向节

十字轴式万向节由万向节叉、十字轴、滚针轴承、油封、套筒、轴承盖等组成。十字轴式万向节转动过程中滚针轴承中的滚针可自转，以便减轻摩擦。与输入动力连接的转轴称为输入轴，经万向节输出动力的转轴为称输出轴。

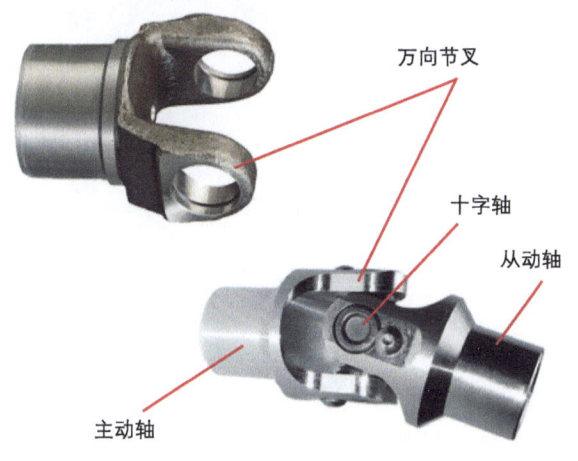

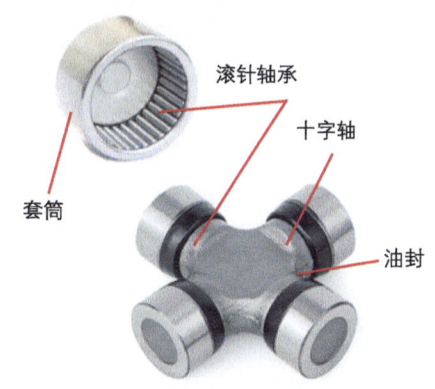

**十字轴式万向节**

### ▶球笼式万向节

球笼式万向节根据内、外滚道结构不同，分为伸缩式和固定式。伸缩式球笼万向节一般用于内万向节，固定式球笼万向节一般用于外万向节。

球笼式万向节主要由外星轮、球笼、钢球、内星轮等组成。球形壳是滚珠的外滚道，星形壳是滚珠的内滚道。动力传递途径：半轴（主动轴）→星形壳→钢球→球形壳→车轮中心轴（从动轴）。

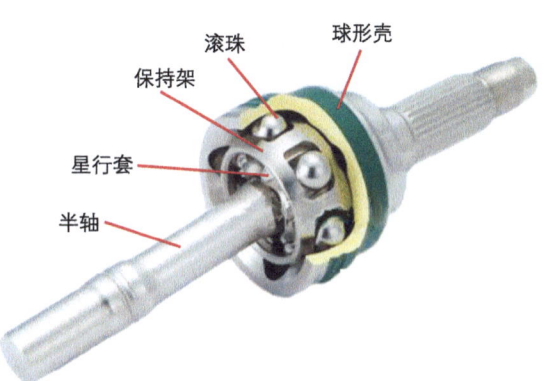

**球笼式万向节**

球笼万向节结构类似滚珠轴承，都是由滚珠、保持架、内外滚道等组成，只是万向节内星行壳连接的轴可以摆动和伸缩。

伸缩式球笼万向节是内万向节，它用螺栓与差速器传动轴凸缘相连接。这种万向节在轴向有一定的伸缩量，可以使前轮跳动时半轴轴向长度的变化得到补偿。万向节是通过钢球传递转矩的，轴向移动阻力较小。

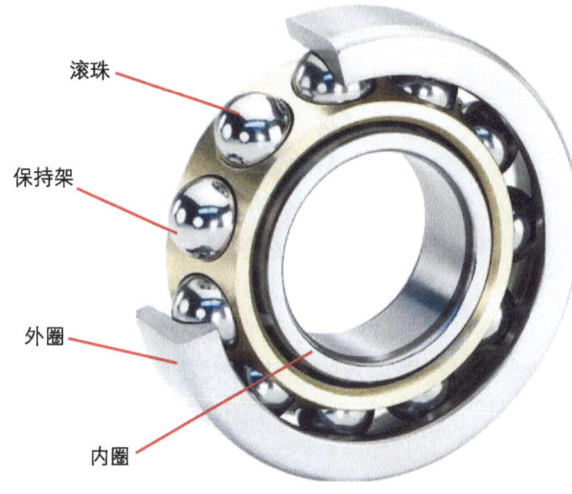

**滚珠轴承结构**

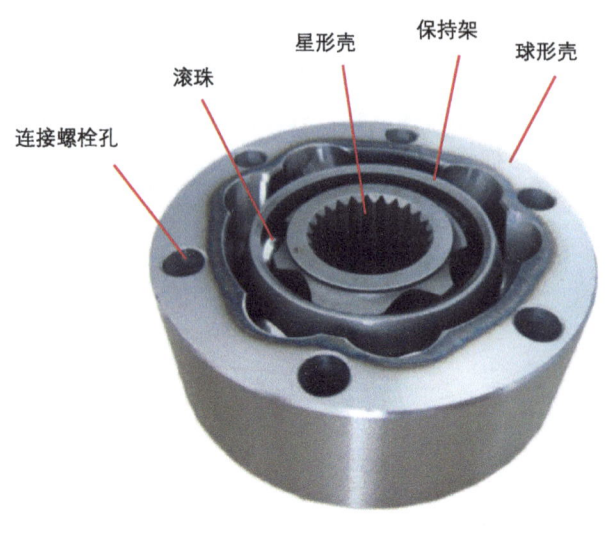

连接螺栓孔　　滚珠　　星形壳　　保持架　　球形壳

**伸缩式球笼万向节**

固定式球笼万向节用于外万向节，它在轴向不可以伸缩，但它的摆动角度大，以适应独立悬架前轮的跳动；球形壳端部为花键轴，花键轴与前轮毂配合。

保持架　　　　　　　星形壳　　　　球形壳

**【小贴士】：**

　　汽车行驶过程中，如果突然加、减速或转向时，底盘发出不间断"喀、喀"声响，则有可能是万向节缺油或损坏。

　　除了传动系统应用了万向节，转向系统的转向柱为了在轴线变化的轴之间传递转向力，转向柱应用了万向节。为了拆装方便，万向接头、火花塞扳手等工具也应用到了万向节。

**固定式球笼万向节**

### ▶三枢轴式万向节

三枢轴式万向节具有结构简单、体积小、质量轻等优点，因而广泛应用于汽车前后驱动桥中。当筒形壳转动时，球形滚轮将带动三枢轴随其转动，而三枢轴与从动轴以花键联接，因此进而带动从动轴转动，实现动力的传递。

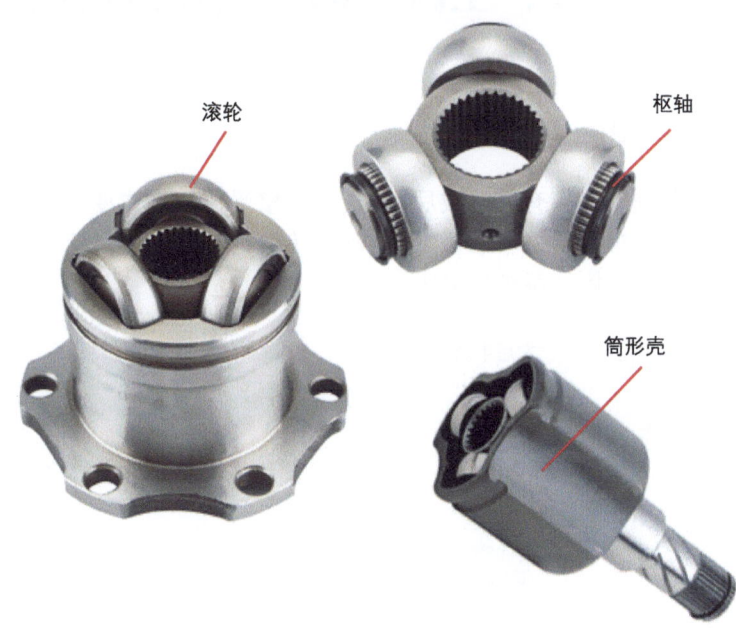

滚轮　枢轴　筒形壳

**三枢轴式万向节**

### ▶万向节防尘套和卡箍

万向节需要使用润滑脂润滑，防尘套可以防止灰尘、泥沙溅入万向节破坏其润滑。万向节需要定期进行维护，更换专用润滑油脂，检查防尘套是否破裂，卡箍是否松动。

轮毂锁紧螺母　卡箍

固定防尘套位置

轮速传感器感应齿圈

防尘套

**防尘套和卡箍**

第五章 底盘传动系统

# 五、主减速器和差速器的结构原理

## 1. "减速器" 在哪里?

前轮驱动或后轮驱动汽车只有前桥或后桥是驱动桥,四轮驱动汽车的前桥和后桥都是驱动桥。汽车驱动桥位于传动系统的最末端,它接受传动轴或变速器的动力后,将驱动力传给行驶系统的车轮。

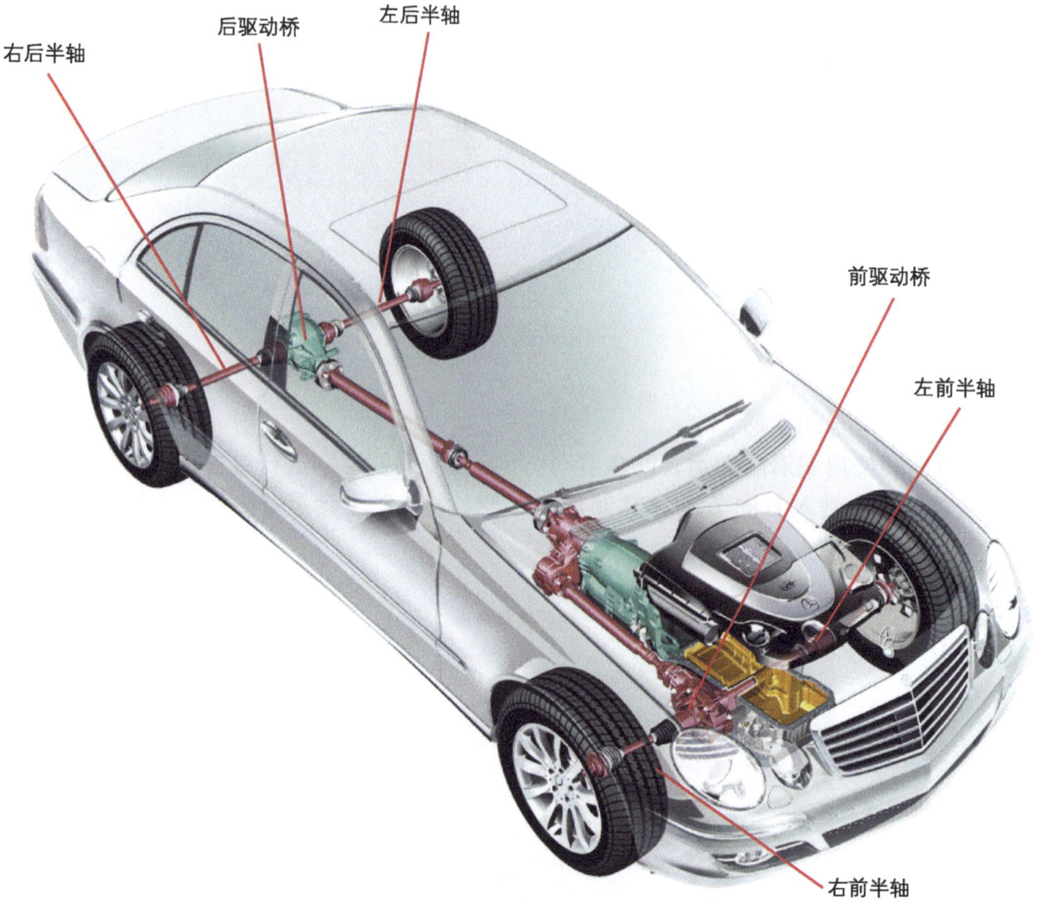

右后半轴

后驱动桥

左后半轴

前驱动桥

左前半轴

右前半轴

**四轮驱动车辆驱动桥的位置**

采用发动机前置前桥驱动形式的汽车,一般将变速器和驱动桥合为一体,布置在一个壳体内,称为变速驱动桥。发动机动力经过变速器变速以后,传给主减速器。主减速器增大传动力矩后将动力传递给差速器,差速器根据两侧车轮阻力,将动力分配并传给两侧连接车轮的半轴。

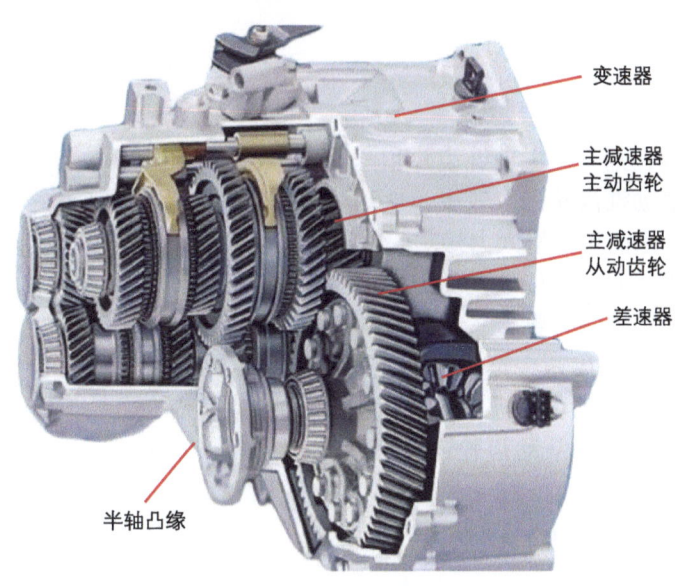

**前驱车辆的主减速器和差速器**

后驱车辆的驱动桥主要由主减速器、差速器、半轴、桥壳等组成。桥壳固定在悬架上，主减速器和差速器位于桥壳内，桥壳内有润滑油脂可以对运行部件进行润滑。除了主减速器，有的越野车还安装了轮边减速器，以增大传动力矩，如悍马 H1。

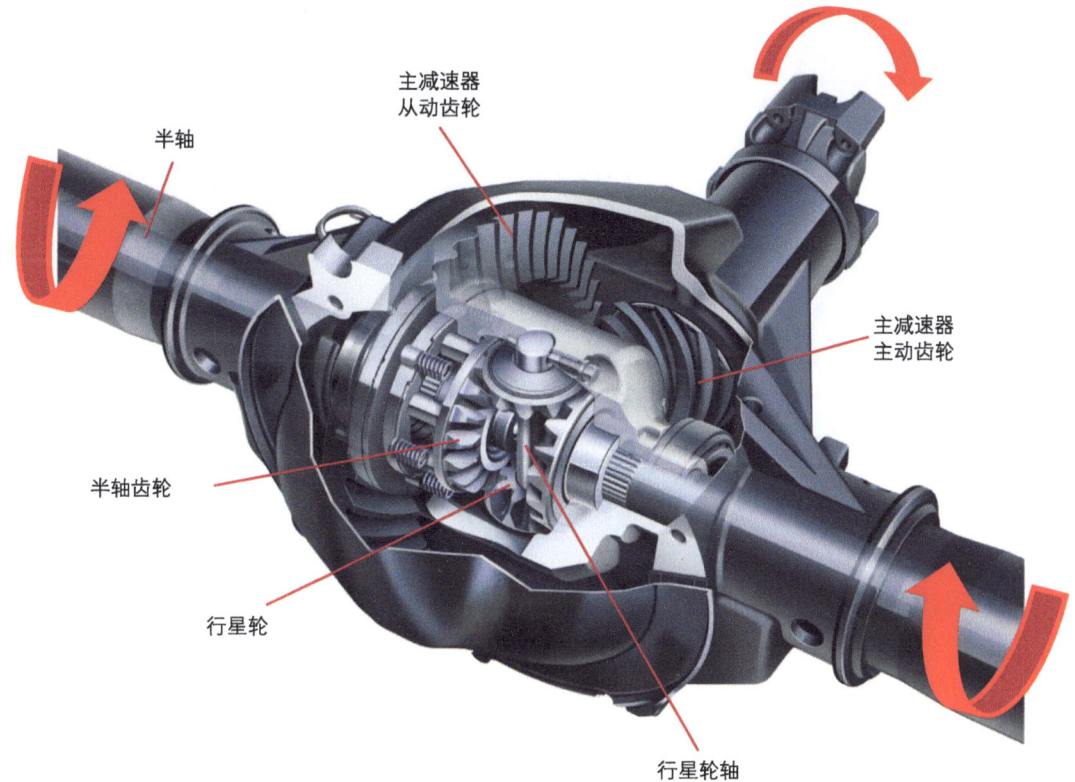

**后驱车辆的主减速器和差速器**

## 2. 为什么要有减速器？

主减速器主要包括一个主动锥齿轮和一个从动锥齿轮。主动锥齿轮齿数较少，从动锥齿轮齿数较多，因而可以增大力矩。

采用两个锥形齿轮，可以改变动力传递方向，以便于车轮转动的需要。

主减速器主动轴采用两个滚锥轴承支承在主减速器壳体上，其从动齿轮通过螺栓安装在差速器壳体上，工作时，从动齿轮连同差速器壳体一起转动。

主减速器主动轴
主减速器主动齿轮
主减速器从动齿轮

**主减速器**

前轴承座孔　减速器壳体
后轴承座孔
滚锥轴承

差速器壳体
从动齿轮固定螺栓孔

**主减速器支承轴承及壳体**

## 3. 为什么要有差速器？

### ▶差速器的作用

在汽车转弯时，外侧车轮转速高于内侧，如果驱动车轮间没有安装差速器，会导致内侧车轮发生"制动"的现象。转弯时，左右车轮受到的阻力不一样，这时差速器行星轮绕着半轴公转的同时自转，从而吸收阻力差，使外侧车轮的转速可以高于内侧车轮的转速。

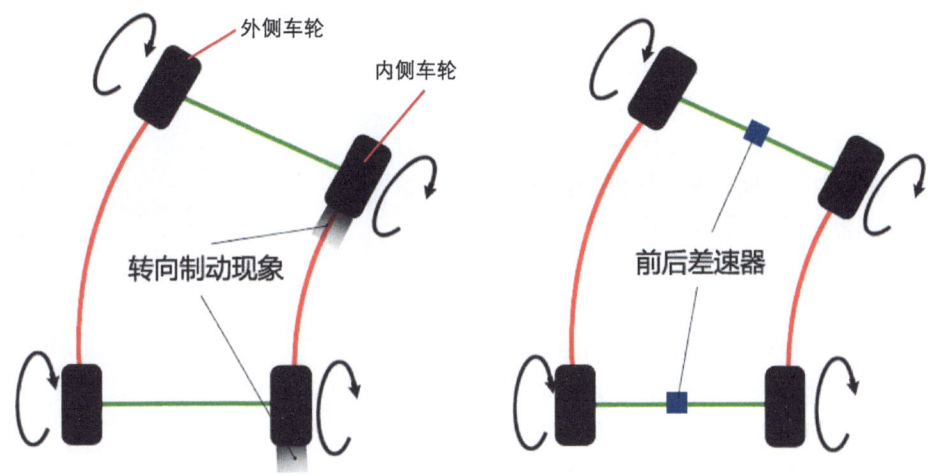

外侧车轮

内侧车轮

转向制动现象

前后差速器

**车辆转弯状态**

▶**差速器的结构原理**

差速器安装在差速器壳体内，主要包括半轴齿轮、行星轮和行星轮轴。

半轴齿轮

行星轮

行星轮轴

自转

公转

差速器在左、右车轮阻力相同时，行星轮只绕半轴齿轮公转，在左、右车轮阻力不时同时，行星轮既公转也自转。差速器半轴齿轮通过内部花键将动力传给半轴凸缘，将动力输出去。

**差速器工作原理**

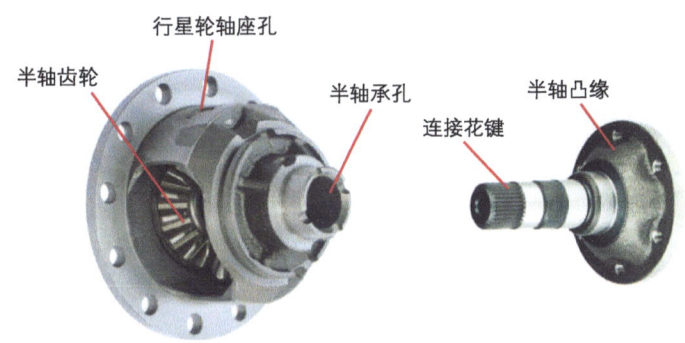

行星轮轴轴座孔

半轴齿轮

半轴承孔

半轴凸缘

连接花键

**差速器壳体及半轴**

## ▶防滑差速器

当车辆一侧的驱动轮行驶在冰雪或泥沙路面时，这个车轮可能会产生滑动，而另一侧车轮会在地面保持不动，这会使车辆无法行驶，因此，很多中高档轿车采用防滑差速器。

托森差速器利用的是蜗轮蜗杆不可逆向传动的原理，实现前后轴的限滑与自锁。

某个车轮出现打滑现象时，中央差速器可主动地将动力分配给附着力更好的车轴。

有的车前轴也配备了限滑差速器，在车辆高速过弯时，可以帮助外侧的车轮获得更多的动力，减少前驱车在高速转向时的转向不足。

车轮打滑

四驱汽车前、后驱动桥由传动轴相连，为消除各桥驱动轮的滑动现象，在各驱动桥之间装设中央差速器。

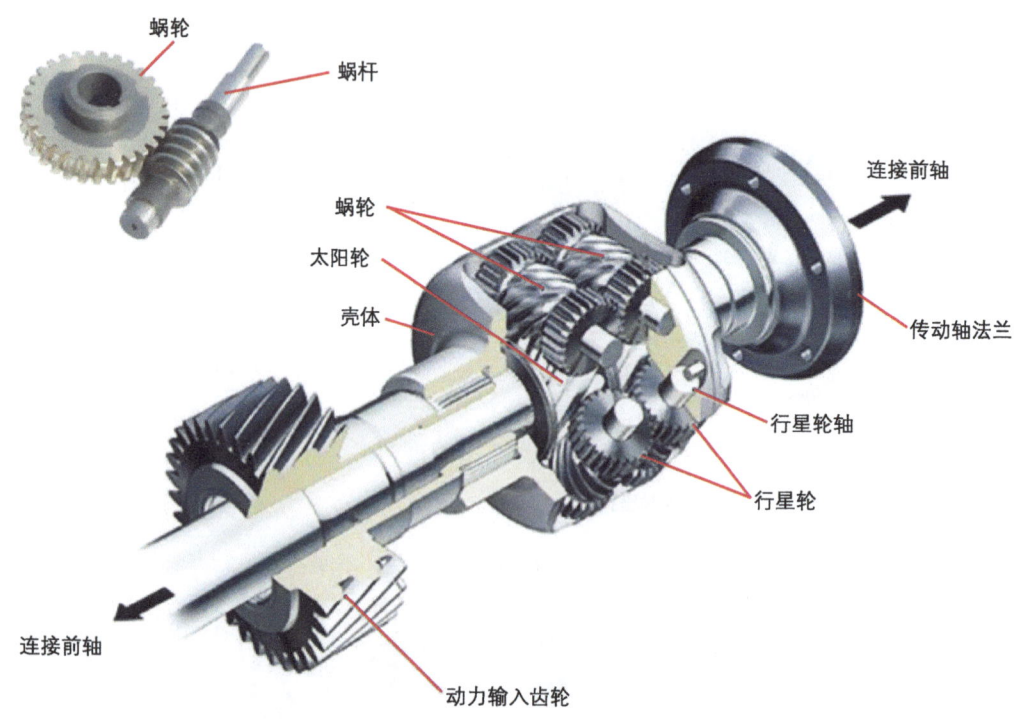

蜗轮

蜗杆

蜗轮

太阳轮

壳体

连接前轴

传动轴法兰

行星轮轴

行星轮

连接前轴

动力输入齿轮

**中央托森差速器**

# 第六章
# 底盘行驶系统

## 一、车架和车桥

### *1.* 行驶系统由什么组成？

行驶系统将汽车构成一个整体，并支承汽车的总质量，缓冲减振，保证汽车平顺行驶。行驶系统一般由车架（或承载式车身）、车桥、车轮和悬架组成。

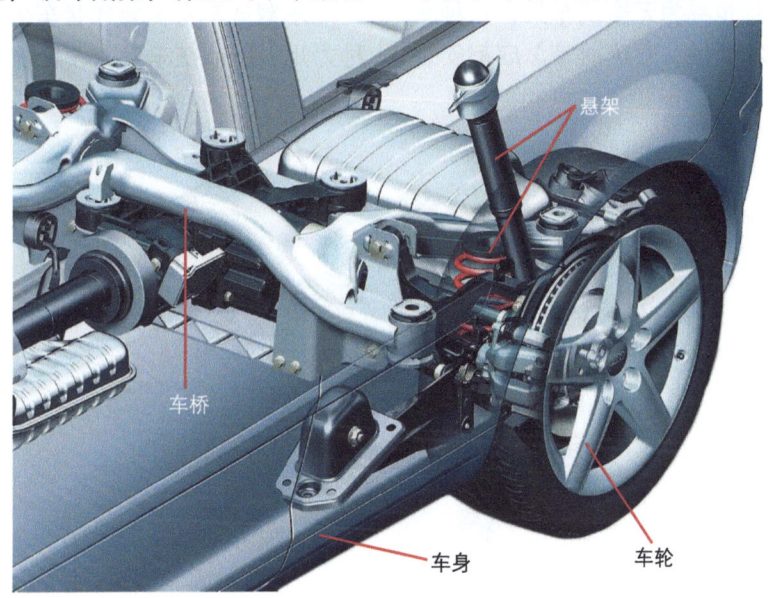

**汽车行驶系统**

悬架
车桥
车身
车轮

### *2.* 车架有什么作用？

车架是全车的装配基础，它将发动机、变速器等相关总成连成一个整体。

车架要有足够的强度和适当的刚度，以便承受各种力矩。

采用非承载式车身的车辆，其车身和车架分开，车架是一个独立的构件。

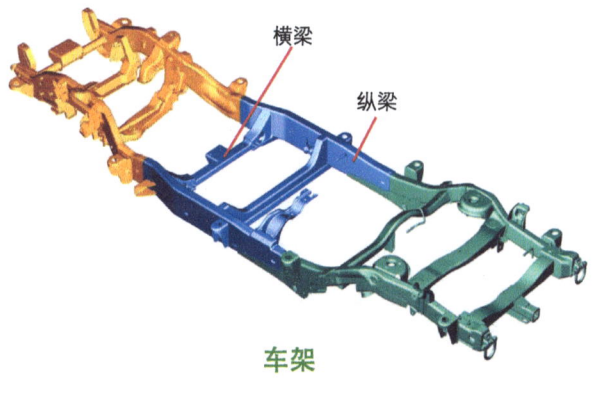

横梁
纵梁

**车架**

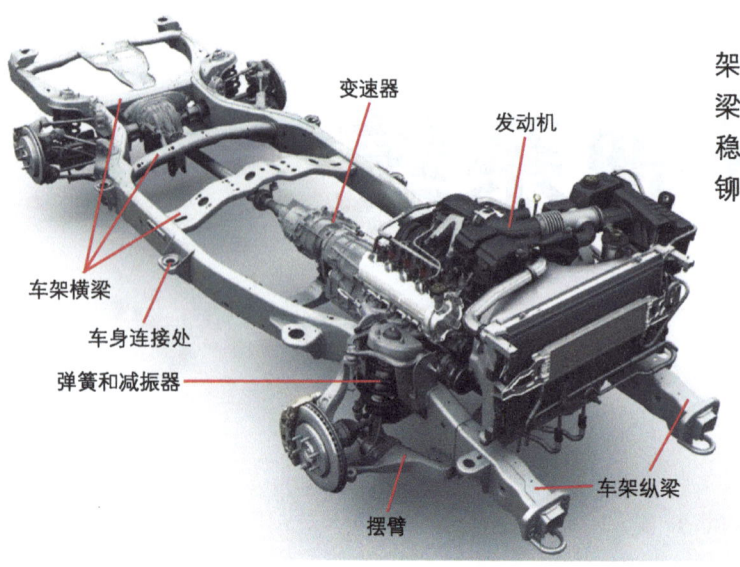

边梁式车架是一个刚性构架，它包括两根位于两边的纵梁和若干道横梁。为了车架的稳固，纵梁和横梁连接采用了铆接或焊接的工艺方法。

变速器

发动机

车架横梁

车身连接处

弹簧和减振器

摆臂

车架纵梁

边梁式车架用于货车、皮卡和越野车上，这种车架重量大，使车身高度较高，不适合普通轿车。

**边梁式车架**

承载式车身也称为无梁式车架，这种车身代替车架，发动机、变速器等总成都安装在车身上。

承载式车身需要代替车架承受和分散各种力矩，所以在车身上设置了很多加强梁。

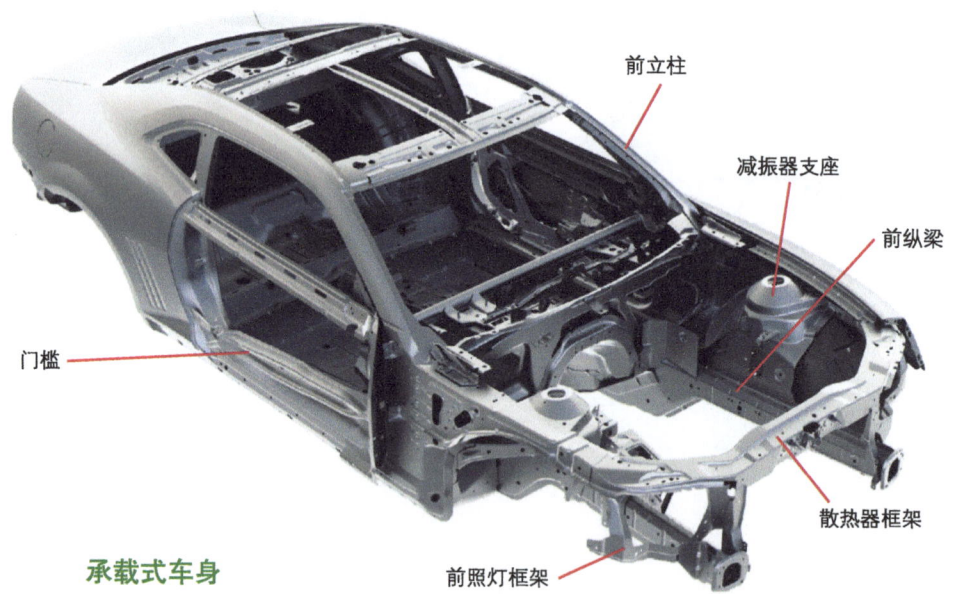

前立柱

减振器支座

前纵梁

门槛

散热器框架

前照灯框架

**承载式车身**

【知识拓展】：

　　汽车是"宁少十马力，不多一公斤"，如果能变得更轻，汽车操控表现就能变得更好，而且不用换发动机就能跑得更快，还能减少能源消耗和尾气排放，更加环保。

　　为了减轻质量，很多中高挡轿车采用铝合金车身代替原来钢材质车身。F1赛车质量比普通轿车质量更轻，例如，2016款卡罗拉CVT版车身质量为1405kg，而很多F1赛车整体质量不足700kg。

# 3. 车桥是什么?

### ▶车桥的作用和类型

普通汽车有前桥和后桥,车桥通过悬架与车架相连,两端安装车轮。车桥的功用是:传递车架和车轮之间的作用力以及这些力所形成的力矩。

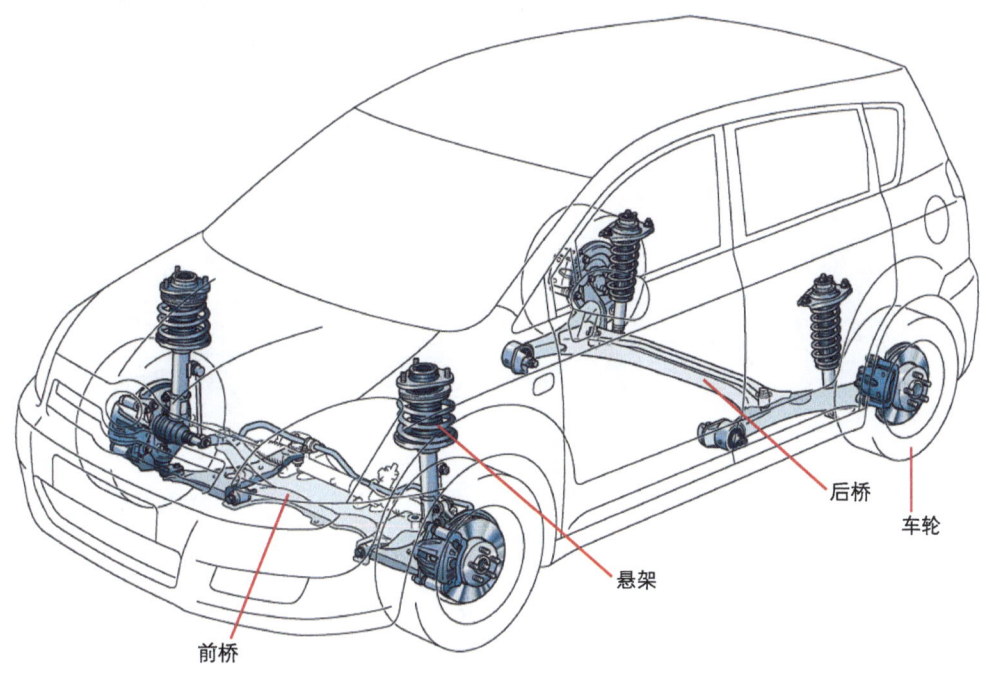

**车桥**

按作用的不同,车桥可分为转向桥、驱动桥、转向驱动桥和支持桥。普通前驱轿车前桥为转向驱动桥,后桥为支持桥。后驱轿车的前桥为转向桥,后驱为驱动桥。转向驱动桥由主减速器、差速器、半轴、转向节、轮毂等组成。

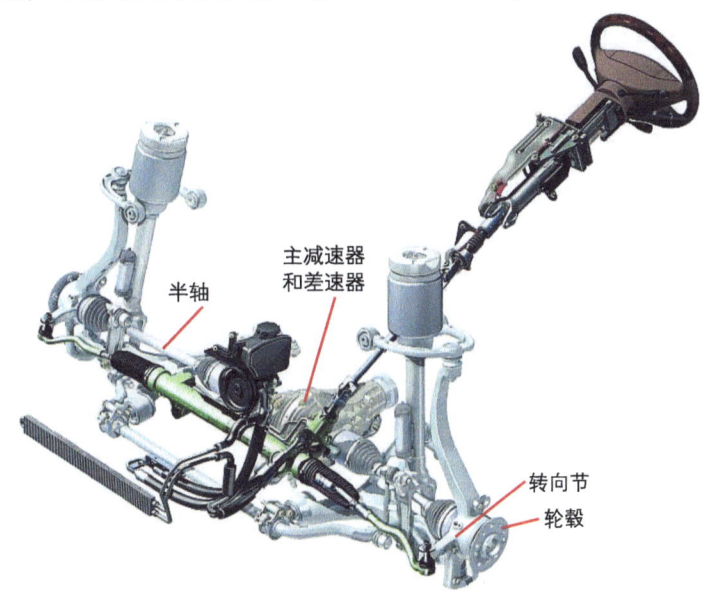

**转向驱动桥**

### ▶转向桥

汽车驱动桥包括主减速器、差速器、半轴和桥壳，前文已有介绍，不再赘述。汽车转向桥包括转向节、轮毂、主销以及副车架等组成。转向节可转动一定的角度，非驱动桥的转向节车轮中心轴是固定的，不能转动。驱动桥的转向节中心有承孔，以便传输动力。

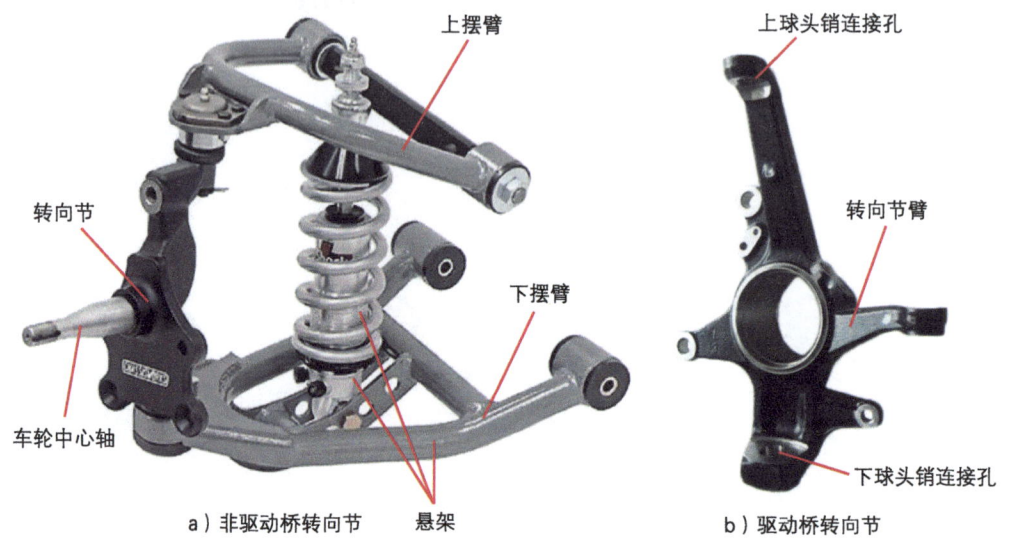

a）非驱动桥转向节　　　　　　　b）驱动桥转向节

**转向节**

就像门是绕着门轴转动的，汽车转向车轮也是自己的轴线转动的，这个轴线就是主销。

一般货车上有实际存在的主销，而在轿车上，绝大多数只有"虚拟主销"，即主销轴线。主销的位置对行驶性能有很大的影响。

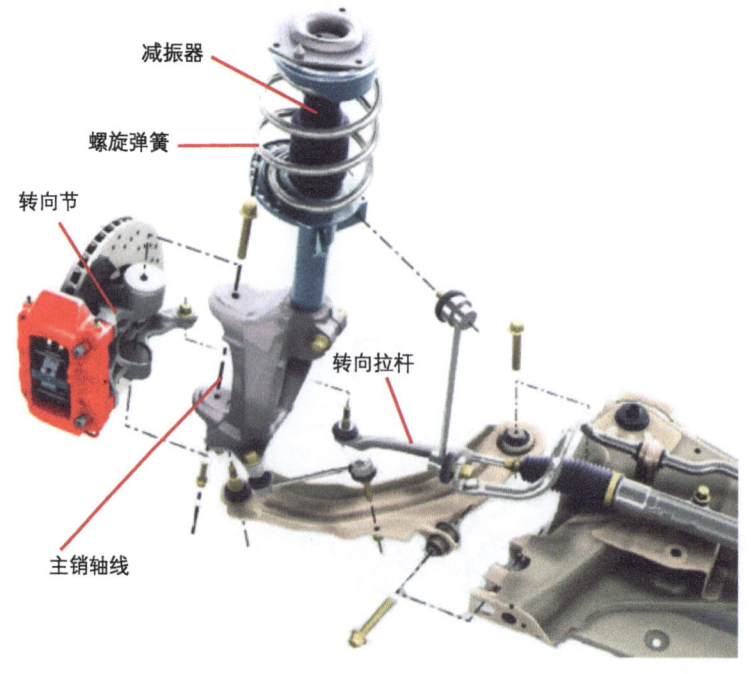

**主销**

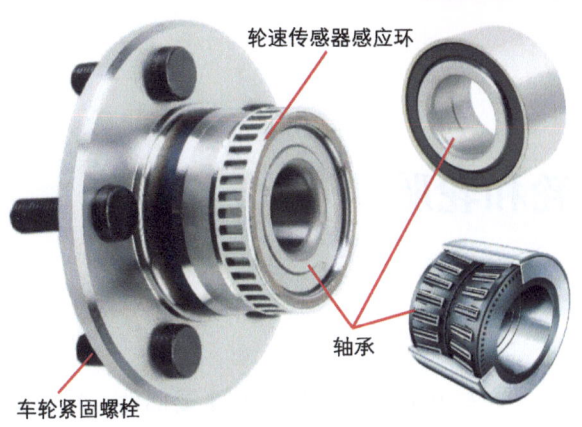

轮速传感器感应环

轴承

车轮紧固螺栓

**轮毂**

轮毂通常通过双列圆锥滚子轴承支承在转向节上。双列圆锥滚子轴承能够承受较重的复合（径向与轴向）载荷，刚性强。轮毂上安装了车轮紧固螺栓，用于安装制动盘和车轮。

#### ▶支持桥

支持桥也叫从动桥，它不能传递动力，它既无转向功能又无驱动功能。

轿车支持桥主要功能是承受汽车的垂直载荷、横向力，并将后轮的制动力传给车身。

前置前驱动轿车的后桥为典型的支持桥。

副车架

**支持桥**

#### ▶断开式车桥

车桥按结构不同，又可以分为整体式和断开式。上图支持桥为整体式，副车架将两车轮直接连在一起。转向桥多位断开式，断开式车桥有类似人的关节一样的结构，可以相互活动。

转向节

平衡杆

副车架

上摆臂

下摆臂

**断开式车桥**

第六章 底盘行驶系统

# 二、车轮和轮胎

## *1.* 车轮包括轮胎吗？

车轮与轮胎是行驶系统主要部件，它们支撑汽车总质量，吸收和缓冲路面冲击和振动。

车轮与轮胎还影响汽车动力性、制动性、通过性等。

为了车身的美观，很多车轮外面安装了装饰盖。

轮胎

车轮

轮胎紧固螺栓承孔

**车轮和轮胎**

**车轮装饰盖**

车轮用于安装轮胎、承受汽车质量和半轴或转向节传来的力矩。车轮不包括轮胎，而是由轮毂、轮辐和轮辋组成。轮毂属于车桥，同时也属于车轮。轮辐通过中心孔和螺塞孔安装在轮毂上，轿车轮辐和轮辋往往做成一体。轮辋也称钢圈，用于安装轮胎。

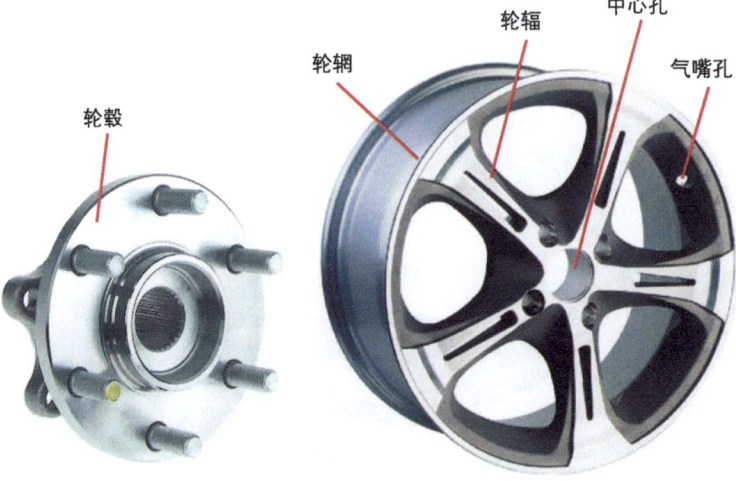

轮毂

轮辋

轮辐

中心孔

气嘴孔

**汽车车轮**

## *2.* 你知道轮胎密码吗?

轮胎安装在轮辋上，支撑汽车的总质量。目前普通轿车通常使用无内胎的低压胎，胎压值在150~450kPa，低压胎弹性好，胎面宽，散热好，能满足动力性能和制动性能要求。

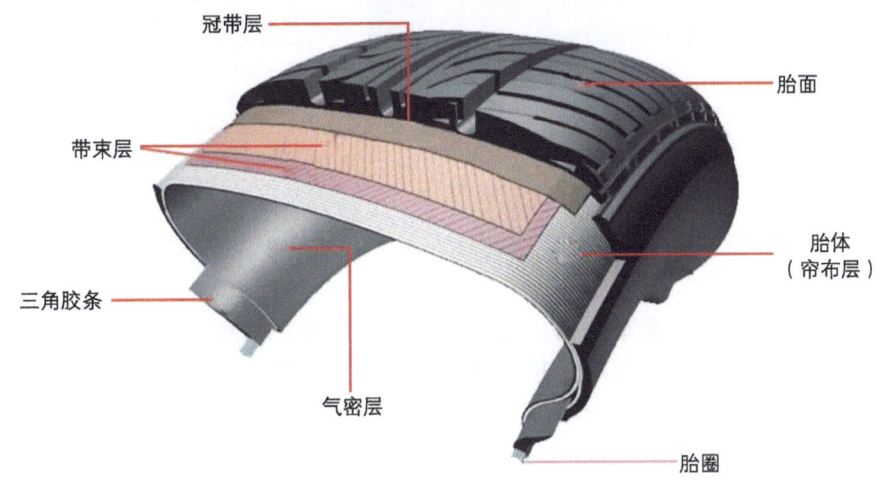

**轮胎结构**

帘布层帘线排列方向与轮胎子午断面一致的轮胎为子午线轮胎。

子午线轮胎弹性大、耐磨性好，滚动阻力小，承载能力大等，目前轿车上普遍采用子午线轮胎。

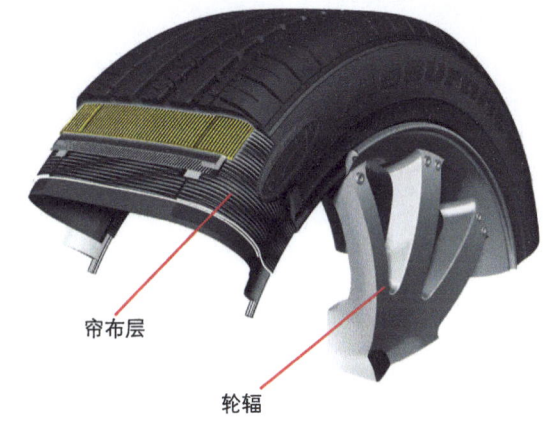

**子午线轮胎**

在车辆的门柱或油箱盖上，通常有前后轮胎及备胎的压力标贴，轿车前轮压力稍高于后轮，例如，前轮250kPa，后轮230kPa。

注意：轮胎压力必须在规定范围，过高过低都会使轮胎容易受损。

**胎压表**

轮胎上面有一些生产时留下的"秘密"，这些数字和字母到底告诉我们什么呢？

215——胎面宽度 215mm
55——扁平率（高宽比）55%
R——子午线轮胎
17——轮辋的直径 17 英寸
94——载重系数
V——速度级别

轮胎标识

【知识拓展】：

选用轮胎一定要符合原车规格，轮胎载重系数越大，承载量越大，不能选用数字小于原厂轮胎；轮胎速度级别字母越后代表速度级别越高，不能选用速度系数低于原厂轮胎。

轮胎生产时间

在轮胎侧有一组四位数字，前两位表示一年中的第几周，第 9 周即 3 月份，后两位数字表示年份，即 2009 年。

日常保养轮胎需要：
1. 检查胎压。
2. 检查磨损情况，当磨损标记与花纹平齐，则轮胎需要更换。
3. 清除小石子，检查轮胎是否有鼓包、裂纹等损坏。

轮胎磨损标记

【知识拓展】：

轮胎橡胶在保质期后会老化导致轮胎性能下降，轮胎的保质期一般为 5 年，过了保质期后，轮胎也需要更换。

# 三、悬架

## 1. 悬架有什么作用？

悬架就是"悬起来的架子"，它是在车架（或承载式车身）与车桥（或车轮）之间的传力装置。悬架能抑制振动，把路面作用于车轮的力传递到车身上。悬架由弹性元件、减振装置和导向机构三部分组成。弹性元件包括螺旋弹簧等，减振装置主要包括减振器，导向机构包括横向稳定杆等。

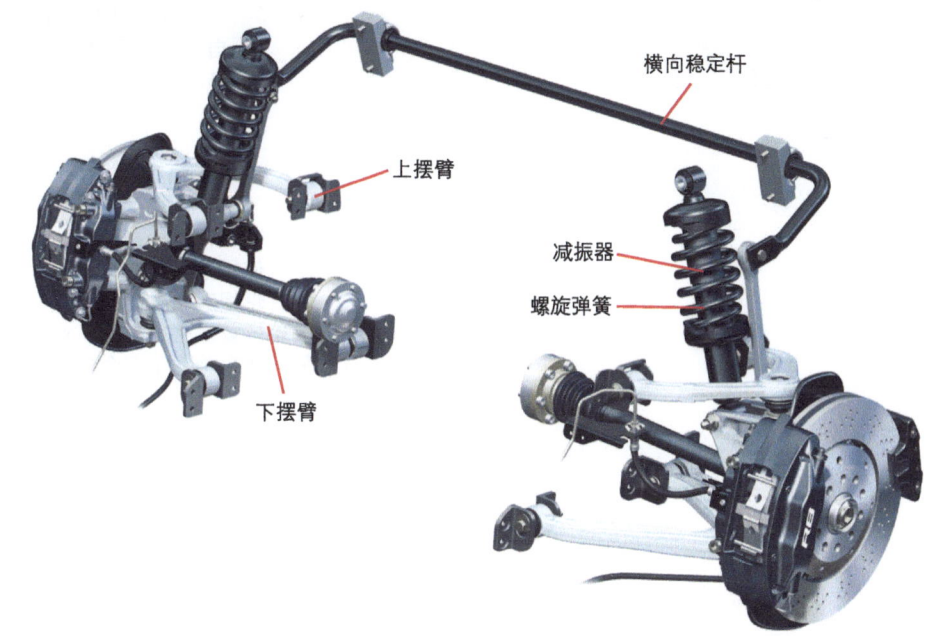

悬架

**悬架**

按结构可以将悬架分为非独立悬架和独立悬架。

非独立悬架结构简单，工作可靠，广泛应用于货车的前、后悬架。在轿车中，非独立悬架仅用于后桥。独立悬架减低了汽车重心，减少车身的振动，广泛应用于轿车前、后桥。

> 非独立悬架两侧车轮安装在一根整体的车桥上，当一侧车轮因路面不平发生位置变化时，另一侧车轮的位置也随之发生变化。

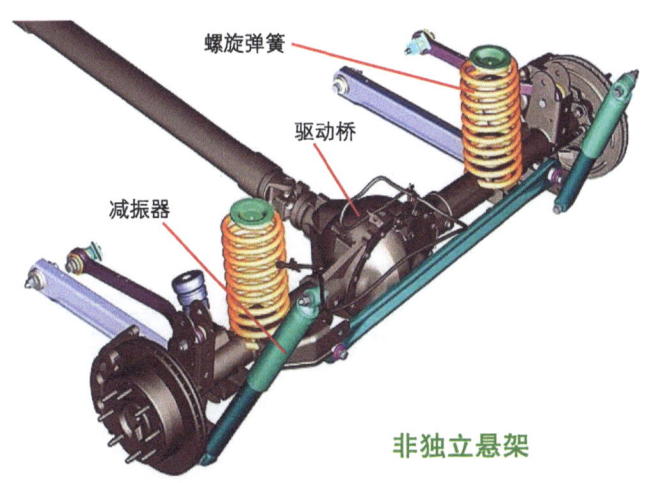

**非独立悬架**

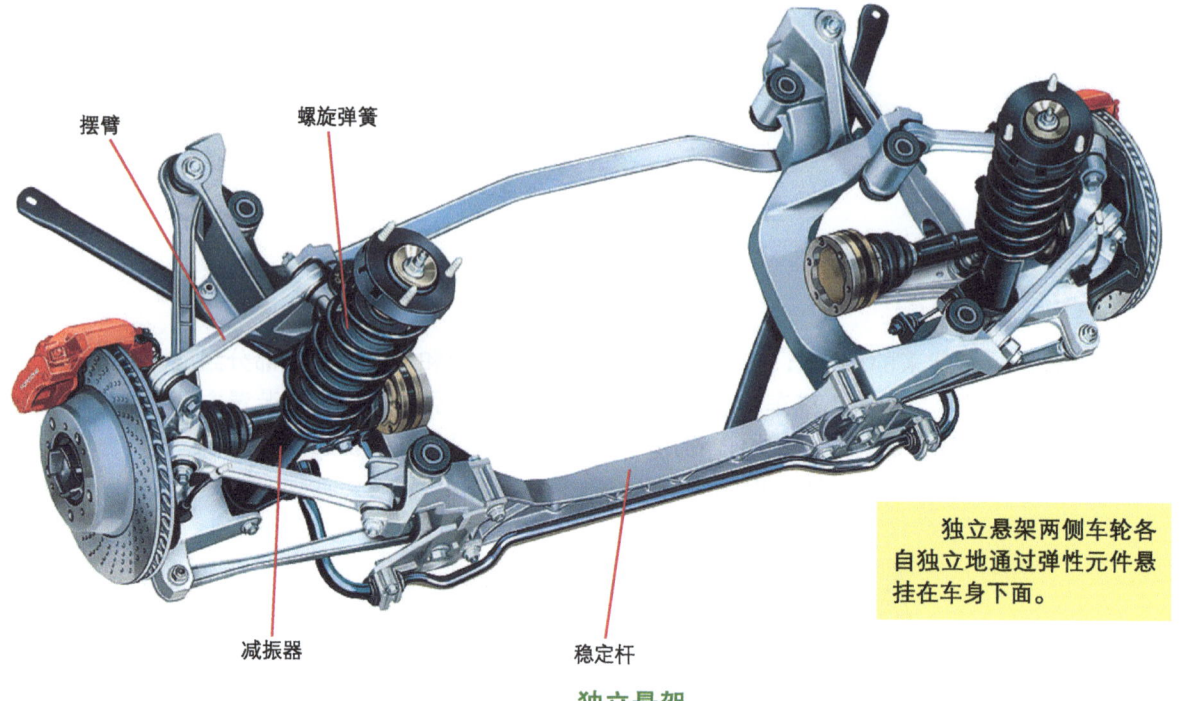

摆臂

螺旋弹簧

减振器

稳定杆

**独立悬架**

独立悬架两侧车轮各自独立地通过弹性元件悬挂在车身下面。

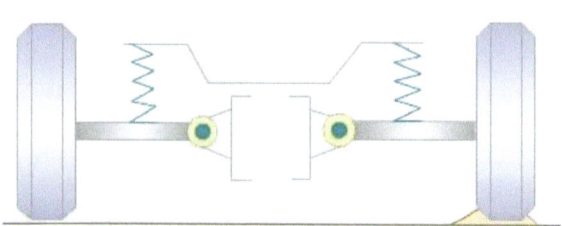

**独立悬架示意图**

使用独立悬架车桥的左右轮相对独立，当一侧车轮位置发生变化时，对另一侧车轮几乎不会产生影响。

## *2.* 悬架由什么组成？

　　悬架由弹性元件、减振装置和导向机构三部分组成。弹性元件包括有螺旋弹簧、钢板弹簧、扭杆弹簧、气体弹簧和橡胶弹簧等。螺旋弹簧可以承受垂直载荷，它无须润滑，不怕泥污，质量小，所占空间小，目前广泛用于轿车。货车主要使用钢板弹簧，空气弹簧主要应用于高级轿车及客车上。

【小贴士】：
　　遇到路面有沟有坎时，要提前减速，而不要硬生生地冲过去，否则容易损坏减振器、弹簧、悬架等部件。

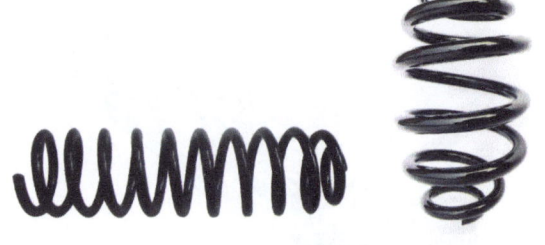

**螺旋弹簧**

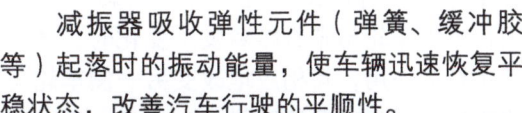

减振器吸收弹性元件（弹簧、缓冲胶等）起落时的振动能量，使车辆迅速恢复平稳状态，改善汽车行驶的平顺性。

减振器是利用内部液体流动来消耗振动能量的。

减振器缓冲胶套在减振器活塞杆上，用来缓冲振动。

防尘套用于防止活塞杆粘上泥沙，以防止活塞杆运行时泥沙损坏减振器内的油封。

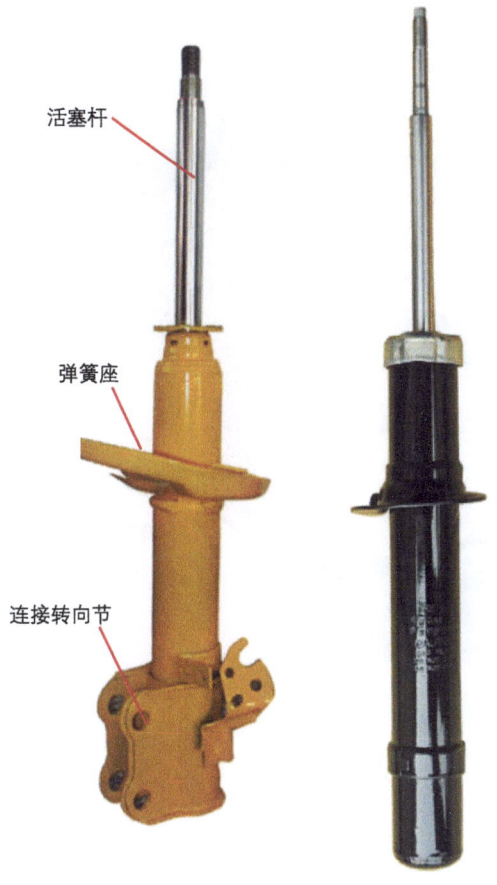

活塞杆

弹簧座

连接转向节

**汽车减振器**

**防尘套和缓冲胶**

减振器上端用缓冲胶垫与平面轴承和车身连接，顶胶能减少路面传递到减振器的运动阻力，平面轴承用来保证转向时减振器能随转向轮转动。

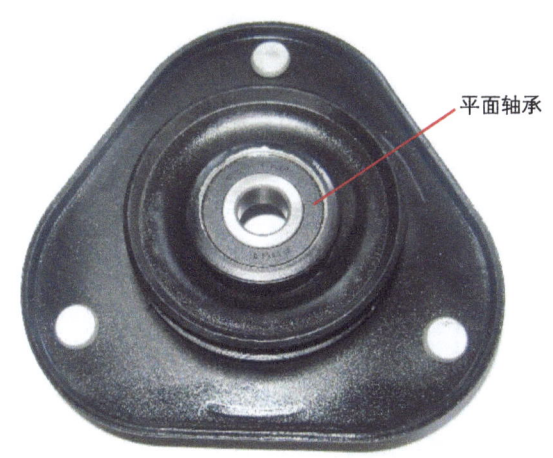

平面轴承

**顶胶平面轴承**

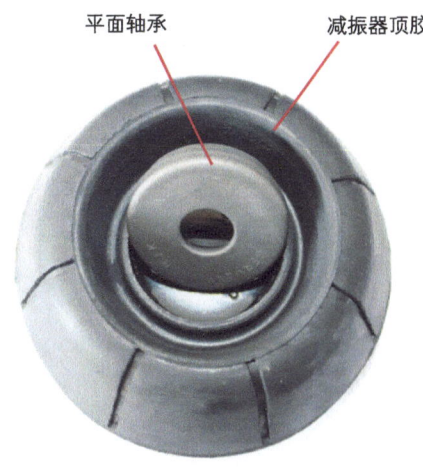

平面轴承

减振器顶胶

**减振器顶胶**

横向稳定杆又称防倾杆、平衡杆，是汽车悬架中的一种辅助弹性元件。当转向或路面原因，一侧车轮与车身距离发生变化时，通过横向稳定杆的作用，可相应地改变另一侧车轮与车身的距离，减少车身的倾斜。

横向稳定杆是用弹簧钢制成的扭杆弹簧，形状呈"U"形，横置在汽车的前端和后端。杆身的中部，用橡胶衬套与车身或车架铰接，杆的两端分别固定在左右悬架上。

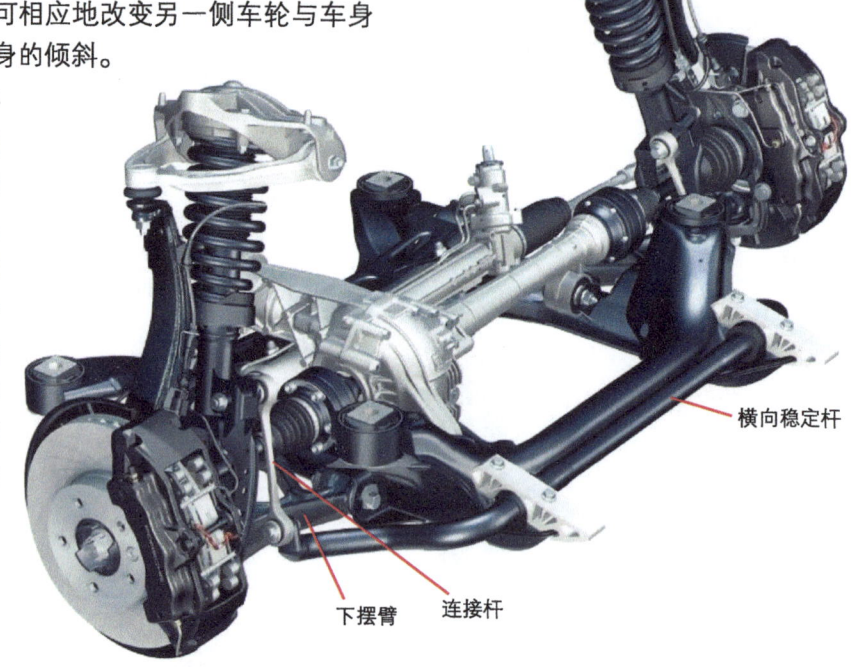

横向稳定杆

下摆臂　连接杆

**横向稳定杆**

### 3. 麦弗逊式悬架到底是什么样子？

现代轿车大都是采用独立式悬架系统，按其结构形式的不同，独立悬架系统又可分为横臂式、纵臂式、多连杆式、烛式以及麦弗逊式悬架等。

例如，悍马 H1 使用的双插臂悬架就属于横臂式的一种。麦弗逊式独立悬架结构简单、成本低廉、舒适性较好等，目前得到普遍使用。

**双叉臂悬架**

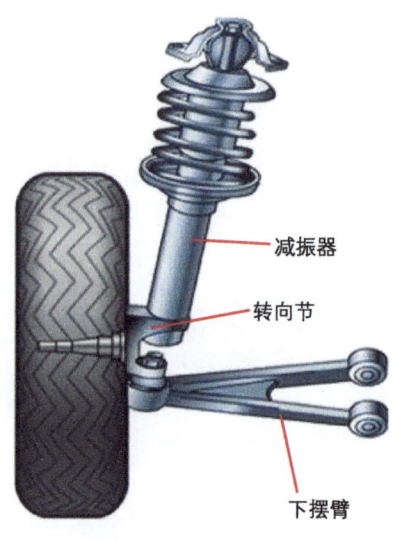

减振器

转向节

下摆臂

**麦弗逊式悬架特点**

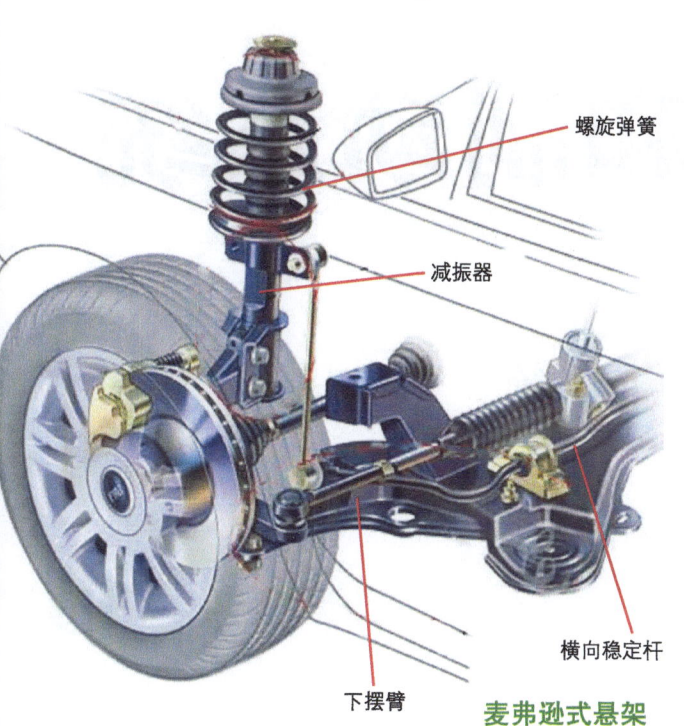

螺旋弹簧

减振器

横向稳定杆

下摆臂

**麦弗逊式悬架**

麦弗逊式悬架由螺旋弹簧、减振器、三角形的下摆臂组成，其减振器安装在螺旋弹簧的内部，绝大部分车型还会安装了横向稳定杆。

麦弗逊式悬架结构紧凑，给发动机及转向系统的布置带来方便，车轮跳动时前轮定位参数变化小，有良好的操纵稳定性，被行家誉为经典的设计。

第六章 底盘行驶系统

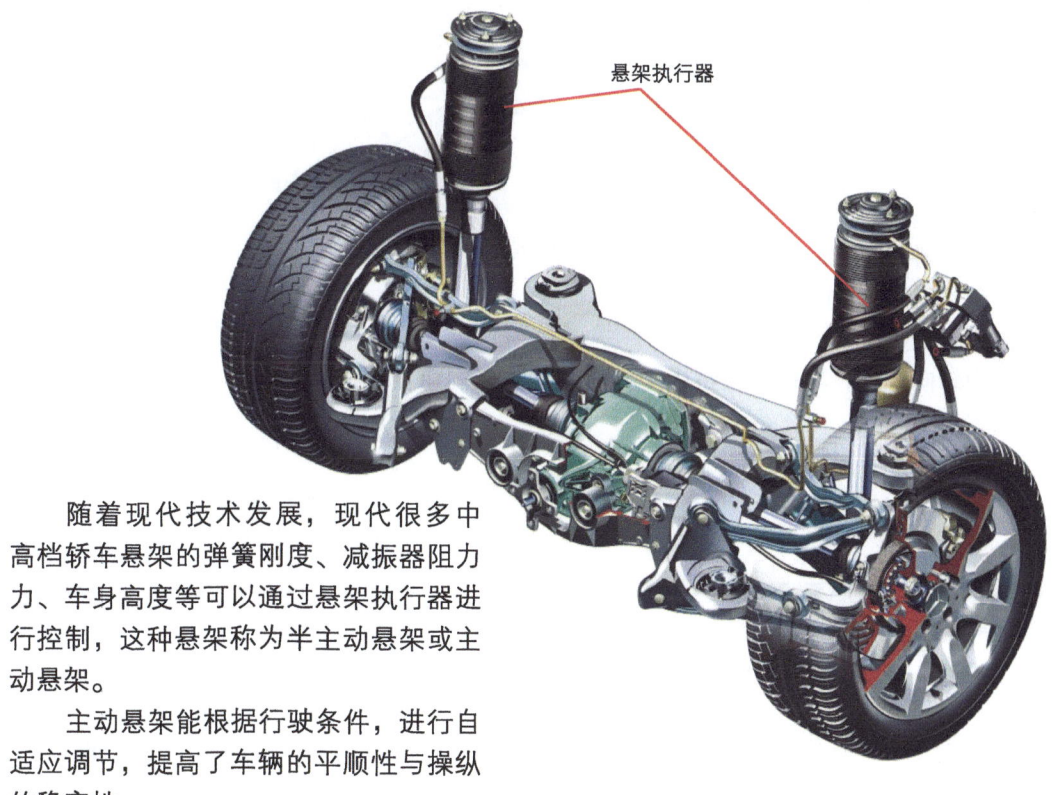

悬架执行器

随着现代技术发展，现代很多中高档轿车悬架的弹簧刚度、减振器阻力、车身高度等可以通过悬架执行器进行控制，这种悬架称为半主动悬架或主动悬架。

主动悬架能根据行驶条件，进行自适应调节，提高了车辆的平顺性与操纵的稳定性。

**主动悬架**

# 第七章
# 转向系统和制动系统

## 一、转向系统

### 1. 什么是转向器？

转向系统用于保证车辆按驾驶人的要求改变行驶方向，在受到路面干扰时，与行驶系统配合，保持汽车直线行驶。

按转向系统能源的不同，转向系统分为机械转向系统和动力转向系统。机械转向系统以驾驶人的体力为转向能源，其中所有的传力件都是机械元件。动力转向系统兼用驾驶人的体力和发动机（或电动机）动力为转向能源，其转向系统中需要增加动力转向装置。

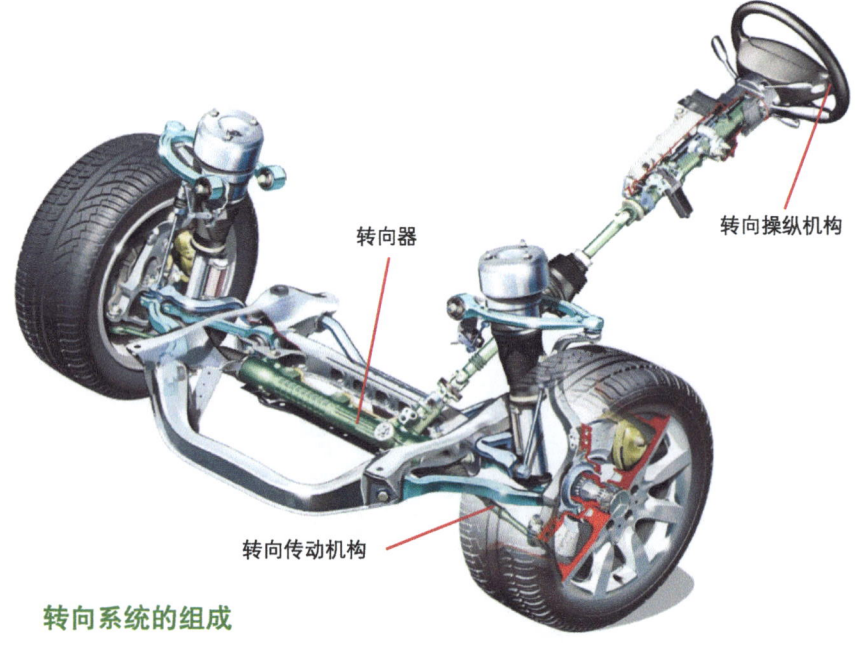

转向器

转向操纵机构

转向传动机构

**转向系统的组成**

安装转向盘时，应该让车轮处于直线行驶位置，转向盘轮辐不能挡住驾驶视线。

转向盘中心是安全气囊，喇叭开关也安装在转向盘中心，切勿重击或用拳头敲击喇叭开关。

【特别提示】：
不要在安全气囊外部的标识部位放置坚硬或尖锐的物体。

安全气囊　　轮圈　　轮辐

**转向盘**

轿车要求转向管柱必须装备能够缓和冲击的吸能装置。当转向管柱受到巨大冲击而产生轴向位移时，通过转向管柱吸能装置吸收冲击能量，以便保护驾驶者。

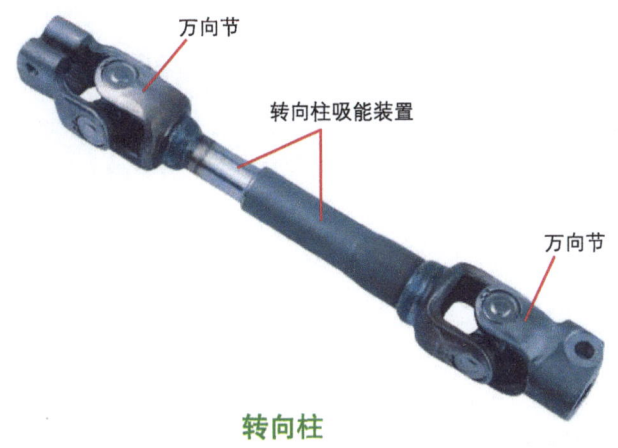

万向节

转向柱吸能装置

万向节

**转向柱**

齿轮齿条转向器齿轮与转向柱和转向盘连接，转向齿条通过球头销与转向横拉杆连接。

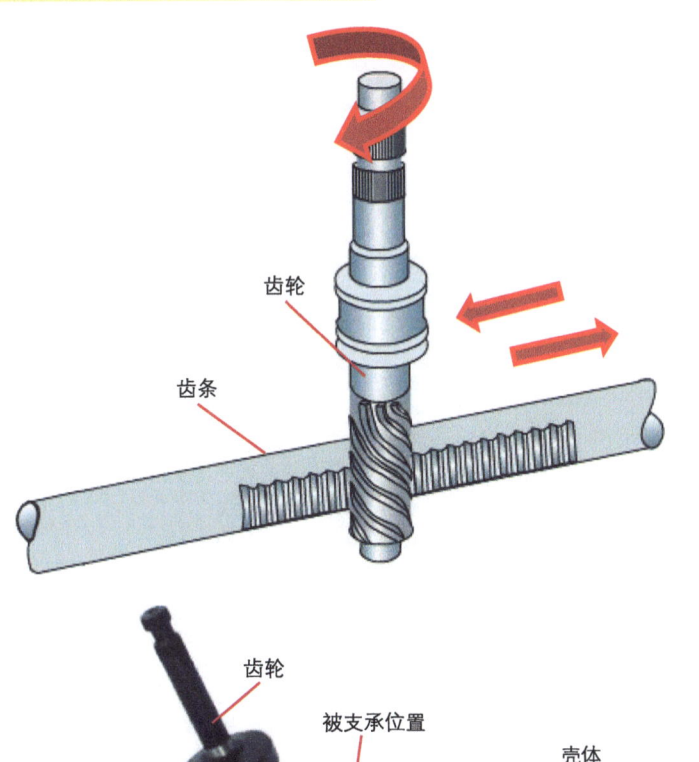

齿轮

齿条

转向器能增大驾驶人施加到转向盘上的力矩，并改变转向力的传递方向。

齿轮齿条式转向器具有结构简单、轻巧、杆件少、操作灵敏等优点，目前轿车普遍采用齿轮齿条转向器。

转向器通过两个U形支架和橡胶管支承并固定在车身上。

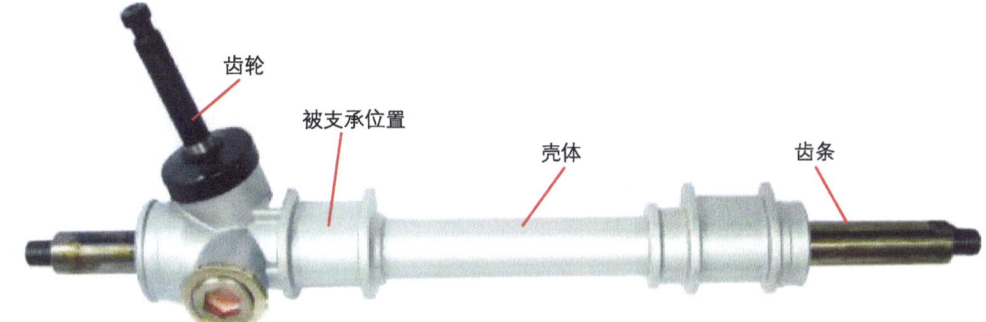

齿轮

被支承位置

壳体

齿条

**齿轮齿条转向器**

## *2.* 转向力矩如何传递？

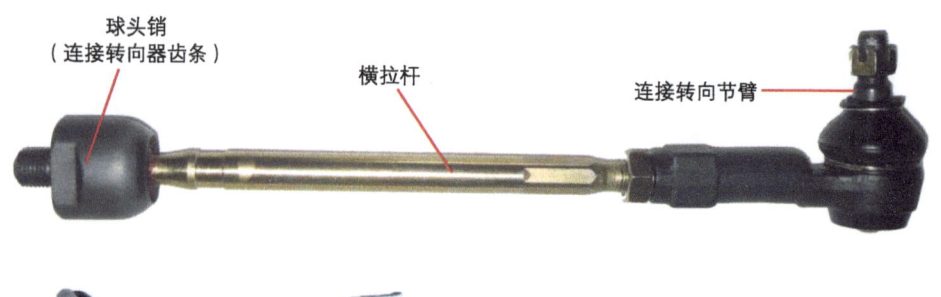

球头销
（连接转向器齿条）

横拉杆

连接转向节臂

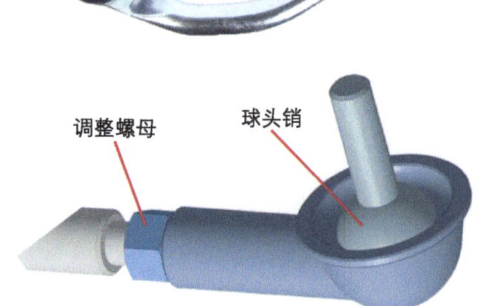

调整螺母　球头销

**转向横拉杆**

转向传动机构将转向器输出的转向力传递给车轮，它主要包括转向横拉杆、转向减振器、前桥转向臂。

转向横拉杆分成左右两根，采用球头销连接，可以有效防止横拉杆与车轮的运动干涉。

为了衰减道路传给转向盘的冲击、振动，稳定汽车行驶方向，许多轿车安装了转向减振器。

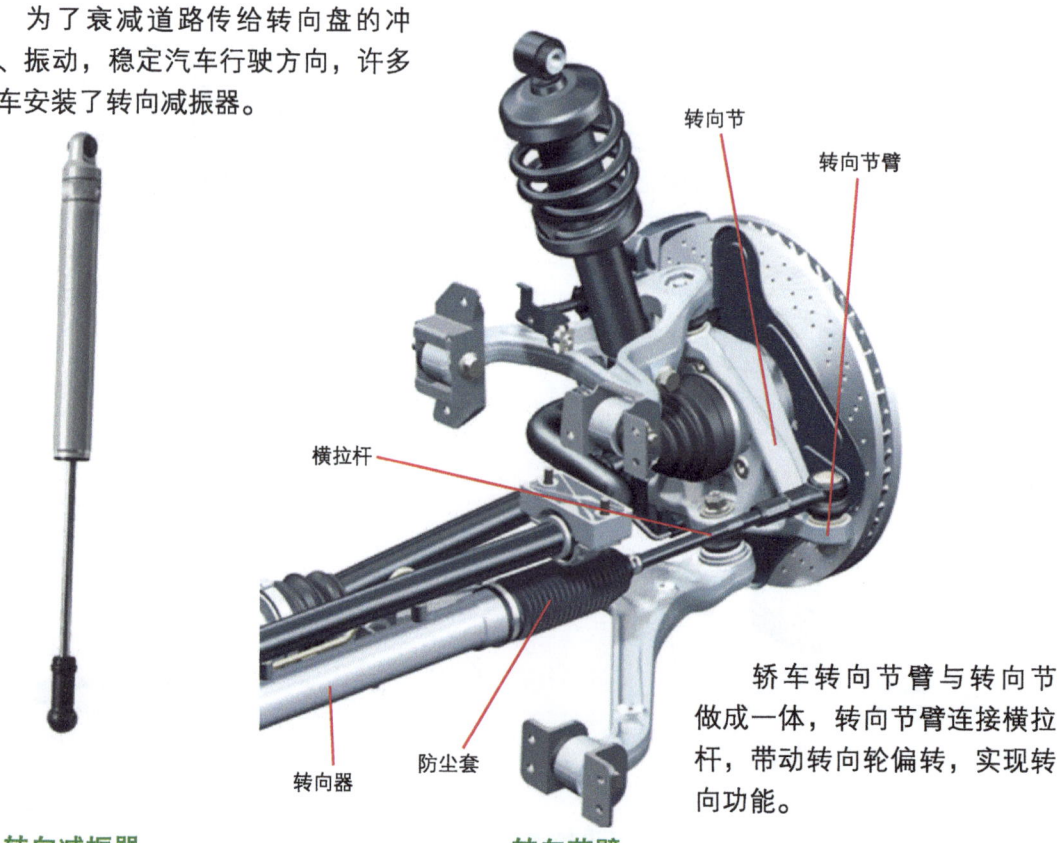

转向节

转向节臂

横拉杆

转向器

防尘套

轿车转向节臂与转向节做成一体，转向节臂连接横拉杆，带动转向轮偏转，实现转向功能。

**转向减振器**　　　　**转向节臂**

# 二、动力转向系统

## 1. 液压助力转向系统是怎么助力的？

转向助力的作用是协助驾驶人做汽车方向调整，减轻驾驶人用力的强度。转向助力系统包括液压转向助力系统和电动转向助力系统两种。

液压助力转向系统采用机械转向助力泵或电动转向助力泵作动力源，转向助力泵建立油压后，通过油管传递到液压缸来实现助力。

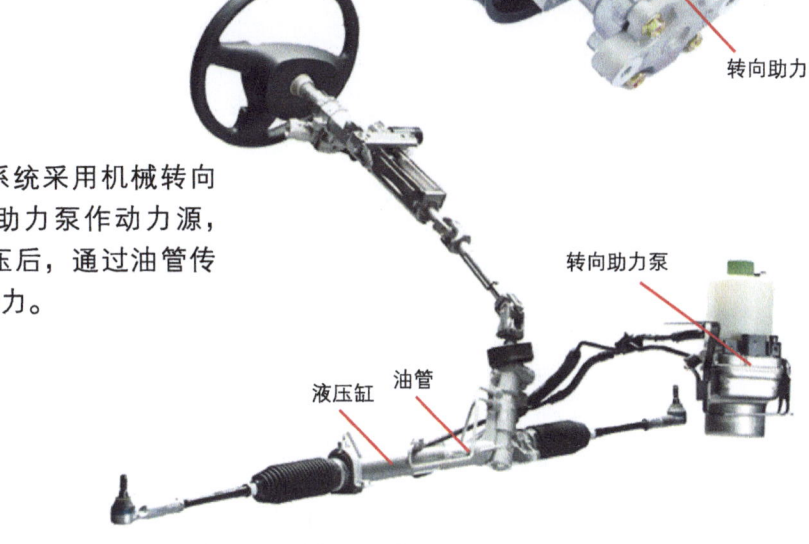

转向助力泵

转向助力泵

液压缸　油管

**液压助力转向系统**

液压助力转向系统转向器内有左、右液压缸，液压油流入液压缸即可实现向左或向右助力。

液压转向助力泵起动后一直都在工作，所以会增加一定的发动机能耗，并且需要定期更换转向助力油。

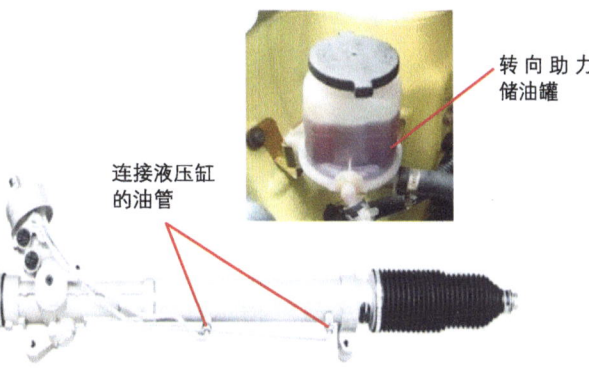

转向助力储油罐

连接液压缸的油管

**液压助力转向系统转向器**

## 2. 电动助力转向系统是怎么助力的？

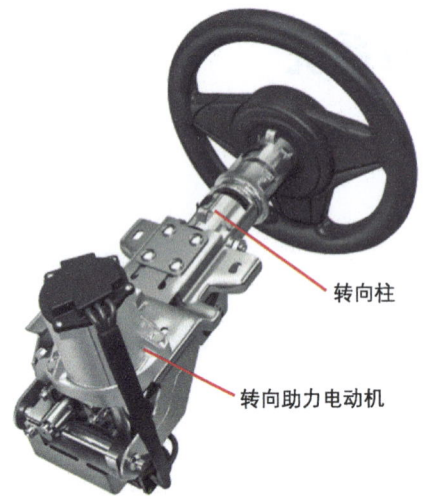

转向柱

转向助力电动机

电动助力转向系统简称 EPS，它低速轻便，高速沉稳，安全可靠，相比传统液压助力系统节能 0.3 ~ 0.4L/100km。

电动转向助力系统在转向盘固定不动时，转向助力系统不工作，从而节省了能源。

电动助力转向系统利用电动机作为动力源，根据车速和转向参数等信息由电子控制单元完成助力控制。

**电动助力转向系统（一）**

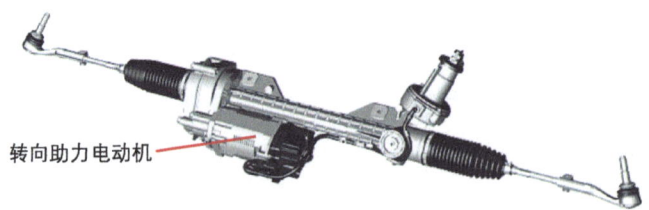

转向助力电动机

**电动助力转向系统（二）**

转矩传感器测量转向柱的扭矩及转向盘旋转的方向。EPS 电控单元利用这个信息计算需要提供的扭矩。

**转矩传感器**　　　　　　　　**助力转向系统故障指示灯**

【小贴士】：

　　当助力转向系统故障指示灯点亮时，需要谨慎低速行驶到最近的维修站或等待救援。

# 三、制动系统

## 1. 制动系统由哪几个部分组成？

为了让汽车更安全地行驶，提高汽车的平均速度等，在汽车上安装有专门的制动系统。汽车制动系统用于减速、停车或原地驻车，它包括行车制动系统（脚刹）和驻车制动系统（手刹）。行车制动系统是在每个车轮都有一个制动器，而驻车制动系统只作用于后轮。

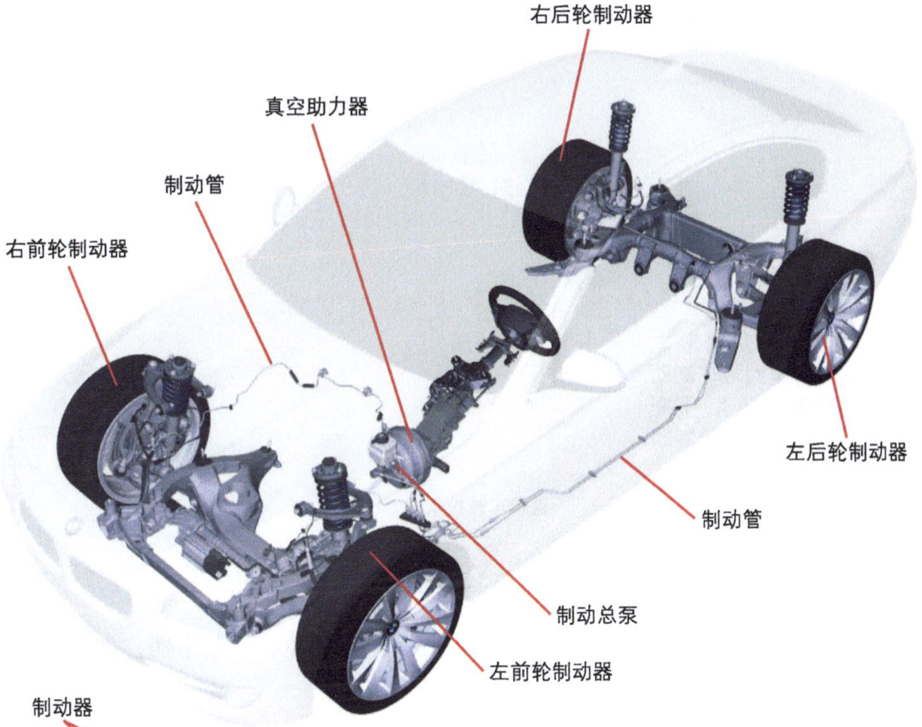

右后轮制动器

真空助力器

制动管

右前轮制动器

左后轮制动器

制动管

制动总泵

左前轮制动器

制动器

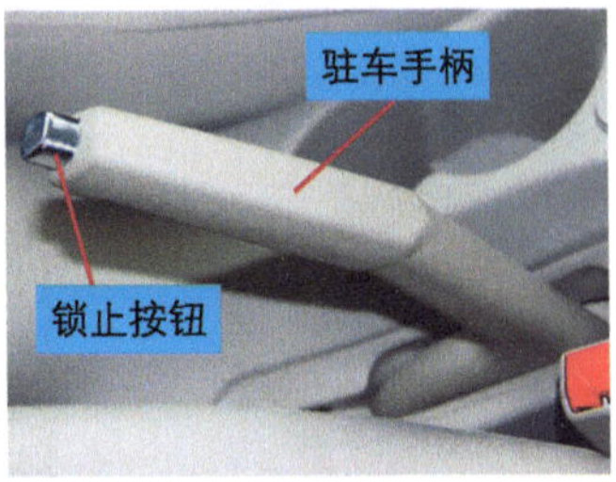

驻车手柄

锁止按钮

**汽车制动系统**

## *2.* 怎么使用"手刹"？

汽车驻车制动俗称"手刹"，它可以使已停驶的汽车在各种道路条件下驻车，并在行车制动失灵的情况下，做应急制动。驻车手柄设置了棘爪和棘轮，棘爪可以卡住棘轮，拉紧手柄后可以保持在固定的位置。在拉起手柄时，棘轮和棘爪能清晰的听到哒哒的响声（通常3~5响），便于操纵时判断。

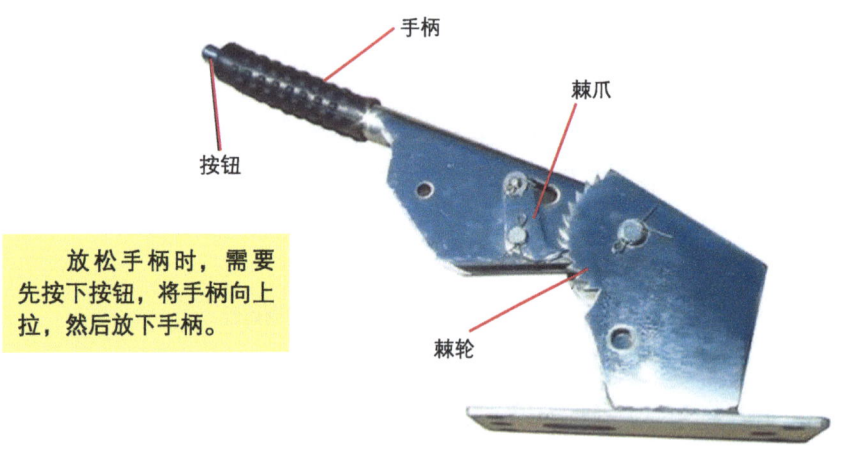

放松手柄时，需要先按下按钮，将手柄向上拉，然后放下手柄。

驻车手柄

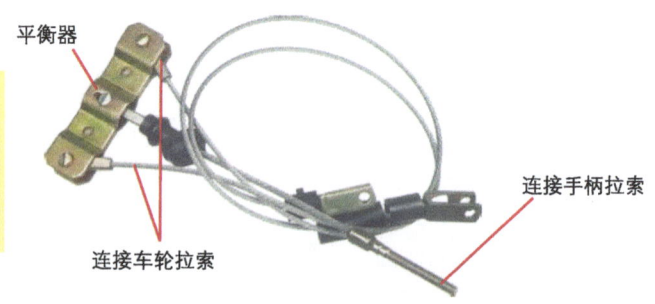

驻车拉索是将驻车手柄的力传递到驻车制动器（后轮制动器），平衡器可以平衡左右车轮制动行程。

驻车拉索

电动驻车是传统驻车的升级，它是利用电脑控制电动机夹紧或松开驻车拉索，用按钮"P"代替了驻车手柄，如图所示。

驻车制动指示灯位于汽车的仪表内，该指示灯点亮说明驻车拉杆已经拉起。汽车行驶时，一定要先放松驻车手柄，驻车制动指示灯保持熄灭状态。

驻车制动指示灯

电动驻车开关

## *3.* 制动液压系统怎么工作？

制动液位置应位于上、下刻度之间。液位不足时，仪表内的报警指示灯会点亮，液位严重不足时，需要查找原因。

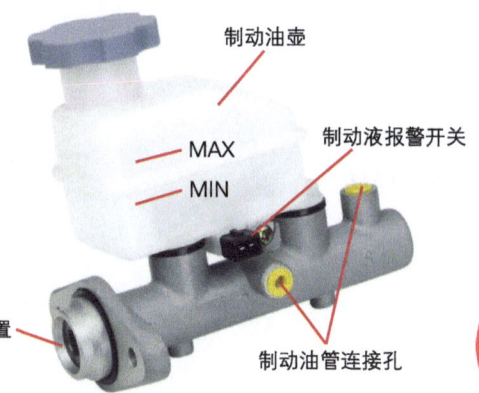

**制动主缸和制动液位报警指示灯**

制动主缸也叫制动总泵，它的工作原理类似于打气筒。制动主缸把施加在制动踏板上的力转化为液体压力。

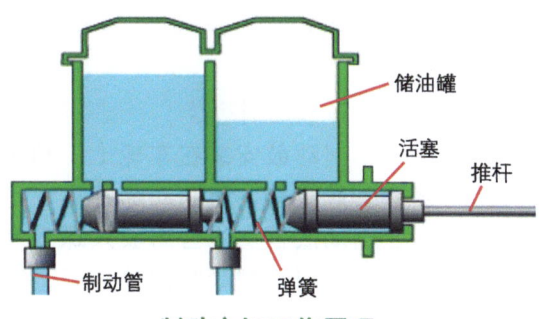

**制动主缸工作原理**

制动管路用于传递液体压力，由于车轮与车身之间的位置会发生变化，所以在这些位置采用软管。

为了防止制动管路漏油引起全部车轮制动器失效，很多汽车制动管路采用交叉布置，即左前——右后和右前——左后分别采用一套液压管路。

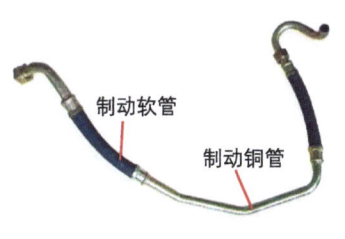

**制动管路**

鼓式制动器和盘式制动器的轮缸（也称为分泵）结构不同，但原理类似，轮缸把制动液体压力转化成活塞的移动。

在更换制动系统零部件时，制动液压管路可能会进入空气，制动分泵上有排气螺塞，用于排放空气。

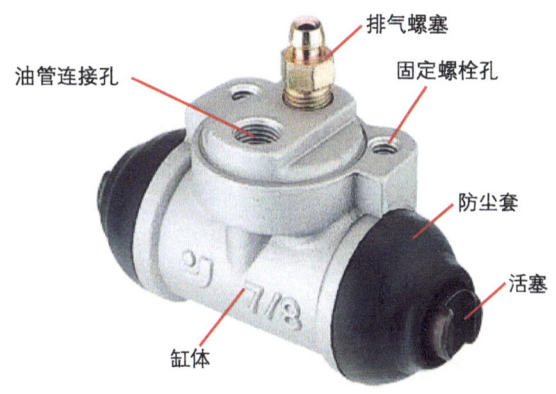

**制动器轮缸**

# 4. 为何不能频繁踩"刹车"？

汽车行车制动系统可以使行驶中的汽车进行强制减速甚至停车。

汽车制动是将车辆行驶的动能转化成制动器的热能。

制动器分为盘式和鼓式。每个车轮都有一个制动器。

鼓式制动器造价便宜，但散热效果差，热稳定性能低，现在高档轿车上基本不再使用鼓式制动器。

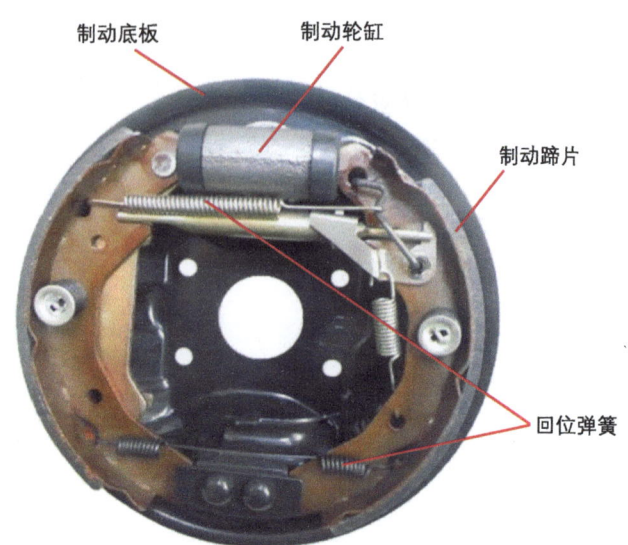

制动底板　制动轮缸　制动蹄片　回位弹簧

**鼓式制动器**

## ▶鼓式制动器

制动鼓安装在车轮上，和车轮一起旋转，而制动蹄片是固定在制动底板上。当驾驶人踩下制动踏板时，制动蹄向外张开，制动鼓被抱紧，制动鼓和制动蹄片发生摩擦，迫使车辆降速或停车。

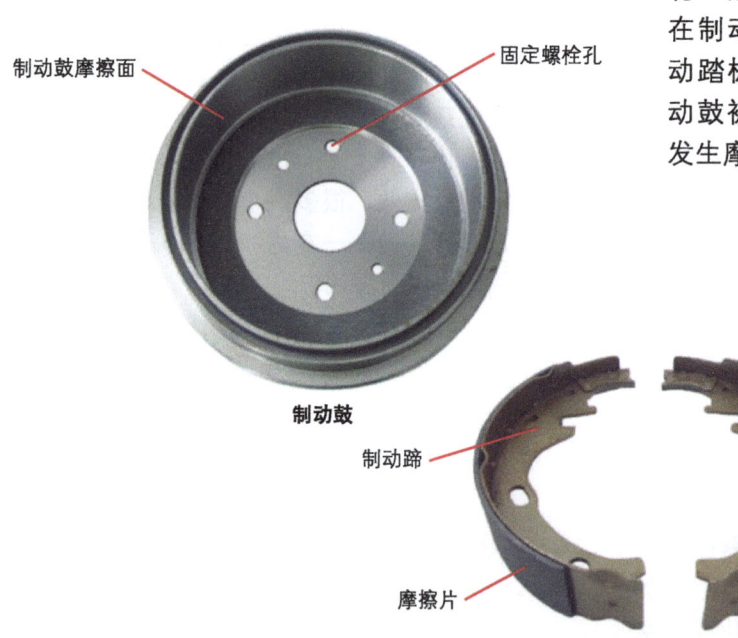

制动鼓摩擦面　固定螺栓孔

**制动鼓**

制动蹄　摩擦片

**制动蹄片**

**制动鼓和制动蹄片**

---

【小贴士】：

制动摩擦片属于消耗品，当磨损到极限位置时必须更换，否则将降低制动效果，并易造成安全事故。

### ▶盘式制动器

盘式制动器主要包括制动盘、制动钳、制动蹄片等。

制动盘安装在轮毂上，它和车轮一起旋转。制动时，制动活塞推动制动钳移动，使制动摩擦片与制动盘发生摩擦，迫使车轮减慢或停止旋转。

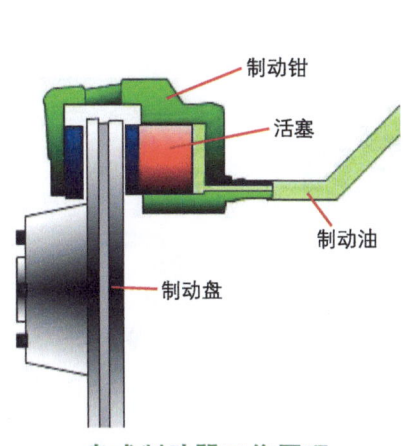

**盘式制动器工作原理**

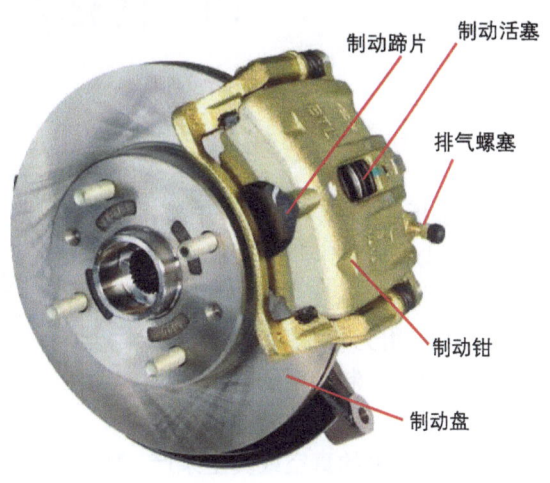

**盘式制动器**

相比鼓式制动器，盘式制动器散热好，涉水后容易甩掉，制动稳定性好，反应快，但成本高，目前轿车上普遍采用盘式制动器。

**轮毂**

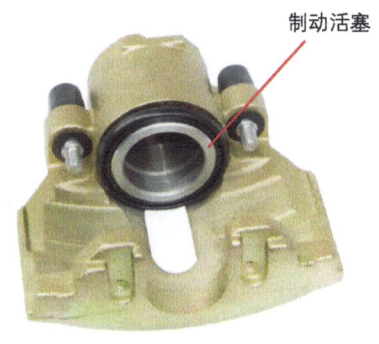

**制动钳**

**制动摩擦片**

为何不能频繁踩刹车？

因为，制动时，制动盘和制动摩擦片发生摩擦会产生很多热量，制动盘和制动摩擦片过热会影响材料的摩擦性能。所以，频繁踩刹车，可能会引起制动距离增长，甚至会使制动失效。

下长坡时，为了避免长时间制动引起发热，可以利用低档牵制车速，并采用断续踏下和放松制动踏板的制动方法，即间歇性制动。

# 四、防抱死制动系统

## 1. 怎样给制动踏板助力？

制动踏板上安装了制动开关，制动开关可以接通制动灯或提供给电控单元制动信号，用于制动控制。

为了缓解用力踩制动踏板给驾驶人带来的疲劳，制动系统采用了真空助力器来助力。真空助力器利用发动机活塞下行带来的真空或真空泵产生的真空，来增加驾驶人施加于踏板上的力。使用柴油发动机的汽车和电动车无法产生稳定的真空，必须使用机械真空泵或电动真空泵。

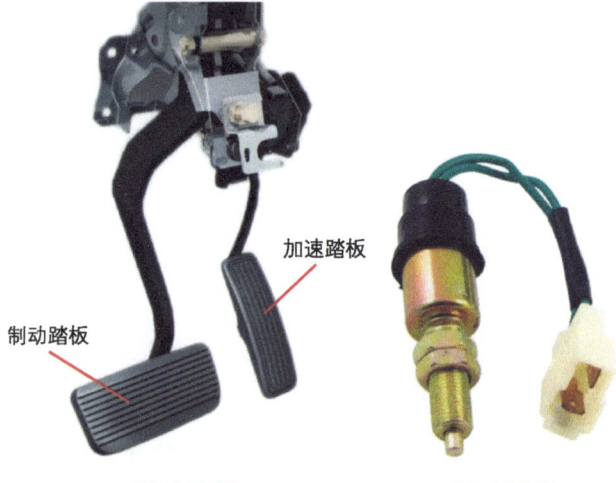

制动踏板　加速踏板　制动踏板

**制动踏板**　　　　　**制动开关**

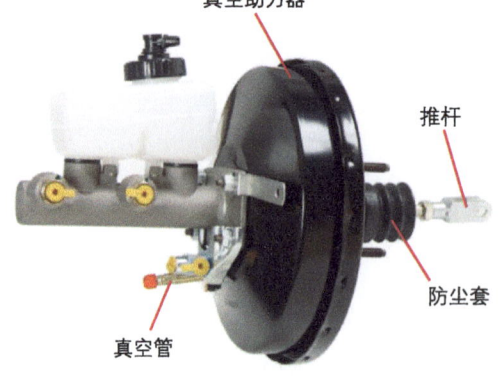

真空助力器　推杆　防尘套　真空管

**真空助力器**

**机械真空泵**

驾驶人座椅下不要放杂物，以免杂物滑到制动踏板下，防碍踩下制动踏板。

**电动真空泵**

## *2.* 制动为何要"防抱死"？

前进方向

制动拖印

**车轮滑动**

### ▶防抱死制动系统（ABS）的作用

制动时，如果车轮抱死，车轮与地面由滚动转变成滑动，轮胎与地面摩擦会留下制动拖印，这样轮胎容易磨损。

由于轮胎迅速磨损，产生大量的热量，轮胎发生爆胎概率增大。

车轮抱死后，制动距离也变长，车轮失去转向能力。车辆制动时，车轮边滚动边滑动是最佳状态。

为了防止车轮在制动时抱死，目前汽车都应用 ABS。ABS 就是防抱死制动系统简称。

在汽车制动时，ABS 自动控制制动器制动力的大小，使车轮不被抱死，处于边滚边滑（滑移率在 20% 左右）的状态，以保证车轮与地面的附着力在最大值。

当汽车在高速下紧急制动的同时需要转向时，车辆如果无 ABS，汽车会保持直行，无法避让障碍物。车辆如果带有 ABS，在制动的同时转向，可以轻松避让障碍物。

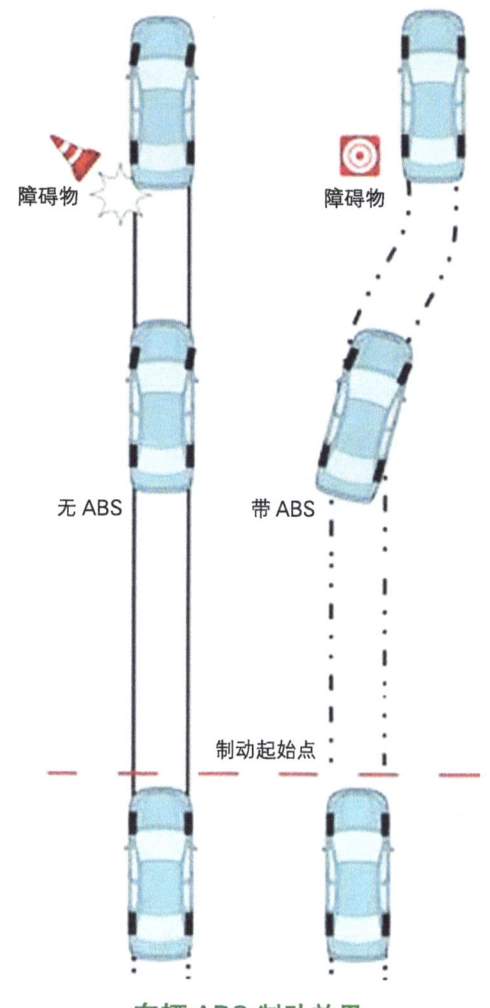

障碍物　　　　障碍物

无 ABS　　　带 ABS

制动起始点

**车辆 ABS 制动效果**

### ▶ ABS 的工作原理

当紧急制动时，驾驶人施加在制动踏板上有足够的制动力，制动器将要车轮抱死，此时轮速传感器将车轮转速传输给控制单元，控制单元通过制动压力调节器不断调整制动压力，使车轮处于边滚边滑的状态。

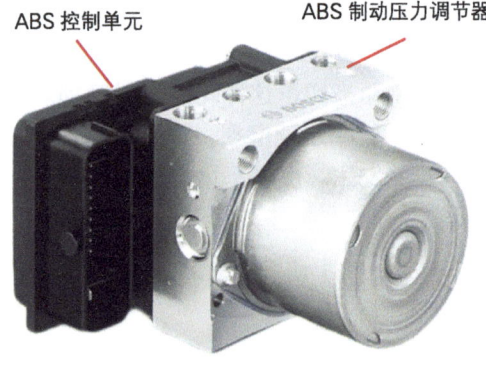

ABS 控制单元

ABS 控制单元    ABS 制动压力调节器

【特别提示】：

开车不可以穿拖鞋，否则在危急情况需要紧急停车时，穿拖鞋踩制动踏板可能会出现脚底打滑，极易发生追尾、撞人等交通事故。

【小贴士】：

当车速低于 10km／h 时，ABS 不起作用，此时只能以传统制动系统来制动。

轮速传感器

感应齿环

轮速传感器

ABS 控制单元需要采集车速信号和车轮转速信号才能进行控制。车速信号可以直接从汽车仪表内获得，而车轮转速信号必须从每个车轮获取。

目前很多车辆每个车轮都有车轮转速传感器（简称轮速传感器），它能感应车轮的转速。

【小贴士】：

装配 ABS 的车辆在紧急制动时，制动踏板会有脉冲现象，是正常现象，不用担心。

ABS 调整制动压力的过程，就像一个人以极快的速度（8~10 次/s）不断踩下、松开制动踏板。行车过程中当 ABS 报警灯亮起时，说明 ABS 有故障。此时，驾驶者不能"模拟" ABS 工作，采用所谓的"点刹"，不断踩下、松开制动踏板。驾驶者踩制动踏板的速度达不到要求，反而影响制动效果。

ABS 报警灯

# 第八章
# 汽车车身及安全装置

## 一、承载式车身

### 1. 车身由哪些部分组成？

汽车产品光靠技术研发是占领不了市场的，技术固然重要，但外观是第一印象。汽车公司研发体系就像"造血器官"，持续进行将产品更新，制造"高颜值"的汽车。汽车外观就是靠汽车车身来支撑的。

汽车车身是汽车的四大部分之一，它主要包括车身壳体、门窗、前后钣金件、车身附件、内外装饰件、座椅等装置。车身壳体是车身零部件的安装基础，由纵梁、横梁和支柱等主要承力零件和相连钣件构成。

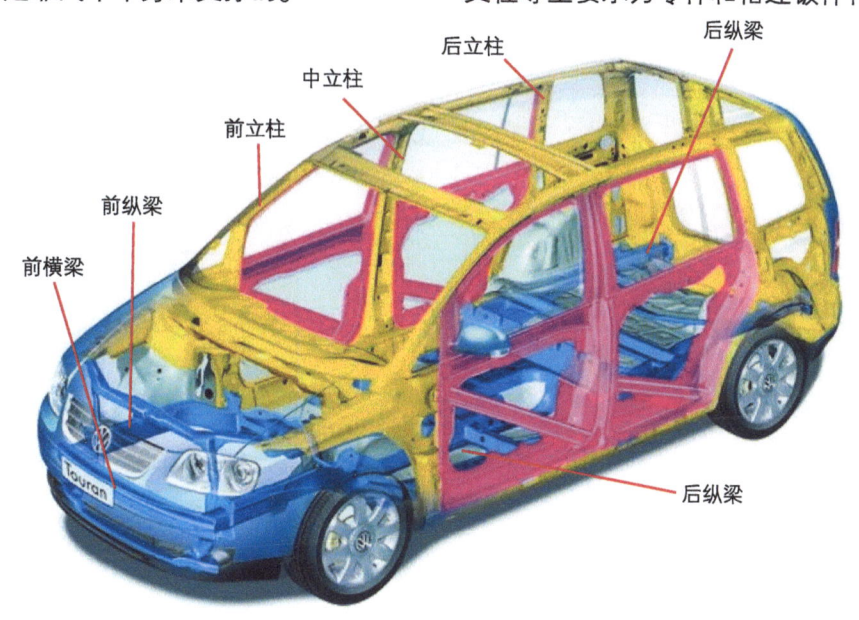

后立柱
中立柱
前立柱
前纵梁
前横梁
后纵梁
后纵梁

**车身壳体**

【知识拓展】：

人们常说的"底盘高低"中的"底盘"，实际上常常是指车身底板，例如，"底盘太高"，实际是指底板离地间隙大。

### ▶承载式车身

按车身壳体的受力情况或车身有无车架，可以分为承载式车身和非承载式车身。右图为非承载式采用的车架，这种结构具有较好的平稳性和安全性，一些高性能轿车和军车也采用非承载式车身，例如国家礼宾车—红旗 HQE。

承载式车身没有刚性的车架，可以减少整车质量，车身就作为发动机和底盘各总成的安装基体，车身代替车架承受全部载荷。

车架

**非承载式车身**

### ▶轿车车身壳体组成

轿车车身壳体一般采用承载式，它包括车身前部、车身前围、车身侧围、车身顶盖、车身后部等组成。为减轻车身重量，车身很多部件采用铝合金制成。

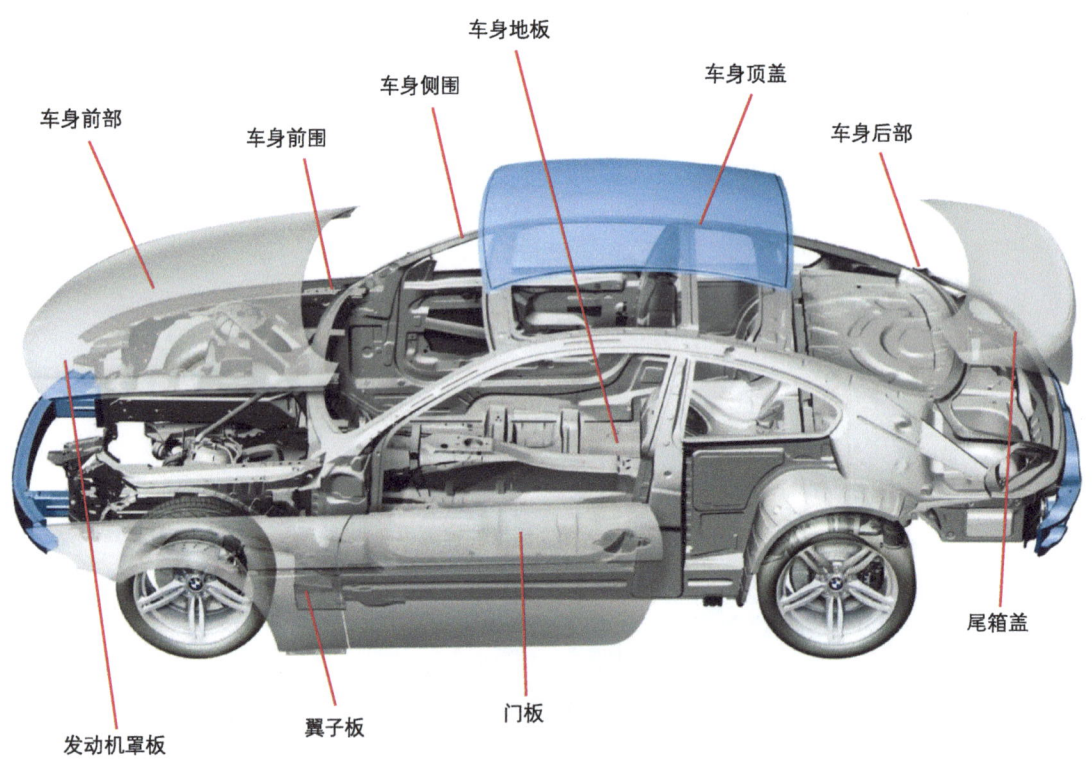

车身前部　车身前围　车身侧围　车身地板　车身顶盖　车身后部

发动机罩板　翼子板　门板　尾箱盖

**承载式车身**

【小贴士】：

不能经常将一半车轮停在路肩上，会对车架造成扭曲，甚至影响到车门的闭合。长期在凹凸不平的地面上停车，也会造成类似后果。此外，停车后车轮不回正，也是很伤车的，会伤害转向拉杆及防尘套，影响转向系统。

### ▶汽车"后脸"

汽车后部也被人们称为"汽车后脸"，它包括行李箱盖、后组合灯和后保险杠等。后组合灯包括后转向灯、制动灯、雾灯、倒车灯（白色）等。后保险杠和前保险杠一样，采用塑料材料制成，轿车前、后保险杠有装饰、缓冲和保护作用。

行李箱盖　车型标识　后组合灯　后保险杠

**汽车后部**

## 2. 车身防撞钢梁起什么作用？

汽车防撞钢梁一般指前防撞梁、后防撞梁和车门防撞杆。防撞梁一般采用高强度钢材质。

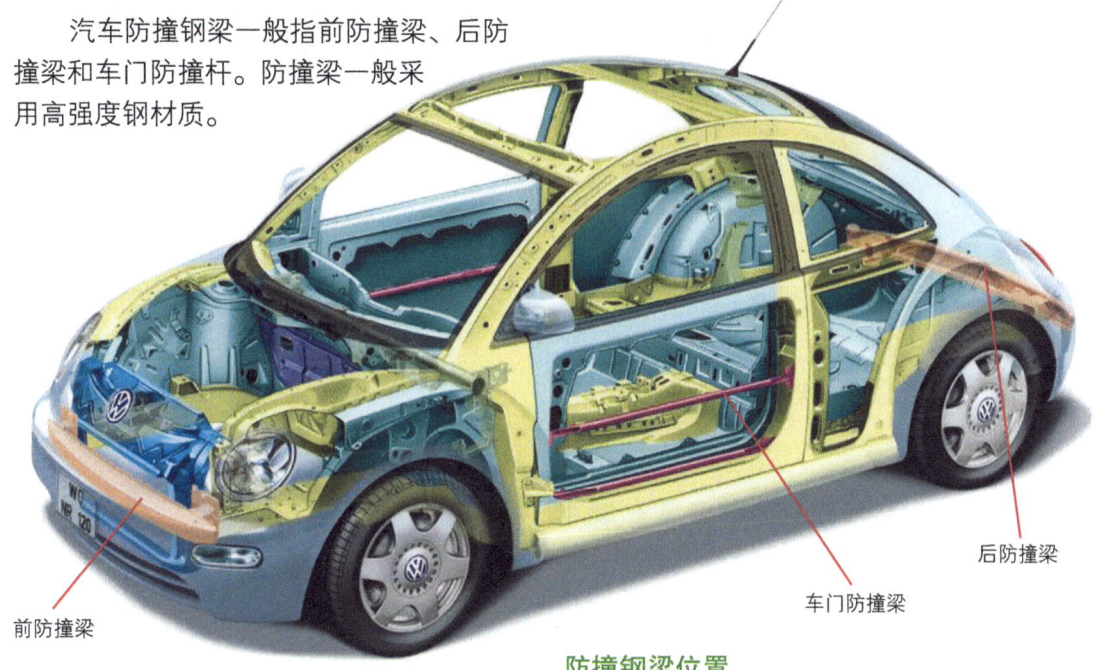

前防撞梁　车门防撞梁　后防撞梁

**防撞钢梁位置**

【知识拓展】：

　　车身不同位置要求的承受力不同，例如，图中粉红色的前、后防撞梁，红色的车门防撞梁，黄色的立柱等位置具有很强的撞击承受能力，而浅绿色的保险杠和门板等位置只能承受较小的撞击力。

### ▶前、后防撞钢梁

前横梁、后横梁和车门防撞杆分别抵御正面、后部和侧面撞击。防撞梁可以在车辆发生低速碰撞时有效吸收碰撞能量，尽可能减小撞击力对车身纵梁的损害，这样可以降低维修成本。采用螺栓连接可以方便的对防撞梁进行更换。

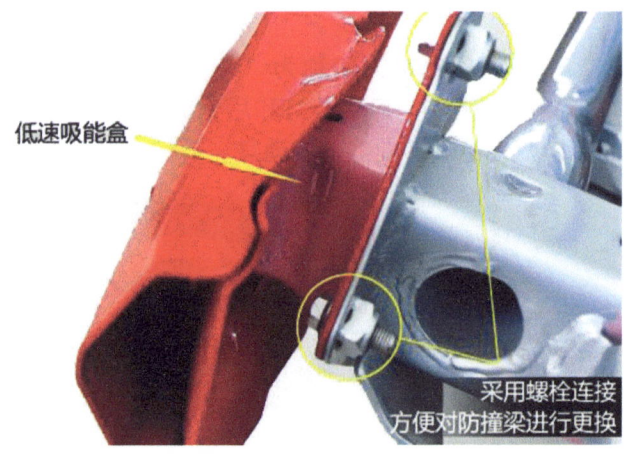

低速吸能盒

采用螺栓连接
方便对防撞梁进行更换

**前防撞钢梁**

在高速偏置碰撞中，防撞梁可以有效地将撞击力传递到另一侧，尽可能让整个车体去吸收碰撞能量。

防撞钢梁通常由薄钢板冷轧而成，为了减小质量，少数高档轿车防撞钢梁采用铝合金制成。

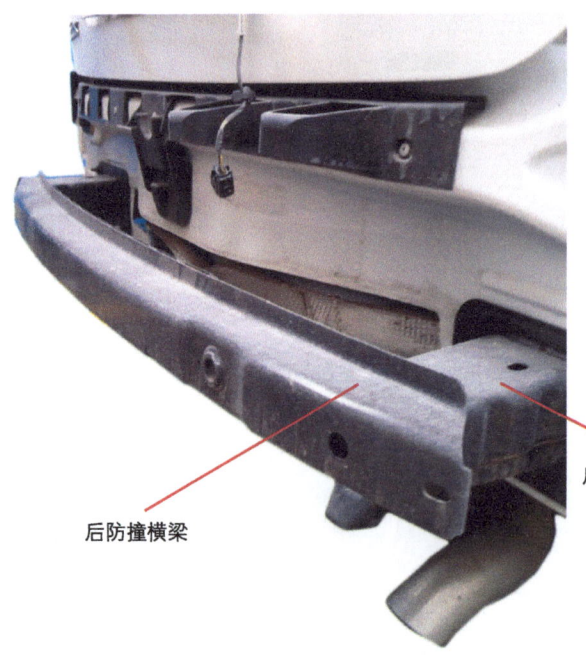

后防撞纵梁

后防撞横梁

**后防撞钢梁**

轿车前、后防撞钢梁外侧通常有缓冲材料——保险杠泡沫，缓冲材料又称保险杠能量吸收器，它由泡沫制成，位于保险杠本体外板和防撞横梁之间，在汽车与行人发生碰撞时，起到缓冲作用，以减轻对行人的伤害。当汽车与硬性物体发生碰撞时，吸收碰撞能量，让汽车先缓冲再停。

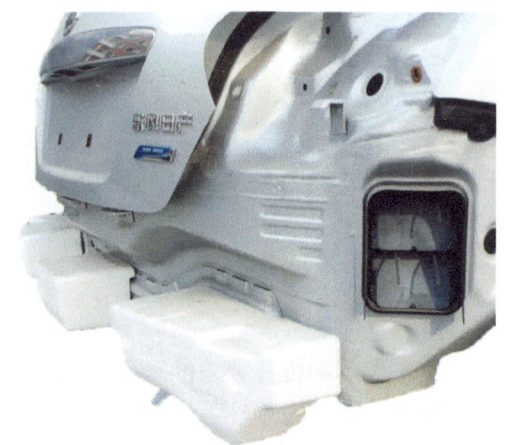

**保险杠泡沫**

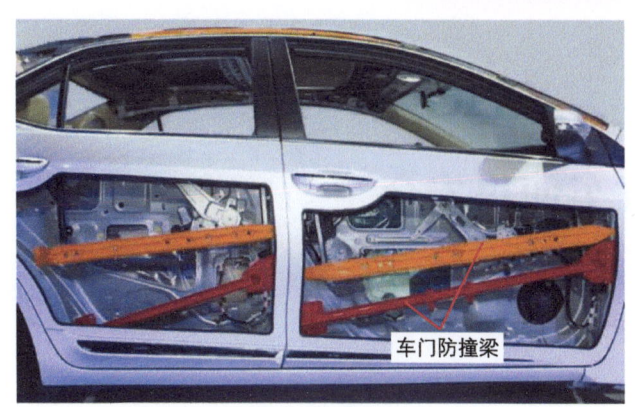

车门防撞梁

▶**车门防撞梁**

车门防撞梁采用钢结构或铝结构，它被安装在汽车前、后车门内部，从底部的门框一直延伸到窗玻璃的底部边缘。

当汽车侧面受到撞击时，坚固的防撞梁能大大减轻侧门的变形程度，从而减少对车内乘员的伤害。

## 3. 汽车天窗有什么作用？

汽车天窗安装于汽车顶部，能够有效地使车内空气流通，增加新鲜空气的进入，为人们带来健康、舒适的享受。中高速行驶时，打开天窗可以利用车外形成的负压，将车内空气抽出，保持车厢内清新的空气。同时，打开汽车车窗也可以开阔视野。注意：使用汽车天窗进行摄影摄像是非常危险的，切勿使用。

汽车天窗

【知识拓展】：

汽车放置一段时间后，橡胶或是塑料拼接组成的内饰会让车厢内的空气充斥着很多苯、甲醛等有害物质。此时，打开天窗，利用负压换气的原理，可以快速地排出有害气体。此外，利用负压换气还可以帮助快速除雾。

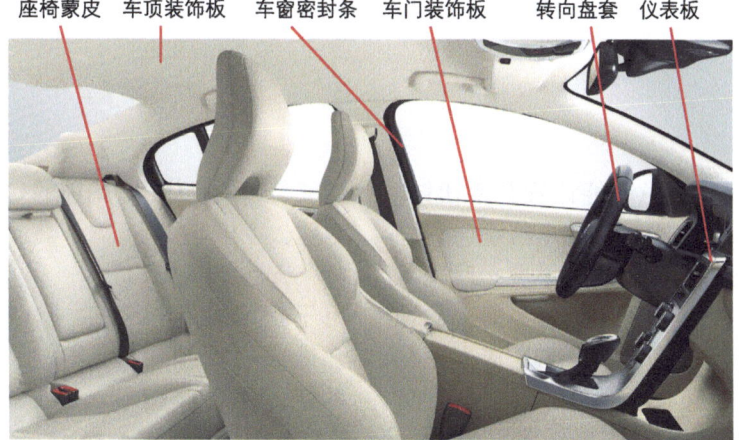

汽车内饰

# 二、汽车使用安全

## *1.* 如何用好安全带与安全气囊？

### ▶安全带

安全带是交通工具上的一种主动式安全装备。开车配戴安全带是最基本的要求。我国《道路交通安全法》第五十一条规定：机动车行驶时，驾驶人、乘坐人员应当按规定使用安全带。安全带是"生命带"，在车辆发生碰撞事故时，安全带对乘员进行约束，以避免碰撞时乘员与转向盘及仪表板等发生二次碰撞，或避免碰撞时冲出车外导致死伤。

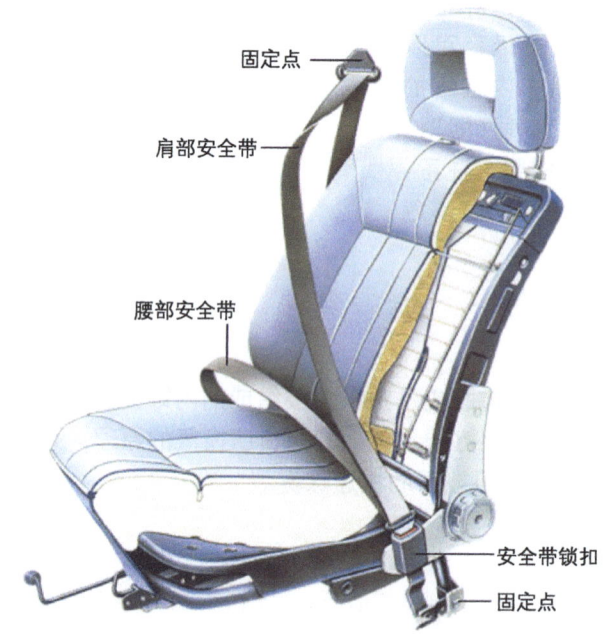

固定点

肩部安全带

腰部安全带

安全带锁扣

固定点

**安全带**

系安全带时，注意不能让安全带扭结。将锁舌扣到锁扣中，再往上拽一拽锁舌，确认安全带是否已经完全锁住。不要把座椅靠背调的过度倾斜，否则安全带将不能正确地伸长和收卷。常见的肩部安全带，应当系在肩部，跨过胸腔，一定不能放在胳膊下面。腰部安全带尽可能系低一些，紧贴髋骨下部，不要系在腰部。不要让安全带压在坚硬的或易碎的物体上；胸前的口袋不要放眼镜、钥匙、手机等物品。

安全带指示灯用于提示没有系安全带或者安全带没系好，还会伴随有鸣叫声。

**安全带指示灯**

## ▶安全气囊

安全气囊是指撞车时在乘员产生二次碰撞前，使气囊膨胀保护乘员的装置。安全气囊作为座椅安全带的乘员约束装置的辅助装置，被称为安全气囊系统。

安全气囊按碰撞类型可以分为正面安全气囊、侧面安全气囊和帘式安全气囊。安全气囊系统由碰撞传感器、气囊组件及安全气囊 ECU 等组成。

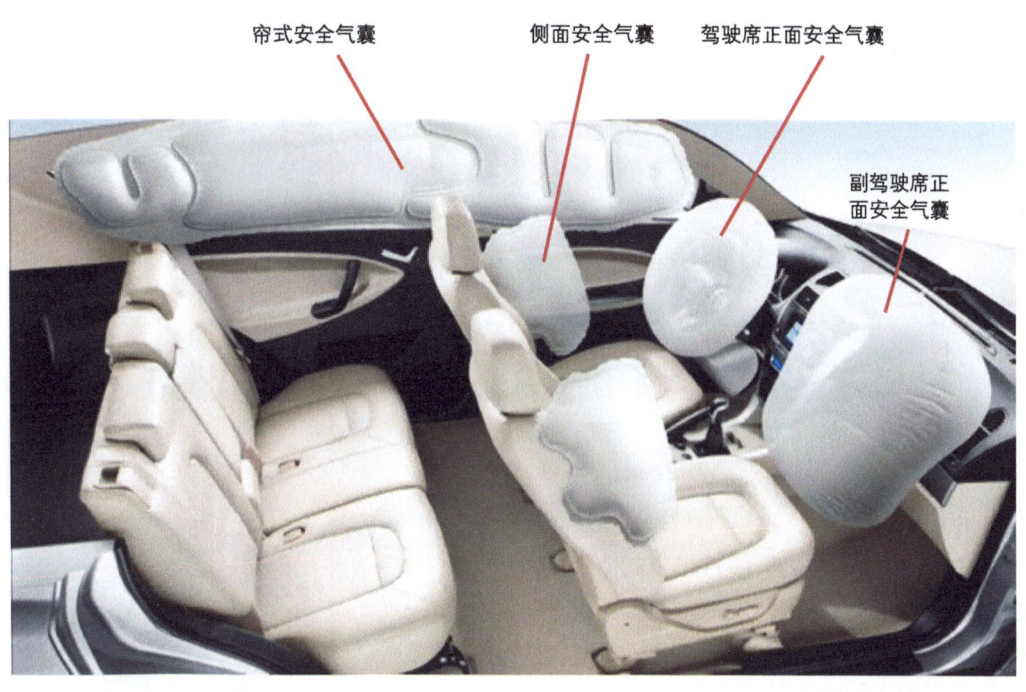

帘式安全气囊　　侧面安全气囊　　驾驶席正面安全气囊

副驾驶席正面安全气囊

**安全气囊**

安全气囊指示灯在打开点火开关时，应该亮起，气囊控制单元（ECU）完成自检后熄灭。如果安全气囊指示灯在车辆起动 6~8s 后依然闪烁或长亮不熄，就表示气囊出现故障。车辆在运行过程中，安全气囊指示灯闪烁 5s 后长亮，也表示气囊出现故障。

在转向盘中央、车上，有"SRR AIR BAG"标识的部位，说明是安全气囊所在部位。日常使用安全气囊时，需要注意以下事项。

（1）安全气囊是辅助安全系统的一部分，需与安全带配合使用。在不系安全带的状况下，安全气囊不但不能对乘员起到保护作用，还会对乘员造成严重伤害。

（2）不能敲打或撞击安全气囊所在的

**安全气囊指示灯**

部位。不能用水去直接冲洗气囊位置或者冒险涉水，因为受潮可能引起安全气囊无法使用。还应避免安全气囊和相关传感器处于高温和静电环境下，以免引发安全气囊错误打开。

（3）安全气囊和驾乘者之间，不要放置坚硬或尖锐的物体，要留足够的空间在发生意外后气囊能充分地发挥保护作用。

副驾驶位置有安全气囊的车辆，绝不能让儿童坐在前排或在此位置安置儿童座椅，否则气囊引爆时会给儿童造成巨大伤害。

（4）安全气囊在使用10年后，其质量就难以保证了，必须进行彻底检测或更换。

安全气囊标识

### ▶儿童座椅

汽车上的安全带是按成人标准来设计的，只适合体重大于36kg、身高大于140cm的成人使用。

如果时速50km/h的汽车发生碰撞，车内9kg的儿童会产生2700N的冲力，撞击的片刻，孩子可能会像子弹一样飞出！

汽车儿童安全座椅也称儿童约束系统，它是一种专为不同年龄（或体重）儿童设计，安装在汽车内，能有效提高儿童乘车安全性的座椅。

在汽车碰撞或突然减速的情况下，儿童安全座椅可以减少对儿童的冲压力和限制儿童的身体移动从而减轻对他们的伤害。

汽车儿童安全座椅

【知识拓展】：

儿童不得乘坐在副驾驶位置。12周岁以下儿童不得乘坐在任何类型汽车的副驾驶位置，不管是单独乘坐或是家长抱着。儿童乘车必须使用儿童安全座椅。4周岁以下儿童乘坐小型、微型非营运载客汽车，应当使用符合国家标准儿童安全座椅。

## *2.* 怎么更换备胎？

行李箱是装载物品的空间，它位于轿车车身的后部，因此又称为后备箱或尾箱。行李箱内有备胎、随车工具、灭火器和三角警示牌。通过下图所示的行李箱开关，可以将行李箱打开。

锁紧螺母　　备胎

**行李箱备胎**

油箱开关

行李箱开关

**行李箱开关**

行车时，如遇轮胎损坏，那么备胎的"机会"来了。有的汽车为了降低车身重量，减少油耗，使用了较窄的备胎。使用这种较窄的非全尺寸轮胎，行驶时要限制车速不要高于 80km/h，并尽快到就近维修点修补或更换原胎。更换备胎需要使用如图所示的随车千斤顶。

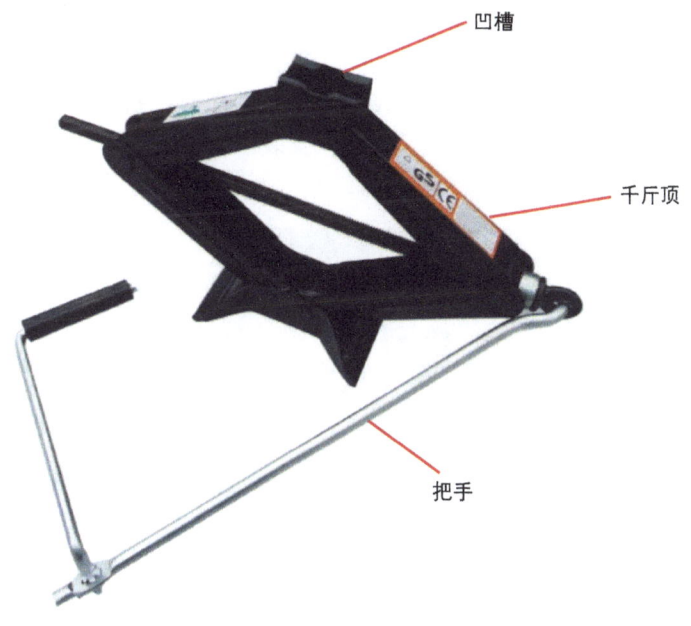

凹槽

千斤顶

把手

**随车千斤顶**

第八章 汽车车身及安全装置

**随车三角警示牌**

【知识拓展】：

　　三角警示牌应设置在 50~100m 的地方，如果高速公路需要设置在 150m 处，如果是晚上，设置距离需要相应增加。

　　汽车在道路发生故障时，应设置三角警示牌。

【知识拓展】：

　　自动变速器车辆有故障需要牵引时，需要将档位置于 N 位，并且车速不能超过 40km/h，距离不能太远。牵引时可以采用如图所示的拉绳。

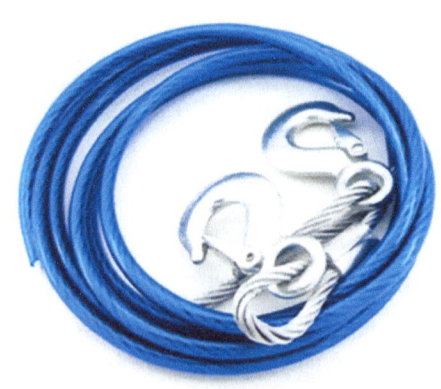

**拉绳**

　　使用千斤顶时需要注意顶起车辆的位置，要将千斤顶的凹槽对准汽车底板的凸起肋条。因为轮胎螺栓拧紧力矩较大，有可能用手无法松动，可以站在工具上，借助体重，拆松固定螺栓。再次顶起车身，待轮胎离开地面时，拆下该轮胎放置车底，将备胎安装于车轮上。

**拆卸轮胎**　　　　　　　　　　　　**轮胎套筒**

# 第九章
# 新能源汽车

## 一、纯电动汽车

### 1. 纯电动汽车有何特点？

内燃机汽车每天排放大量的大气污染物，对人体健康和生态环境带来严重的危害，因此，节能减排是汽车产业发展的永恒主题。2012 年 7 月 9 日，国务院正式公布《节能与新能源汽车产业发展规划（2012–2020 年 )》，规划称新能源汽车主要包括纯电动汽车、插电式混合动力汽车及燃料电池汽车。

纯电动汽车是指以车载电源为动力，用电机驱动车轮行驶的车辆。纯电动汽车与内燃机汽车的区别主要在于其电源、电机和电机的调速控制装置。

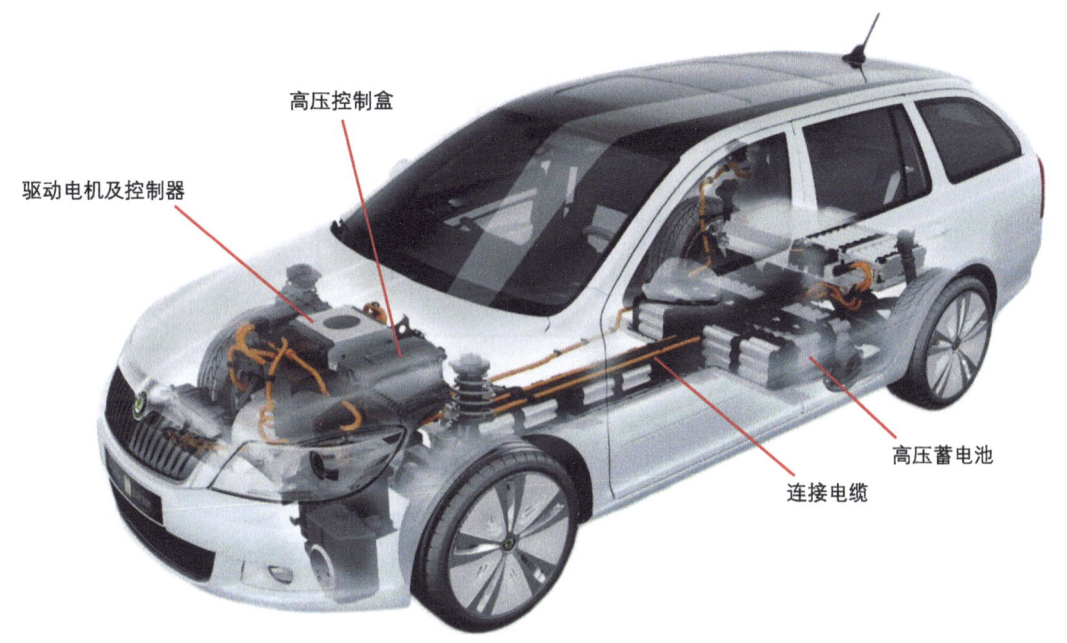

高压控制盒

驱动电机及控制器

高压蓄电池

连接电缆

电动汽车

▶无污染、噪声小

电动汽车无内燃机汽车工作时产生的废气，不产生排气污染，对环境保护和空气的洁净是十分有益的，几乎是"零污染"。电动汽车无内燃机产生的噪声，电机的噪声也较内燃机小。

### ▶结构简单，维修方便

电动汽车不需要内燃机汽车需要的发动机及其附属消声器、排气管和油箱等装置。因为电动机可以变换转向及控制转速，电动汽车也不再需要离合器和变速器。电动汽车较内燃机汽车结构简单，传动部件少，维修保养工作量小。当采用交流感应电动机时，电机无须保养维护。

### ▶续航里程短，适合短途

纯电动汽车发展的难点主要在于电力的储存技术，即电池技术。如今的电池存储的能量通常只能供车辆续航300km左右，而且充电时间长达数小时，所以纯电动车现在只适合在城市内驾驶，不适合长途旅行。

## 2. 纯电动汽车如何工作？

动力电池是电动汽车的电源，它为电动汽车的驱动电机提供电能。电动机调速控制装置安装于高压控制盒，它是为电动汽车的变速和方向变换等设置的，其作用是控制电机的电压或电流，完成电机的驱动转矩和旋转方向的控制。

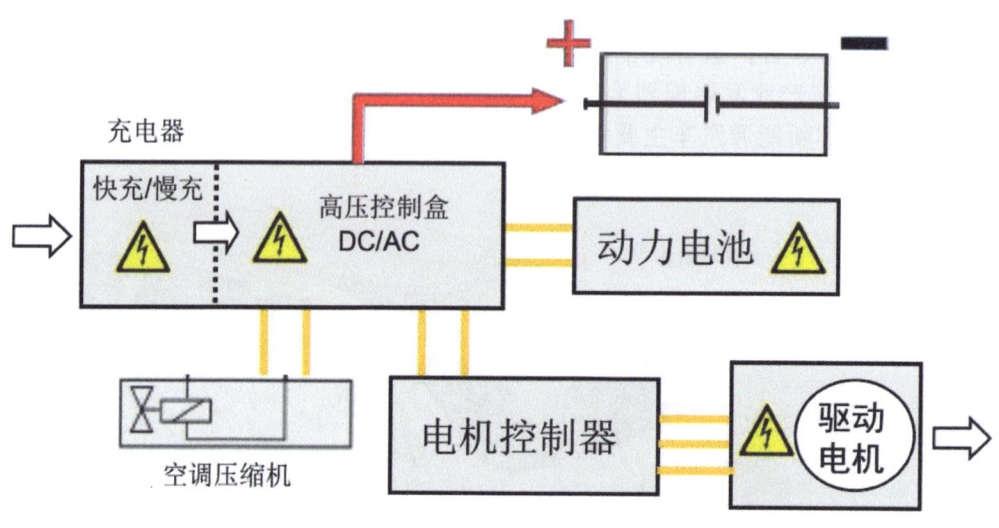

**纯电动汽车驱动原理**

驱动电机的作用是将电源的电能转化为机械能，通过传动装置或直接驱动车轮和工作装置。大部分电动汽车在制动时，机械能将被转换成电能，通过发电机来给电池回馈充电。

目前，特斯拉电动汽车采用锂离子电池，比亚迪采用磷酸铁离子电池，上汽荣威E50电动车采用锂离子电池。为了提高安全性，电池组外壳进行了加强处理。锂离子电池具有工作电压高，比能量高，循环寿命长，自放电率低，对环境污染少，能够制造成任意形状等优点，因而得到广泛使用。

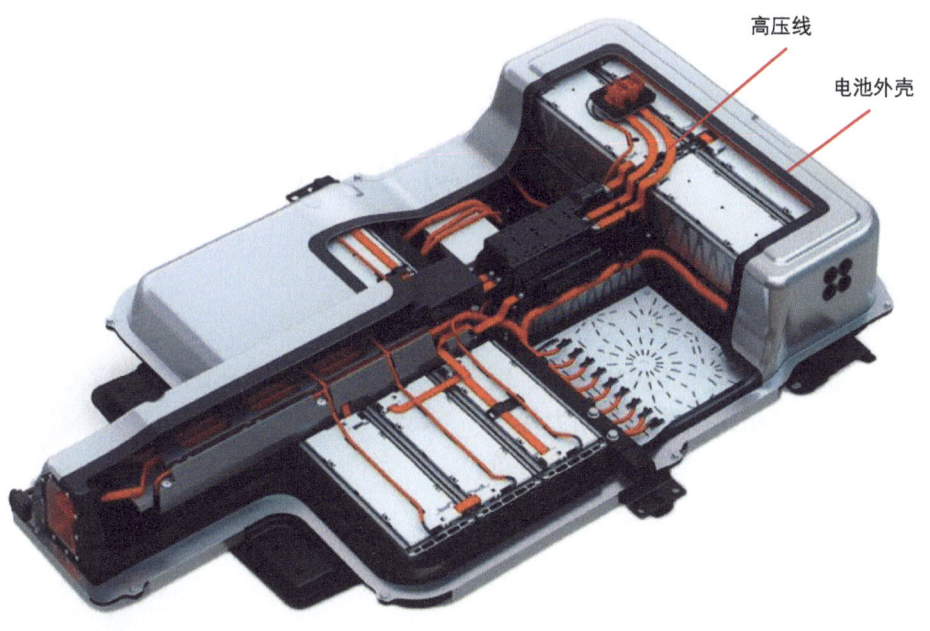

**动力电池**

基于电动汽车的特点，需要采用具有效率高、功率较大、可以高速运转、可靠性好、体积小、质量轻、便于维修等特点的电动机。目前，纯电动汽车普遍采用电动永磁同步电机。

**纯电动汽车电机**

第九章 新能源汽车

# 二、混合动力汽车

## 1. 混合动力汽车有哪些类型？

　　混合动力是指那些采用传统燃料的，同时配以电动机 / 发动机来改善低速动力输出和燃油消耗的车型。混合动力汽车是在传统内燃机汽车的基础上，加装了电动机及驱动装置。

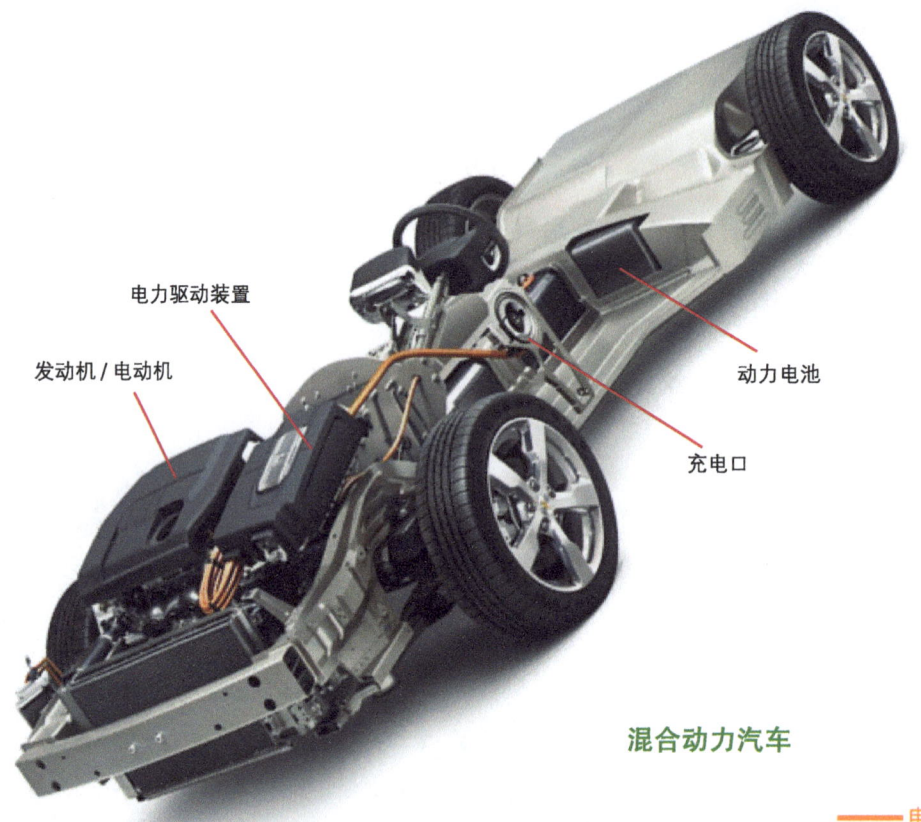

电力驱动装置

发动机 / 电动机

动力电池

充电口

**混合动力汽车**

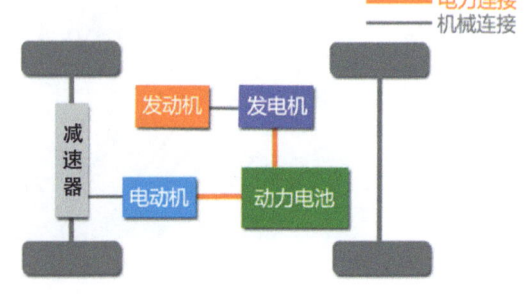

电力连接
机械连接

减速器

发动机　发电机

电动机　动力电池

**串联式混合动力汽车**

　　按结构形式不同可以将混合动力汽车分为串联式、并联式以及混联式。

　　串联式混合动力汽车结构简单，发动机只驱动发电机发电，并不能直接驱动车辆的行驶。串联式电动机的功率一般大于发动机功率，才能满足车辆的行驶要求。

并联式混合动力汽车发动机和电动机都能单独驱动车轮，也可以同时工作，共同驱动汽车，当动力电池电量不足时，发动机还能带动电动机反转为电池充电。并联车型的驱动模式较多，可以适应多种工况，发动机能够在中高速运行时单独驱动汽车，无需进行能源的二次转换，因此其综合油耗也会更低。

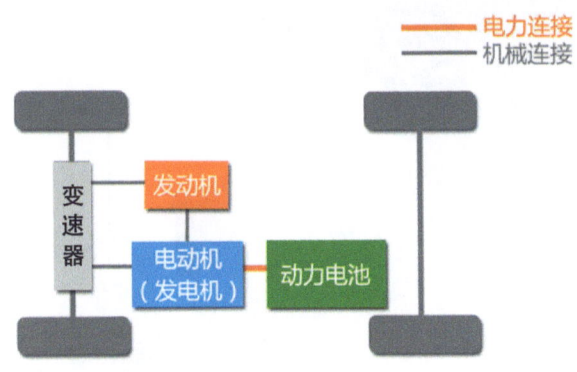

并联式混合动力汽车

混联式混合动力汽车在并联的基础上加装了一个发电机，发动机和电动机协同驱动汽车行驶的同时，发动机还能带动发电机为电池充电。混联的驱动模式更加丰富，能够适应的工况更多，节油效果更加出色。

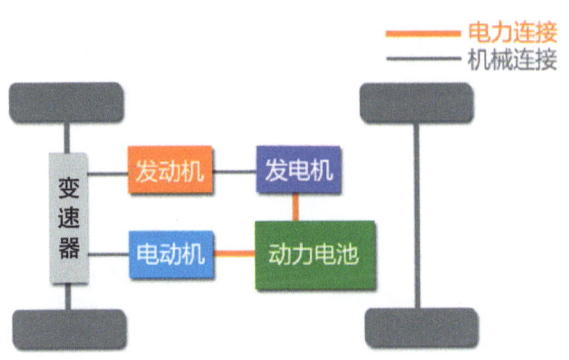

混联式混合动力汽车

## 2. 混合动力汽车如何工作？

混合动力汽车多半采用传统的汽油发动机和电动机作为动力源，采用高压电池作电源。插电式混合动力汽车的电池还可以外部充电，以便于车辆以纯电模式行驶。

### ▶电动机

混合动力汽车在发动机和变速器之间加了电动机，电动机和发动机一起组成动力核心。电动机配置了分离离合器，因此可以和发动机曲轴完全断开，实现纯电动行驶。为了在发动机停止工作后，能继续使用空调，混合动力汽车采用了电动空调压缩机。

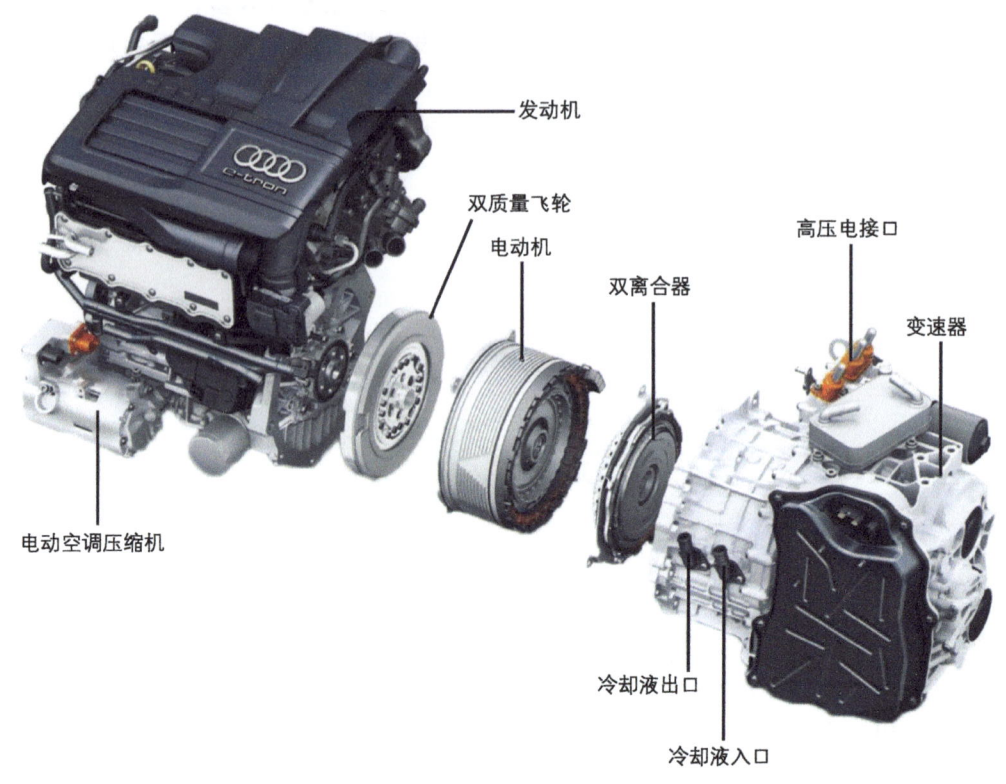

**混合动力汽车电动机位置**

很多混合动力汽车采用永磁同步电动机，这种电动机既能起到电动机、起动机的作用，又能在车辆滑行、制动时充当发电机为电池组充电。

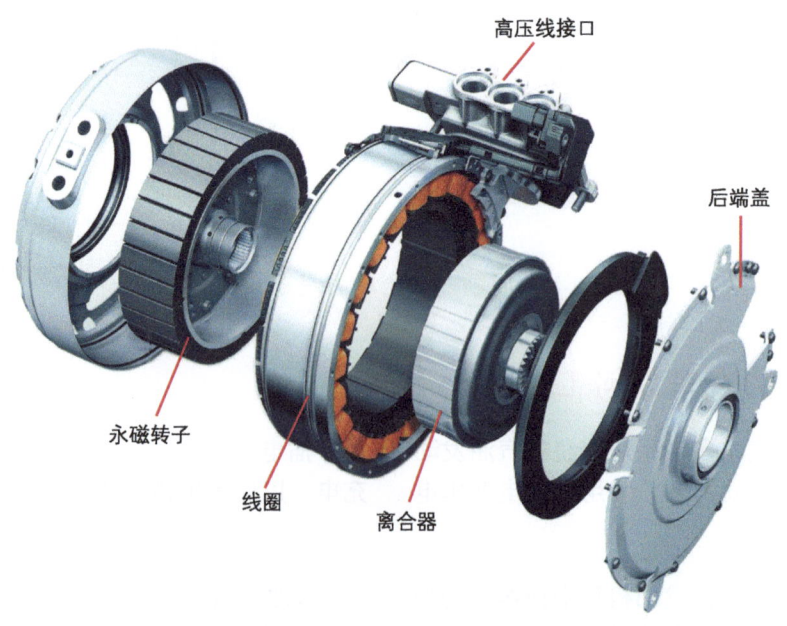

**混合动力汽车电动机结构**

### ▶动力电池

为提高了电池组的抗冲击强度，通常将电池组用多个连接点与车身固定，整个电池组内嵌于车身承载结构中，四周都被车身结构保护起来。

锂离子动力电池的性能对温度变化较敏感。如果电动汽车电池组在高温下得不到及时通风散热，将会导致电池组系统温度过高或温度分布不均匀，最终将降低电池充放电循环效率，影响电池的功率和能量发挥，因此需要为动力电池提供散热。

锂电池是目前电动车上最常用的电池种类之一，虽然其从 1970 年诞生至今时间并不算长，但凭借能量密度高、循环使用寿命长等特点迅速占据了电动汽车电池市场的绝大部分江山。

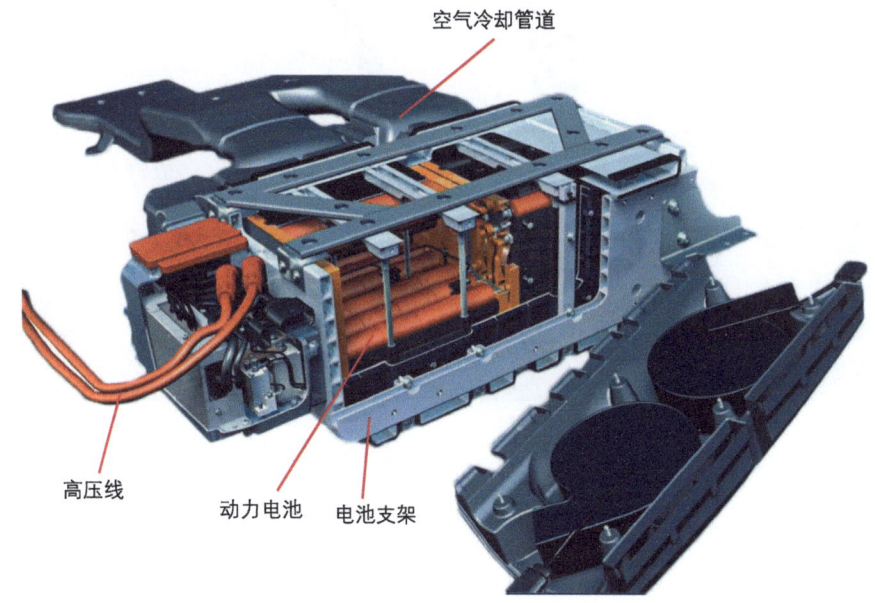

空气冷却管道

高压线　　动力电池　　电池支架

**混合动力汽车电池**

### ▶变频器

混合动力汽车变频器总成用于将动力电池的高压直流电转换为交流电，以便于驱动直流电动机，其组成部件包括增压转换器、DC/DC 转换器和空调变频器等。

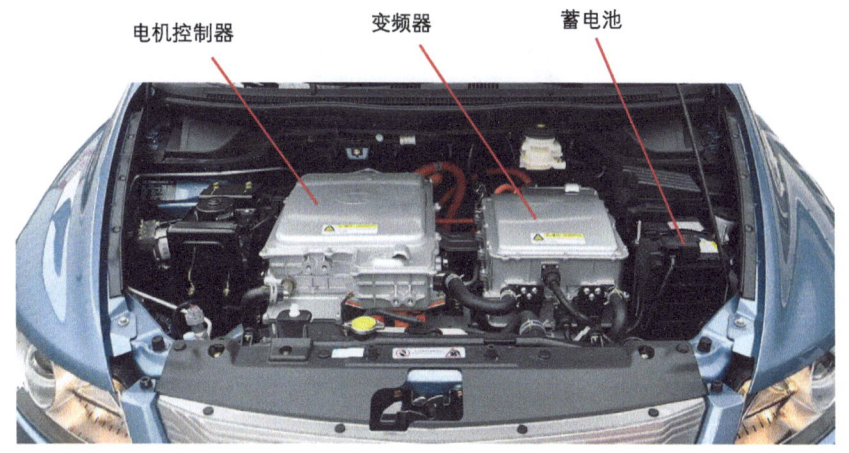

电机控制器　　变频器　　蓄电池

**混合动力汽车变频器**

混合动力汽车有一部分是高压线路，不要触碰高压电路的线束和连接器。为防止误碰，混合动力汽车的高压电路的线束和连接器都采用橙色。HV蓄电池（即高压蓄电池）等的高压零件都贴有"高压"警示字样，小心不要触碰到这些配线。

高压线路

**混合动力汽车高压线路**

**混合动力汽车高压线路警示标志**

# 三、氢能源汽车

## *1.* 氢能源内燃机汽车如何工作？

氢动力汽车是一种真正实现零排放的交通工具，排放出的是纯净水，其具有无污染，零排放，储量丰富等优势，因此，氢动力汽车是传统汽车最理想的替代方案之一。

氢是一种无色的气体，氢能源有以下特点：

• 热值高。燃烧 1g 氢能释放出 142kJ 的热量，是汽油发热量的 3 倍。

• 无污染。氢气无味无毒，不会造成人体中毒。氢来源于水，燃烧后又还原成水，没有灰渣和废气，不会污染环境。

• 加气快速。燃料电池车仅需 3~5min 就能加满氢气，加满一次能连续行驶里程接近传统汽油车，即 500km 左右。

• 成本高。氢气制取成本高，需要大量的电力。另外，氢气密度小，很难液化，高压存储不安全。与传统动力汽车相比，目前氢动力汽车成本至少高出 20%。

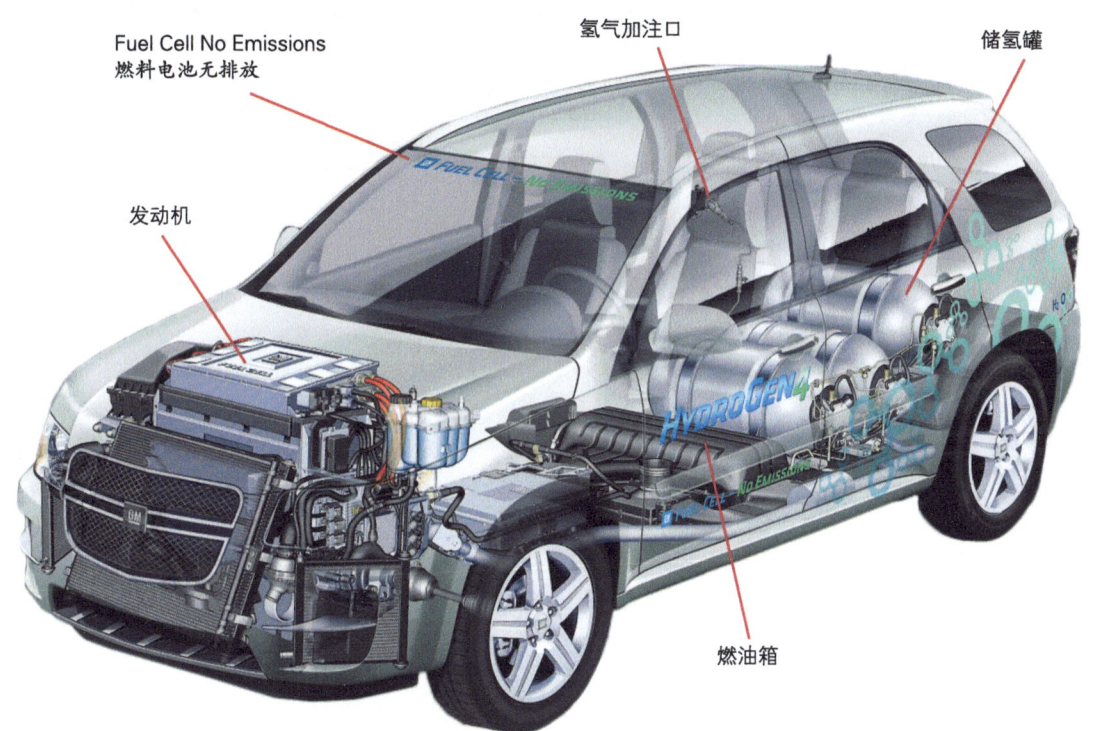

氢内燃机汽车

氢燃料汽车包括氢内燃机汽车和氢燃料电池汽车。氢燃料汽车是指以氢为主要能量的汽车。氢燃料汽车发动机通常是双燃料发动机，既能以氢做燃料，也能燃烧汽油，这样可以弥补氢能源供应系统的不足。

## 2. 氢燃料电池汽车如何工作？

燃料电池电动汽车实质上是电动汽车的一种。在车身、动力传动系统、控制系统等方面，燃料电池电动汽车与普通电动汽车基本相同，其主要区别在于动力电池的工作原理不同。氢燃料电池汽车是把氢输入燃料电池中，纯氢与空气中的氧气化合产生电，产生的电能带动电动机工作，继而驱动汽车。

燃料电池汽车与传统汽车相比，燃料电池汽车具有以下优点：零排放或近似零排放；减少了机油泄漏带来的水污染；降低了温室气体的排放；运行平稳、无噪声等。

氢燃料电池汽车也是"混合动力"，它是氢燃料和电动的"混合"，有多种驱动模式可以选择，所以理论上支持 500km 的续航里程是很容易的。

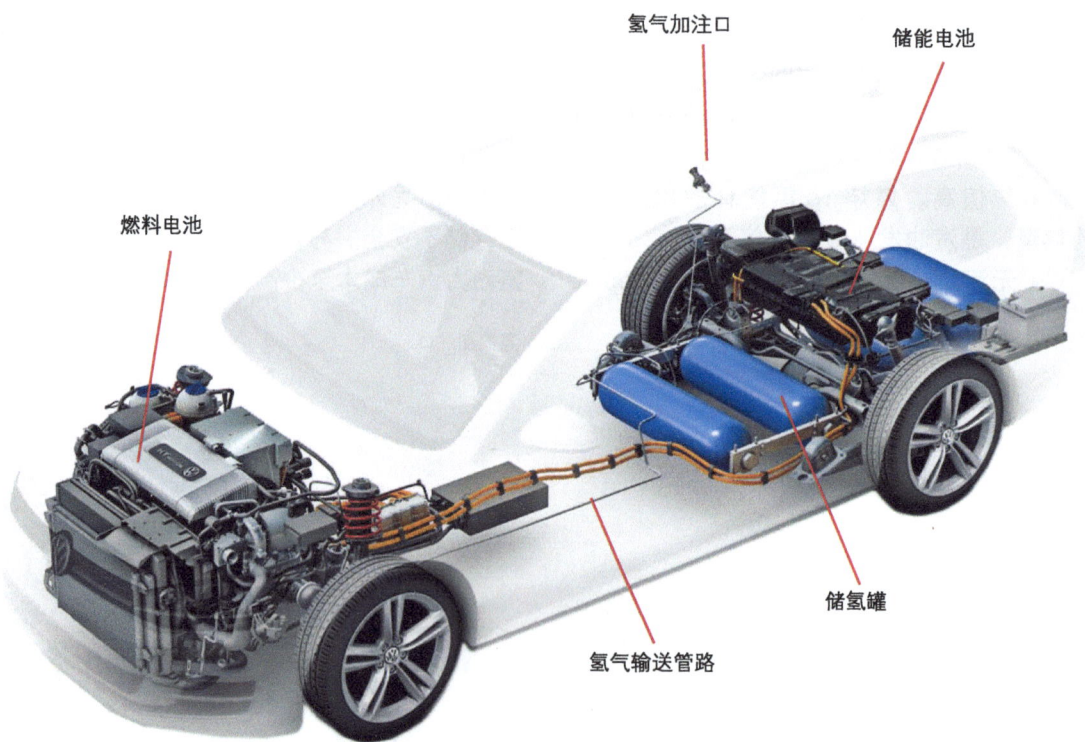

**氢燃料电池汽车**

燃料电池是氢气与氧气发生化学反应产生电能的装置，燃料电池并不像蓄电池那样是个储存电能的装置，它更像是一个发电厂，在持续的化学反应中不断产生电能，只要有源源不断的"燃料"就能不断发电。

燃料电池电解液中水的容量也会对发电效率产生重大影响，通过内部循环系统将发电过程产生的多余水分排出，保证了燃料电池组的高效运行。

**氢燃料电池**

在氢燃料电池中，氢气被输往阳极，在那里裂解成质子和电子。质子通过薄膜结构与氧气产生化学反应结合成水蒸气，与此同时电子则被薄膜所隔离并通过阳极传到出去形成了电力，这便是燃料电池工作的基本原理。每一片电池都能产生 0.6 ~ 0.8V 的电压，整个电池堆栈就能输出约 230 ~ 360V 的电压。

除了基本的结构之外，燃料电池堆栈还需要一个涡轮增压器来强制输送空气进入电池中，一个用来循环多余氢气以提高利用效率的风扇和一个冷却用的泵。这些部件都由电力驱动并且直接从燃料电池堆栈中取电。

高压储氢罐是用来储存氢气的。为防止撞击时发生破裂，丰田 Mirai 汽车高压储氢罐使用了碳纤维强化塑料的三层结构，可以承受 70MPa 的高压。为了保证高压下的安全，奥迪 A7h-tron 储氢罐采用铝合金外壳并在外围包裹一层碳纤维强化塑料的保护壳。

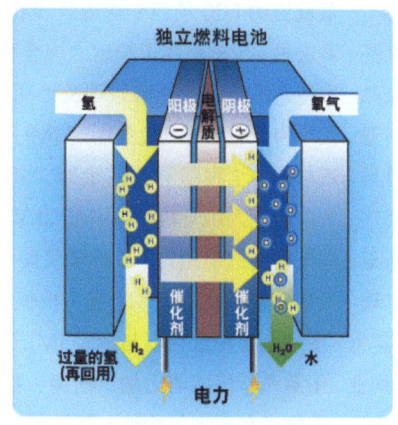

**氢燃料电池原理**

**高压储氢罐**

【小贴士】：

从 2013 年开始奥迪就启用了一个氢气工厂，通过风能发电来电解水，产生氢气和氧气，所以理论上氢燃料电池也能够做到能源可再生并且零排放。另外一个更明显的优势是，加氢站的建设，可以通过加油站的技术升级改造来完成，所以理论上相比快速充电站的建设成本和技术可行性更合理。

第九章　新能源汽车

# 参 考 文 献

[1] 陈新亚 . 汽车为什么会 "跑" [M]. 北京：机械工业出版社，2015.

[2] 李林 . 一看就懂的 500 项汽车构造原理 [M]. 北京：机械工业出版社，2014.

[3] 汪立亮 , 章宏主 . 汽车机修工快速上岗全程图解 [M]. 北京：机械工业出版社，2014.

[4] 徐家顺 . 彩图汽车自动变速器原理及传动路线 [M]. 广州：广东科技出版社，2009.

[5] 陈新亚 . 汽车为什么会跑：底盘图解 [M]. 北京：机械工业出版社，2015.

[6] 李昌风 . 汽车维修全程图解 [M]. 北京：机械工业出版社，2016.

[7] 周晓飞 . 汽车电工入门全程图解 [M]. 北京：化学工业出版社，2014.

[8] 陈新亚 . 汽车构造透视图典（车身与底盘）[M]. 北京：机械工业出版社，2012.

[9] 陈家瑞 . 汽车构造 [M]. 3 版 . 北京：机械工业出版社，2013.

[10] 宋年秀 . 图解汽车底盘构造与拆装 [M]. 北京：中国电力出版社 . 2007.

[11] 姚科业 . 图解汽车传感器识别、检测、拆装、维修 [M]. 北京：化学工业出版社，2013.

[12] 张金柱 . 图解汽车原理与构造（彩色版）[M]. 北京：化学工业出版社，2016.

[13] 刘汉涛 . 陪你识车每一天 [M]. 北京：电子工业出版社，2016.

[14] 谭本忠 . 汽车维修入门全程图解 [M]. 北京：化学工业出版社，2015.

[15] 张金柱 . 图解英汉汽车实用词典 [M]. 北京：化学工业出版社，2014.

[16] 刘汉涛 . 汽车为什么会 "动"：图解底盘构造与原理 [M]. 北京：机械工业出版社，2014.

[17] 裴保纯 . 汽车是如何奔跑的：图解汽车构造与原理 [M]. 北京：机械工业出版社，2010.